日本版 KABC-II による
解釈の進め方と
実践事例

小野 純平　小林 玄　原 伸生
東原 文子　星井 純子
編

丸善出版

Standardization data from the Kaufman Assessment Battery for Children, Second Edition (KABC™-II). Copyright © 2004 NCS Pearson, Inc. Kaufman Assessment Battery for Children, Second Edition Japanese (KABC™-II Japanese) Copyright © 2013 NCS Pearson, Inc. Used with permission. All rights reserved.

まえがき

　KABC-Ⅱ（Kaufman Assessment Battery for Children, Second Edition）は，米国の心理学者 Kaufman 博士夫妻によって K-ABC（1983 年発行）の改訂版として 2004 年に開発された個別式知能検査である。1993 年に発行された日本版 K-ABC の改訂版である日本版 KABC-Ⅱ は，日本版 KABC-Ⅱ 制作委員会により 2013 年に作成され，今日までユーザーの利用に供されてきた。翌 2014 年に，われわれは，Kaufman 博士らによる英文書 "Essentials of KABC-Ⅱ Assessment" の翻訳本『エッセンシャルズ　KABC-Ⅱ による心理アセスメントの要点』を出版し，米国版 KABC-Ⅱ による解釈法とケースレポートを紹介した。これにより，解釈やケース検討の基本的な枠組を提供できたが，日本版は米国版といくつかの点において相違があるため，一刻も早い日本版 KABC-Ⅱ による解釈の進め方と実践事例に関する書籍の発行が待たれていた。

　このような経緯を踏まえて，2016 年に本書の発行が企画された。編集委員長の小野純平教授を含め，5 人の編集委員により編集方針が決定され，1 年余に及ぶ編集作業を通して出版の運びとなった。

　本書は，序章と 5 つの章からなる解説編および 12 事例を取り上げた事例編から構成されている。序章では日本版 KABC-Ⅱ の概要と理論的背景について言及され，他の知能検査法にはない日本版 KABC-Ⅱ の特色を取り上げている。ルリア理論と CHC 理論に立脚して作成された検査であることがおわかりいただけると思う。1 章ではルリア理論に基づくカウフマンモデルによる解釈法，2 章で CHC 理論に基づく CHC モデルによる解釈法を取り上げ，2 つのモデルによる解釈の進め方について解説が加えられている。3 章では行動観察などから得られる質的情報の重要性と収集方法が説明され，測定値という量的情報とつき合わせて総合的解釈を行う必要性について述べられている。4 章では，カウフマンモデルや CHC モデルによる結果の解釈から導き出される指導の原則について説明されている。ア

セスメントから指導への展開について有益な示唆が得られるであろう。5章では，検査報告書やケースレポートの書き方および検査結果の伝え方やフィードバックの方法について具体例を挙げてわかりやすく記されている。

　事例編では，12事例が取り上げられ，その対象児は，就学前段階が2名，小学校および中学校段階が各4名，高校段階が2名であり，年齢帯は5歳から18歳に及んでいる。日本版K-ABCでは実施ができなかった13歳以上の事例が半数を占めている点が注目される。12事例の主訴はさまざまである。大別すると，多動性，衝動性，不注意など行動面の問題，読み書きなど教科学習面の問題，社会性や感情・情緒面の問題，ソーシャルスキルやコミュニケーションに困難を示すケースなどが取り上げられている。こうした主訴をもつ対象児に対し，(ルリア理論に基づく)カウフマンモデルや(CHC理論に基づく)CHCモデルによる解釈法を駆使することによって，どのようにアセスメントし，どのような支援・指導につなげていくのかを，事例を通して読みとっていただけるものと思う。対象児の主訴や実態は多岐にわたっているので，学校教育分野のみならず，医療分野や司法分野の方々にも役立つはずである。

　なお本文中では，日本版KABC-Ⅱについて，特に「日本版」と記載せずに使用している。

　本書の執筆は，日本版KABC-Ⅱ制作委員をはじめとする大学教員と臨床現場の実践者にお願いした。いずれも心理・教育アセスメントに造詣の深い方々である。特に貴重な事例を執筆していただいた先生方には心から謝意を表したい。また，丸善出版の池田和博氏，佐久間弘子氏にも感謝申し上げる次第である。

2017年6月

日本版KABC-Ⅱ制作委員会 委員長

藤 田 和 弘

編者・アドバイザー・執筆者一覧

編　者

小野　純平	法政大学現代福祉学部	（編集委員長）
小林　　玄	立教女学院短期大学幼児教育科	
原　　伸生	長野県稲荷山養護学校	
東原　文子	聖徳大学児童学部	
星井　純子	世田谷区発達障害相談・療育センター	
	大田区教育委員会発達障害支援アドバイザー	

［五十音順，所属は 2017 年 6 月 30 日現在］

アドバイザー

藤田　和弘	九州保健福祉大学 QOL 研究機構
熊谷　恵子	筑波大学人間系

［所属は 2017 年 6 月 30 日現在］

執　筆　者

藤田　和弘	九州保健福祉大学 QOL 研究機構	（まえがき）
石隈　利紀	東京成徳大学大学院心理学研究科	（序章）
東原　文子	聖徳大学児童学部	(1.1 節, 事例 4)
青山　真二	北海道教育大学大学院教育学研究科	(1.2 節, 3 章, 事例 7, 付録 A)
服部　　環	法政大学現代福祉学部	(1.2 節, 付録 A)
小野　純平	法政大学現代福祉学部	(2 章, 3 章)
小林　　玄	立教女学院短期大学幼児教育科	(3 章, 5.1 節, 5.2 節, 事例 3, 付録 B)
熊谷　恵子	筑波大学人間系	(4 章)

星井 純子	世田谷区発達障害相談・療育センター	
	大田区教育委員会発達障害支援アドバイザー	(5章)
熊上　崇	立教大学コミュニティ福祉学部	(5.3節, 事例11)
熊上 藤子	(株)日本保育総合研究所	(5.3節)
南薗 幸二	宮崎県立延岡しろやま支援学校	(事例1)
松山 光生	九州保健福祉大学保健科学部	(事例1)
倉内 紀子	九州保健福祉大学保健科学部	(事例1)
吉村 亜紀	世田谷区発達障害相談・療育センター	(事例2)
村山美沙姫	寒河江市立南部小学校	(事例5)
山内まどか	川崎市総合教育センター	(事例6)
岩山カイナ	大阪府立住之江支援学校	(事例7)
後藤 勝弘	津市立南が丘中学校	(事例8)
原　伸生	長野県稲荷山養護学校	(事例9)
小野寺基史	北海道教育大学大学院教育学研究科	(事例10)
佐藤 庸子	大分市立宗方小学校	(事例12)
永田 真吾	国際学院埼玉短期大学幼児保育学科	(付録C)
齋藤 大地	東京学芸大学附属特別支援学校	(付録C)

［掲載順, （ ）内は執筆箇所, 所属は 2017 年 6 月 30 日現在］

目　　次

まえがき　　*iii*
編者・アドバイザー・執筆者一覧　　*v*

［解説編］——————————————————————— *1*

序章　日本版 KABC-II の概要と理論的背景 ——————— *3*

第1章　カウフマンモデルに基づく結果の解釈 ————— *13*
1.1　解釈の手順　　*13*
1.2　クラスター分析　　*17*

第2章　CHC モデルに基づく結果の解釈 ——————— *25*
2.1　解釈の手順　　*25*
2.2　クロスバッテリーアセスメント（XBA）によるアプローチ　　*30*

第3章　質的情報の収集と総合的解釈 ————————— *35*
3.1　質的情報の把握の意義　　*35*
3.2　検査場面の行動観察の観点　　*37*
3.3　日常生活から得られる情報の活用　　*42*
3.4　複数の情報からの総合的解釈　　*42*

第4章　アセスメントから指導へ —————————— *45*
4.1　カウフマンモデルによる結果から導き出される指導の原則　　*45*
4.2　尺度レベルにおける特徴の違いから　　*46*
4.3　CHC モデルによる結果から導き出される指導の原則　　*53*

4.4 尺度にも下位検査にもばらつきがない場合　　56

第5章　検査結果の書き方と伝え方 ─────── 57
5.1 検査の実施と扱いに関する留意事項　　57
5.2 検査結果の書き方　　58
5.3 検査結果の伝え方　　65

[事例編] ─────────────────── 77

事例1　多動傾向があり注意に困難を示す同時処理優位の5歳児　　79
事例2　コミュニケーションにつまずきが見られる5歳児　　95
事例3　感情のコントロールに困難を示す基礎学力の高い小学4年生　　112
事例4　知的レベルが境界域にあり教科学習が困難な小学4年生　　129
事例5　ADHDとASDを合わせもつ小学5年生のソーシャルスキル指導　　145
事例6　計画尺度が高いが学習に生かすことが難しい小学5年生への漢字指導　　159
事例7　高機能自閉症の中学1年生の学習支援に関するコンサルテーション　　174
事例8　日本語の習得が遅れている同時処理優位の中学2年生　　189
事例9　抽象刺激の視覚認知が弱く成績が伸び悩む中学2年生　　202
事例10　言語表現が不得手なアスペルガー症候群の中学3年生　　215
事例11　学習意欲はあるが学習についていけない高校1年生　　232
事例12　書字が困難な知的ギフテッドと考えられる高校3年生　　246

付録A　クラスター分析資料　　257
付録B　日常の様子チェックリストの使い方　　263
付録C　用語解説　　272
索　　引　　275

解 説 編

序章　日本版KABC-IIの概要と理論的背景

1　カウフマン博士夫妻の知能検査の哲学：賢いアセスメント

　アラン・カウフマン博士とネイディーン・カウフマン博士は，心理検査，特に個別式知能検査・学力検査の領域で，世界的に著名な学校心理学者である。アラン先生は子どもの発達と心理測定の専門家であり，妻のネイディーン先生は発達障害の専門家でありスクールサイコロジストとしても豊かな経験をもつ。カウフマン夫妻の開発した心理検査には，K-ABC（Kaufman Assessment Battery for Children：個別式知能検査），KABC-II，KAIT（Kaufman Adolescent Adult Intelligence Test），K-TEA（Kaufman Test of Educational Achievement：個別式学力検査），KTEA-II などがあり，K-ABCは世界の多くの国で翻訳されている（石隈，2014）。

　筆者は1985年から1990年まで，アラバマ大学大学院においてカウフマン夫妻から，スクールサイコロジストとしての実践と学校心理学の研究に関する訓練を受けた。そのなかで出会ったアラン・カウフマン博士の「賢いアセスメント」のかぎとなる言葉を2つ紹介したい（Ishikuma, 2009；上野・染木，2008）。

　　「アセスメントの仕事は探偵のような仕事である。検査結果を統計だけでなく，日常の観察と研究成果に基づいて解釈し，子どもの援助に結びつけるために用いる」

子どもの援助に関する判断は，検査結果と研究成果（エビデンス）と援助者の観察（実践の知）の統合である。つまり，アセスメントを行い，それに基づいて援助する教師や心理職は，エビデンスに基づきながら，実践の知によりエビデンスを超える援助案を考えるのである。

　　「知能検査は，子どもの学力を予想し，安楽椅子に座ってその悪い予想（子どもの失敗）が当たるのを待つために実施するのではない。アセスメントで得

られた情報（得意な認知スタイルや望ましい学習環境等）を子どもの援助に生かすことで，その予想を覆すためにある」

知能検査の妥当性の1つは学力検査との相関係数で検証される。知能検査と学力検査の結果は，理論的には高い相関が出るはずである。知能検査と学力検査を同じ時期に実施すれば，である。もし知能検査の1年後，3年後に実施した学力検査と相関係数が高ければ，知能検査の結果を生かした教育的な援助が行われなかった，いいかえれば教育の効果がなかったということになる。子どもの援助に関わる者は，子どもの学校生活を変える担い手なのである。

K-ABC そして KABC-II は，カウフマン博士夫妻の賢いアセスメントの哲学を基盤に開発された，子どもを援助するための検査である。

2　日本版 K-ABC とは

まず簡単に K-ABC を紹介する。K-ABC は，2歳6ヵ月から12歳までの子どものための個別式知能検査である。米国や日本では，K-ABC は，ビネー式検査，ウェクスラー式検査と並び，代表的な知能検査といえる（Ishikuma, Matsuda, Fujita, & Ueno, 2016）。K-ABC は，米国において1983年カウフマン夫妻によって，発達障害など障害のある子どもやマイノリティの子どもに対して公平であり，検査結果を教育的働きかけに結びつけやすい検査をめざして開発された。1993年には日本版 K-ABC が，松原達哉・藤田和弘・前川久男・石隈利紀によって刊行された。

K-ABC の特徴は，①認知処理過程と習得度を分けて測定すること，②認知処理過程をルリア理論（「継次処理」と「同時処理」）から測定することである。算数や読み（習得度）などで困難を示す発達障害等のある子どもにとっては，情報を処理する認知処理過程を習得度（語彙や算数など）と分けて測定することが望ましいというのが，カウフマン夫妻の考えである。

日本版 K-ABC は，4つの尺度（平均が100で1標準偏差が15の標準得点）から構成されている。

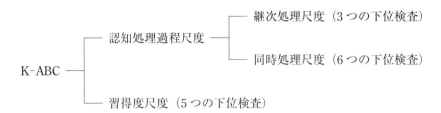

3 日本版 KABC-II の特徴

　米国では 2004 年に，K-ABC が改訂され KABC-II が刊行された。それを受けて 2006 年日本版 KABC-II の準備が始まり，2013 年に刊行された。日本版 KABC-II では，「認知-習得度」というカウフマンモデルを継承しながら，大幅な改良が加えられている。主な点として，以下のものが挙げられる。

① 適応年齢の上限が 12 歳から 18 歳になった。これにより，ピアジェの知能の発達理論における形式操作の段階（12 歳から）を含めることになり，多様な問題解決能力の評価につながる（Kaufman *et al.*, 2013）。そして中学生や高校生，さらには大学 1 年生くらいまでの知的能力のアセスメントが可能になった。

② 認知処理過程の測定が，継次処理と同時処理の 2 つから「継次，同時，計画，学習」の 4 つに拡大した。これにより認知処理過程の測定がより充実し，子どもの得意な認知スタイルについて，より包括的なアセスメントが可能になった。

③ 習得度が「語彙，読み，書き，算数」と拡大した。米国では「KTEA-II」という優れた個別学力検査があるため，K-ABC の習得度に含まれていた「算数」「ことばの読み」「文の理解」が除かれ，その結果，米国版では認知尺度のみになった。しかし，日本では個別学力検査がないことから，習得度が充実された。特に，LD を判断する際の「読み，書き，算数（計算・推論）」を含めた点が大きな特徴といえよう。したがって，日本版 KABC-II は，個別の認知検査と個別の習得度（基礎学力）検査を，同時に同じ対象で標準化したバッテリーとなった。

④ K-ABC はルリア理論のみに依拠していたが，KABC-II は 2 つの最新の理論モデルに基づいている。キャッテル-ホーン-キャロルの広範的能力および限定的能力に関する心理測定モデル（CHC モデル），およびルリアの認知処理に関する神経心理学理論の 2 つである。カウフマンは，ルリア理論に基づいて認知尺

度を構成したが，習得尺度の構成はカウフマンの発想でなされているので，正式には「ルリア理論に基づくカウフマンモデル」（以下，カウフマンモデルと略す）と称する。

まず最初にカウフマンモデルについて4節で述べ，次にCHCモデルについて5節で説明する。

4 カウフマンモデルにおける日本版KABC-IIの構成

日本版KABC-IIの構成は，図1の通りである。

(1) 認知尺度

日本版KABC-IIでも，基本的枠組はカウフマンモデルであり，認知尺度と習得尺度からなる。認知尺度においては，ルリアの神経心理学の理論に基づき，K-

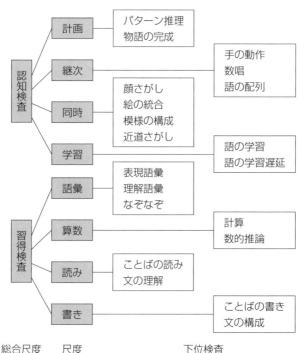

図1 日本版KABC-IIの構成

ABC の継次-同時の尺度に，計画尺度と学習尺度が加えられた。

　ルリアは脳の基本機能を3つのブロックに分類した（図2）。覚醒と注意を司るブロック1，情報を分析し符号化し記憶することに関する機能を司るブロック2，そしてプランを立てるあるいは行動を計画し組織化するという実行機能の適用を司るブロック3である（Kaufman *et al.*, 2014）。ブロック1の機能は網様体賦活系に対応し，ブロック2は中心溝（ローランド溝）後方の後頭葉，頭頂葉および側頭葉に位置づけられ，ブロック3は前頭前野に対応するとされている。ここでKABC-Ⅱの認知尺度と3つのブロックの関係を説明する（藤田他，2011；Kaufman *et al.*, 2013）。

①学習能力：3つのブロックすべてに関連づけられた処理過程の統合を反映している。ブロック1の注意-集中過程とブロック2の情報を符号化し記憶する機能が重視されているものの，新たな情報を効率的に学習し保持するための方略を生み出すブロック3の機能も要求される。

②継次処理：主としてブロック2に関連する。「連続的」な符号化機能であり，問題解決のために逐次的あるいは順を追った形で入力（情報）をアレンジするものである。そこでは1つの情報がそれに先立つ情報と直線的かつ時間軸に沿って関係づけられている。

③同時処理：継次処理と同様，ブロック2に関連する。「同時的」な符号化機能であり，問題解決のために同時に全体的・空間的に情報を統合するものである。KABC-Ⅱの同時処理は，ルリア理論のブロック2とブロック3を意図的に混合することで，要求される同時的統合の複雑さを向上させている。たとえば，［近道さがし］では，正答するためには，刺激を同時に処理する（符号化し記憶する）だけでなく，実行機能や問題解決により近道を判断することを要求される。

④計画能力：ブロック3に関連づけられた高次の意思決定を含む活動を計画し組織化する実行機能に関係している。KABC-Ⅱの計画能力には，必然的に他の2つのブロックに関係する機能も含まれている。例として，子どもが仮説を立て決断するプロセス（ブロック3），ワーキングメモリーなどを効果的に適用するプロセス（ブロック2），注意スキルを活用して自分の行動をモニターするプロセス（ブロック1）が挙げられる。

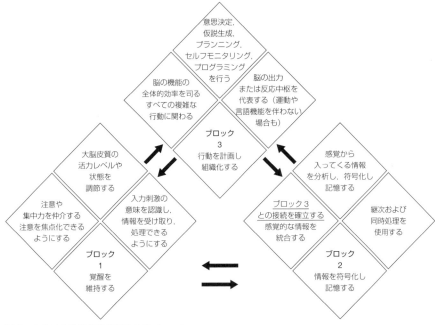

図2　ルリアの神経心理学理論の3ブロック

(2) 習得尺度

　日本版 KABC-Ⅱ では，K-ABC の習得度尺度をさらに充実・発展させ，認知処理を活用して獲得した，語彙，読み，書き，算数の4つの領域における習得度を測定している。習得度の概念には社会科や理科に関する知識も含まれるが，日本版 KABC-Ⅱ 習得尺度はそれらは含めず，LD の判断にも資することをめざし，「読み・書き・算数」といった基礎学力を測定する。文部科学省の指導要領に基づき，算数教育や国語教育の専門家のコンサルテーションを受けながら，検査項目が決定された。

　認知尺度，習得尺度における各尺度で測定する能力を以下に説明する。
①学習尺度：新たな情報を効率的に学習し，保持する能力
②継次尺度：提示された情報を1つずつ，順番に，時間軸に沿って処理する能力
③同時尺度：提示された複数の視覚情報を全体的・空間的に処理する能力

④計画尺度：提示された問題を解決するための方略決定や課題遂行のフィードバックに関する能力
⑤語彙尺度：現在獲得している語彙の量や意味理解等についての習得度
⑥算数尺度：学習指導要領に基づく計算スキルや文章問題の解決に関する習得度
⑦書き尺度：学習指導要領に基づく書字や作文に関する習得度
⑧読み尺度：学習指導要領に基づく文字の読みや文章理解に関する習得度

　認知能力を測定する4尺度を総合したものとして，認知総合尺度がある。認知総合尺度は，総合的な認知能力の指標であり，ウェクスラー式知能検査の全検査IQにあたる。また，習得度を測定する4尺度を総合したものとして，習得総合尺度がある。習得総合尺度は，認知処理を活用して獲得した知識や基礎学力を総合したものであり，習得度の水準を示すものである。K-ABCと同様に，認知能力に関する4尺度，習得度に関する4尺度，そして認知総合尺度，習得総合尺度は，どれも平均100，1標準偏差15の標準得点で表される。

5　CHCモデルにおける日本版KABC-IIの構成

　CHC理論の起源は，2つの異なる心理測定的研究の成果，すなわちキャッテル-ホーン（Cattell-Horn）理論とキャロル（Carroll）理論にある。まず，キャッテル-ホーン理論は，流動性-結晶性知能理論として知られている。流動性知能は，推理を使って新規な問題を解く能力であり，おおむね生理学的機能であり，加齢の影響を受ける。一方，結晶性知能は，獲得した知識を使って問題を解く能力である。それは流動性知能に基づいて開発される能力であり，教育に大きく関係する。そして，Cattell門下のHornは，心理測定的データだけでなく神経心理学的および発達的データに基づき，知能における因子を拡大して，最終的には10の広範的能力を含むまでにした。ただし，Hornの考え方には，階層はなかった。
　一方，Carrollは，知能に関する包括的な因子分析的研究を長期間にわたって実施した結果，3段階の階層の能力からなる理論を作り上げた。
・第III階層（一般能力）：スピアマン（Spearman）のg因子と同様のものであり，因子分析により妥当な構成概念と見なされた。
・第II階層（広範的能力）：8つの広範的能力から構成されており，ホーンの広範

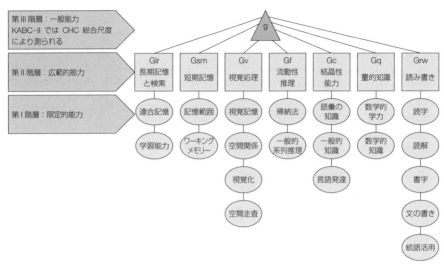

図3 日本版 KABC-II に適用されたキャッテル-ホーン-キャロル（CHC）理論

的能力と密接に対応している。
・第I階層（限定的能力）：約70の特定の領域に関する能力で構成されており，それらの能力が互いに結びつけられてそれぞれの広範的能力によって系統立てられている。

そして，1999年にキャッテル-ホーン理論とキャロル理論が，両者の合意を得てCHC理論として統合された。

CHC モデルの視点からすると，日本版 KABC-II では，以下の広範的能力を測っている。これらは，カウフマンモデルでの尺度を，CHC モデルからとらえ直したものといえる。以下，CHC モデルにおける尺度（対応するカウフマンモデルでの尺度）とその尺度が測定する能力について説明する。なお，（　）内は，カウフマンモデルにおける尺度名である。米国版では①から⑤までしか測定できないが，日本版はこれらに加えて，⑥量的知識，⑦読み書きも含めた7つの能力を測ることができる。

①長期記憶と探索（学習）：新しく学習した，または以前に学習した情報を記憶し効率的に検索する。
②短期記憶（継次）：情報を取り出し保持し，数秒のうちにそれを使う。

③視覚処理（同時）：視覚的なパターンを知覚し，記憶し，操作し，そして考える。

④流動性推理（計画）：演繹や帰納などの推理能力を使って，新規な問題を解く。

⑤結晶性能力（語彙）：その人が属する文化によって獲得された知識の幅や深さを示す。

⑥量的知識（算数）：計算と数学的演繹。

⑦読み書き（読みと書き）：ことばを読み，文を理解する能力。ことばを書き，文を構成する能力。

　CHCモデルにおける7尺度を総合したものとして，CHC総合尺度がある。CHC総合尺度は，カウフマンモデルにおける習得度を含めた知的能力を総合的に示すものであり，ウェクスラー式知能検査の全検査IQにあたる。CHCモデルの7尺度，CHC総合尺度も，平均100，1標準偏差15の標準得点で表される。CHCモデルは，WISC-Ⅳなど他の検査とのバッテリーを組んで総合的に解釈するときの理論的基盤を提供する。

　KABC-Ⅱがカウフマンモデルと CHCモデルの2つの理論モデルから開発されたことにより，2つの視点からの解釈が可能になり，より幅の広い解釈とより深い解釈を可能にしたといえよう。子どもの知能発達の特性を理解し，子どもの学習意欲を高め学習効果を生み出す指導方法を導くことができるのである。子どもの学校生活を変える担い手として，KABC-Ⅱを賢く使いたい。

文　献

藤田和弘・石隈利紀・青山真二・服部環・熊谷恵子・小野純平（2011）　日本版KABC-Ⅱの理論的背景と尺度の構成，K-ABCアセスメント研究, 13, 89-99。

Ishikuma, T. (2009)　Dr. Alan Kaufman's contribution to Japan : K-ABC, intelligent testing, and school psychology. In J. Kaufman (ed.) Intelligent testing: Integrating psychological theory and clinical practice, Cambridge University Press, 183-190.

石隈利紀（2014）　KABC-Ⅱ，辻井正次（監）明翫光宣・松本かおり・染木史緒・伊藤大幸（編）「発達障害児支援とアセスメントのガイドライン」，金子書房，96-103。

Ishikuma, T., Matsuda, O., Fujita, K., & Ueno, K. (2016) Intellectual assessment of children and youth in Japan: Past, present, and future. International Journal of School & Educational Psychology, 4, 241-246.（DOI: 10.1080/21683603.2016.1163711）

Kaufman, A. S., & Horn, J. L. (1996) Age changes on tests of fluid and crystallized ability for women and men on the Kaufman Adolescent and Adult Intelligence Test (KAIT) at ages 17-94 years, Archives of Clinical Neuropsychology, 11 (2), 97-121.

Kaufman, A. S. & Kaufman, N. L. 著，日本版 KABC-II 制作委員会訳編（2013）「日本版 KABC-II マニュアル」，丸善出版。

Lichtenberger, E.O., Mather, N., Kaufman, N.L., & Kaufman, A.S. (2004) Essentials of Assessment Report Writing, John Wiley & Sons（上野一彦・染木史緒監訳（2008）「エッセンシャルズ：心理アセスメントレポートの書き方」，日本文化科学社）。

第1章　カウフマンモデルに基づく結果の解釈

1.1　解釈の手順

1.1.1　認知総合尺度と習得総合尺度

(1) 認知総合尺度

　認知総合尺度は認知能力の指標である。カウフマンモデルを用いて KABC-II を解釈する場合，認知総合尺度が他の知能テストの全検査 IQ（たとえば WISC-IV の FSIQ）に相当する。ただし，認知尺度間に有意差が認められる場合，認知総合尺度をもって対象児の認知能力のレベルを推し量ることは慎重を要する。

(2) 習得総合尺度

　習得総合尺度は，語彙，読み，書き，算数の4尺度の標準得点の合成得点であり，習得度（基礎学力）の指標である。すなわち，語彙，読み，書き，算数に関する知識・技能の全般的な習得レベルを示す。ただし，習得尺度間にばらつきが見られる場合，もちろん，習得総合尺度をもって全般的習得レベルを代表させることは難しく，個々の尺度が意味をもつことになろう。

(3) 認知総合尺度と習得総合尺度の比較

(a) 認知総合尺度＞習得総合尺度の場合

　数や言語に関する知識・技能の獲得に際して，認知能力を十分に生かしていないと解釈できる。このような場合は，得意な認知能力を活用する長所活用型指導を行うとともに，学習への意欲・興味，学習習慣，教室や家庭の環境調整などの側面から子どもの援助を計画する必要がある。

(b) 認知総合尺度＜習得総合尺度の場合

　認知能力を十分に生かして数や言語に関する知識・技能を獲得していると解釈できる。

1.1.2 認知尺度間の比較
(1) 認知尺度の標準得点の比較
　認知尺度どうしの標準得点の比較を行うことにより，認知能力の強弱を明らかにすることができ，指導につなげていくことができる。ただし，尺度内の下位検査間で大きなばらつきが見られる場合は，標準得点は参考値として慎重に解釈する。
　まず，継次尺度と同時尺度の間に有意な差があるか（情報処理のスタイルとして，提示された聴覚情報や視覚情報等を時間軸に沿って，順番に処理するほうがよいか，あるいは，複数の視覚情報を空間的に統合して処理するほうがよいか）を見る。また，学習尺度は，ルリアのブロック1～3の機能単位すべてに関与しているため，他の機能とも関連づけながら解釈する必要がある。計画尺度は，方略の生成や行動計画の修正，問題解決に対する自己評価，柔軟性，および衝動のコントロールといったものが関係している。したがって，計画尺度を解釈する場合は特に，行動観察も含めて解釈する必要がある。

(2) 認知尺度の個人間差
　各尺度の標準得点が同年齢の子どもの平均から逸脱しているかいないかを判定することができる。具体的には，各尺度の標準得点を同年齢の子どもの平均100と比較し，1標準偏差（15）を超えるほど「強い（NS：Normative Strength）」（116以上）または，「弱い（NW：Normative Weakness）」（84以下）を判定する。このことは，特に通常の学級の授業における配慮や支援を考える場合に非常に重要となる概念である。たとえば，継次尺度がNWである場合，聴覚的や視覚的な情報を順序正しく記憶し，処理することが求められるような学習場面において，クラスメイトから遅れをとってしまう可能性があることを意味する。

(3) 認知尺度の個人内差，まれな差
　個人内における強い尺度と弱い尺度を判定することができる。具体的には，各尺度の標準得点を，その子の標準得点平均と比較し，平均より高く有意な差である場合を「強い（PS：Personal Strength）」，平均より低く有意な差である場合を「弱い（PW：Personal Weakness）」と判定する。
　次に，PSやPWとマークされた尺度の標準得点と標準得点平均との差が，まれにしか出現しないほど大きな差（「まれな差」という）であるか否かを判定する。「まれな差」であると判定された場合は，他の検査結果や検査中の行動観察，背景

情報などと総合して障害あるいはその可能性について検討する必要がある。

1.1.3　認知検査間の比較

　個々の下位検査のばらつきを見るため，下位検査の評価点が同年齢の子どもの平均（10）より1標準偏差（3）を超えるほど「強い（NS）」（14以上）または「弱い（NW）」（6以下）を判定する。また，対象児の認知尺度の下位検査の評価点平均と比較し，平均より高く有意な差である場合を「強い（PS）」，平均より低く有意な差である場合を「弱い（PW）」と判定する。また，標準得点のときと同様に「まれな差」かどうかの判定もする。

1.1.4　習得尺度間の比較

(1) 習得尺度の標準得点の比較

　習得尺度どうしの標準得点の比較を行う。言語の理解や表出の強さの割に，文字や文を書くことが弱い，といった学業スキル間のアンバランスを見ることができる。ただし尺度内の下位検査間で大きなばらつきが見られる場合は，尺度の標準得点よりも，下位検査間の強弱そのものの解釈が重要となる。

(2) 習得尺度の個人間差

　習得尺度についても，認知尺度と同様にNS, NWを調べる。習得尺度のNS, NWは，通常の学級で学ぶ子どもにとっては，一斉授業についていけるかどうかに直結している可能性がある。たとえば，語彙尺度がNWである場合，同じ学年のクラスメイトが理解できる言葉を理解できていない可能性もある。また，読み尺度，書き尺度，算数尺度の中の［計算］は特に，学習指導要領に基づき精選された問題であるため，NS, NWはそのまま，学校での成績と関連することが考えられる。NWである場合は，通常の学級での学習から遅れをとっているのではないかと推察されるため，担任からの情報などと照合して詳しく調べる必要がある。

(3) 習得尺度の個人内差（PS, PW, まれな差）

　認知尺度と同様に，PS, PW, まれな差について調べる。習得尺度のPS, PWは，基礎学力の中で比較的よく育った部分と育ちにくかった部分を表している。認知尺度の場合は，PSにあたる認知能力を活用した指導法（長所活用型指導）ということにつながっていくが，習得尺度の場合は，どの尺度にあたる学業スキルに焦

点を当てて指導するかといったことに，個人内差が用いられるであろう．

1.1.5 習得検査間の比較

認知検査と同様に，NS，NW，PS，PW，まれな差について調べる．たとえば，［ことばの読み］［ことばの書き］は NW ではないが［文の理解］［文の構成］が NW であるという場合，単語レベルの読み書きはできるが，文レベルの理解や短作文が学年相当に達していない可能性があり，教室でのつまずきが推察される．

1.1.6 認知総合尺度と習得尺度の比較，認知総合尺度と算数尺度検査の比較

文部省（1999）によれば，「学習障害とは，基本的には全般的な知的発達に遅れはないが，聞く，話す，読む，書く，計算する又は推論する能力のうち特定のものの習得と使用に著しい困難を示す様々な状態を指すものである」とされている．このような基準で LD を判断するために，日本版 KABC-II では，認知総合尺度（全般的な知的発達の水準）と，語彙尺度（聞く能力・話す能力と関連する），読み尺度（読む能力），書き尺度（書く能力）の標準得点の比較ができる．さらに，算数尺度の下位検査の［計算］と［数的推論］はそれぞれ標準得点が出せるようになっており，認知総合尺度（全般的な知的発達の水準）と，［計算］（計算能力）と［数的推論］（推論能力）の標準得点も比較できる．

このように，日本版 KABC-II は，全般的な知的発達に遅れはないものの，読み書きや算数に著しく困難な子どもであるといったことが判断しやすくできている．

1.1.7 粗点 0 がある場合の解釈

下位検査の粗点が 0 であっても，ある値の評価点や標準得点が割り当てられる．通常，粗点 0 には低い値の評価点が設定されているが，場合によっては，予想以上に高い得点が与えられることがある．したがって，粗点 0 の場合の解釈は，次のように慎重に行う．

(1) 認知総合尺度について

認知総合尺度，習得総合尺度，CHC 総合尺度では，各総合尺度を構成する下位検査において，3 つ以上の下位検査の粗点が 0 の場合，その総合尺度の標準得点

を算出しない。
(2) 認知尺度，習得尺度，CHC 尺度，非言語検査について
　下位検査が2つの場合は，下位検査の粗点に1つでも0がある場合，標準得点を算出しない。下位検査が3つ以上の場合は，2つ以上の下位検査の粗点が0の場合，標準得点を算出しない。

1.2　クラスター分析

　クラスターとは KABC-II の下位検査を束ねて作成した尺度のことであり，クラスター分析とは尺度の標準得点に基づく一連の個人内比較と個人間比較を指す。本節の前半では Kaufman, Lichtenberger, Fletcher-Janzen, & Kaufman（2005）に依拠するクラスター分析の基本的な考え方と解釈に必要な基準値等を説明し，後半では分析手順について説明する。

1.2.1　クラスターを構成する下位検査

　米国版のクラスター分析は，①下位検査の選択的組み合わせを注意深く限定したいくつかのクラスターに制限し，②どのような場合でも下位検査固有の能力のみの解釈をせず，③個人内の比較にのみ焦点を当てるのではなく，個人内アセスメントと個人間アセスメントの融合を試みるとしている（Kaufman *et al.*, 2005）。日本版のクラスター分析は米国版に準拠したが，クラスターを構成する下位検査が2つ以上あることを必要条件としたので，次の選択ステップ1～4が設定された。
　①ステップ1　「言語能力」と「非言語能力」の比較
　②ステップ2　「問題解決能力」と「記憶・学習能力」の比較
　③ステップ3　「有意味刺激の視覚認知」と「抽象刺激の視覚認知」の比較
　④ステップ4　「言語反応」と「指さし反応」の比較
　それぞれのクラスターを構成する下位検査は次の通りであるが，年齢によって実施する下位検査が異なるので，クラスターを構成する下位検査も年齢に応じて異なる（日本 K-ABC アセスメント学会，2015）。
①ステップ1
● 言語能力

表現語彙，なぞなぞ，理解語彙
● 非言語能力
　　顔さがし，物語の完成，模様の構成，パターン推理，手の動作
② ステップ2
● 問題解決能力
　　物語の完成，近道さがし，模様の構成，パターン推理
● 記憶・学習能力
　　語の学習，顔さがし，数唱，語の配列
③ ステップ3
● 有意味刺激の視覚認知
　　語の学習，顔さがし，物語の完成
● 抽象刺激の視覚認知
　　模様の構成，パターン推理
④ ステップ4
● 言語反応
　　数唱，表現語彙，なぞなぞ
● 指さし反応
　　語の学習，顔さがし，語の配列，理解語彙

1.2.2　各クラスターにおける臨界値

　クラスター分析へ進むためには，それぞれのクラスター内において下位検査の「評価点の幅」が小さいことが必要である。そのため，クラスターごとに，標準化データを用いて「サンプルの5%未満に発生する最も高い下位検査評価点と最も低い下位検査評価点の間の最小の差」を求め，臨界値とした。1つの事例として，ステップ1（言語能力と非言語能力）における臨界値を表1.1に示す（日本K-ABCアセスメント学会，2015）。出現率を5%未満としているが，年齢によって下位検査数が異なるので，それに応じて臨界値も異なる。全ステップで使用する臨界値は付録257ページの表の通りである。
　実際の個別事例では，最大の「評価点の幅」が臨界値以上のとき，そのステップの分析を止めることになる。

表 1.1　ステップ 1 において用いる臨界値（発生率が 5％未満）

〈ステップ 1〉クラスターの分析：サンプルの 5％未満に発生する最も高い下位検査評価点と最も低い下位検査評価点の間の最小の差						
クラスター	年齢					
	2 歳	3 歳	4 歳	5 歳	6 歳	7〜18 歳
言語能力	9	8	8	8	9	7
非言語能力	9	9	9	10	10	10

1.2.3　標準得点換算表

　標準化データを用い，クラスターごとに評価点合計から標準得点を算出する換算表を年齢ごとに作成した（日本 K-ABC アセスメント学会，2015）。その際，標準化データにおいて標準得点が平均値を 100，標準偏差を 15 とする正規分布へ従うようにした。全クラスターの標準得点換算表は付録 259 ページの通りである。

1.2.4　各ステップにおける基準値（有意差，まれな差）

　標準化データを使用し，クラスター内で有意な差を与える基準値（有意差；5％），標準得点の差がまれといえる基準値（まれな差；10％）を求めた。1 つの事例として，ステップ 1（言語能力と非言語能力）で用いるクラスター間における標準得点の有意差とまれな差を表 1.2 に示す（日本 K-ABC アセスメント学会，2015）。全ステップで使用する基準値（有意差，まれな差）は付録 257 ページの通りである。

　個別事例では，クラスター間の標準得点差が基準値以上のとき，標準得点が大きいほうの能力が優位であると判断する。

表 1.2　ステップ 1 における標準得点の有意差（5％）とまれな差（10％）

〈ステップ 1〉クラスター間における標準得点の有意差（5％）とまれな差（10％）												
クラスター	年齢											
	2 歳		3 歳		4 歳		5 歳		6 歳		7〜18 歳	
	有意 5％	まれ <10％	有意 5％	まれ <10％	有意 5％	まれ <10％	有意 5％	まれ <10％	有意 5％	まれ <10％	有意 5％	まれ <10％
言語能力 vs. 非言語能力	16	26	16	29	16	30	15	30	14	28	11	24

1.2.5 選択ステップ：クラスター分析（ステップ1～4）

　この選択ステップは，複数の下位検査に共通する課題特性や情報の入出力といった視点から解釈を進めるものである。実際には，基本ステップの解釈に用いられる各尺度とは別に，新たな観点から構成可能な複数の下位検査群（クラスター）において，相対するクラスター間に有意な差があるかどうかを検討するものである。クラスター分析の実施においては，各クラスターが適度なまとまりをもっていることが前提であり，クラスターを構成する下位検査の評価点に大きなばらつきが認められないことが重要となる。この条件を満たしたクラスターのみが，本分析の対象となる。本選択ステップにおける具体的な解釈の視点は，以下に示すステップ1からステップ4である。

　①ステップ1　「言語能力」と「非言語能力」の比較
　②ステップ2　「問題解決能力」と「記憶・学習能力」の比較
　③ステップ3　「有意味刺激の視覚認知」と「抽象刺激の視覚認知」の比較
　④ステップ4　「言語反応」と「指さし反応」の比較

1.2.6 クラスター分析の手順

　ステップ1からステップ4の解釈を進めるにあたっては，以下の手順に従って進める。

(1) クラスターを構成する各下位検査の評価点を各クラスター分析図に転記する。
(2) クラスター内の下位検査で，一番高いスコアーと一番低いスコアーの差を求め，「評価点の幅」に記入する。
(3) 「評価点の幅」がまれな差であるかどうかを「まれな差の基準表」を用いて確認する。

　「まれな差の基準表」は，クラスター分析図（付録257ページ参照）の各ステップの左下部に年齢別に示されている。「評価点の幅」が「まれな差の基準表」に示される数値以上の場合を「まれな差」とする。

　・「評価点の幅」がまれな差である場合は，この分析手順（3）で中止となる。
　・「評価点の幅」がまれな差でない場合は，この分析手順（4）に進む。

(4) クラスター内の下位検査合計を求め，「評価点合計欄」に記入する。
(5) 評価点合計の標準得点を「クラスター標準得点表」（付録259ページ参照）を

用いて換算し，標準得点欄に記入する。
(6) 比較する 2 つのクラスターの標準得点の差を求め，その差が「有意な差」であるかどうか，また「まれな差」であるかどうかをクラスター分析の「有意差（5%）とまれな差（10%）基準表」を用いて判定する。基準表は，クラスター分析図（付録 257 ページ参照）の各ステップの右下部に年齢別に示されている。

「標準得点の幅」が基準表の「有意 5%」に示される数値以上の場合を「有意な差」とする。また標準得点の差が「有意な差」である場合は，その差が「まれな差」であるかどうかをクラスター分析の「有意差（5%）とまれな差（10%）の基準表」を用いて判定する。それぞれの判定結果は「Y」（「有意差」あり，「まれな差」あり），または「N」（「有意差」なし，「まれな差」なし）を○で囲んで示す。

1.2.7 クラスター分析の具体例

クラスター分析の具体例について，中学生の KABC-II 下位検査の結果をもとに解説する（表 1.3，図 1.1）。

対象児　中学 2 年男児（検査時の年齢：12 歳 8 ヵ月）

表 1.3　日本版 KABC-II の下位検査の結果

尺度		下位検査	粗点	評価点	尺度		下位検査	粗点	評価点
認知尺度	継次	数唱	9	4	習得尺度	語彙	表現語彙	22	6
		語の配列	8	3			なぞなぞ	32	8
		手の動作	13	7			理解語彙	22	5
	同時	絵の統合	24	11		読み	ことばの読み	36	4
		近道さがし	13	9			文の理解	14	3
		模様の構成	19	9		書き	ことばの書き	22	4
	計画	物語の完成	24	12			文の構成	5	3
		パターン推理	28	11		算数	数的推論	31	8
	学習	語の学習	103	14			計算	52	11
		語の学習遅延	20	11					

22　第1章　カウフマンモデルに基づく結果の解釈

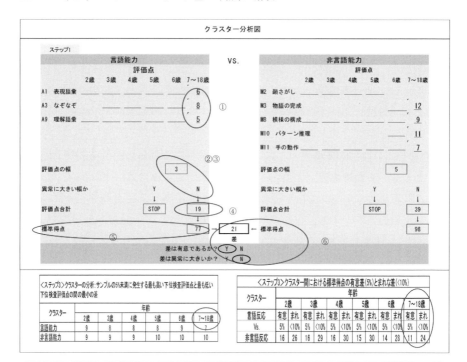

①評価点の転記
②評価点の幅を求める
　　一番高い評価点と一番低い評価点の差
③評価点の幅を求める
　〈「まれな差」の確認〉
　　左下の「まれな差の基準表」では、「7 点」以上であるため、この幅「3 点」はまれな差ではない。
④評価点合計を求める
⑤標準得点を求める
　　クラスター別標準得点換算表を用いる
⑥標準得点差を求める
　〈「有意な差」の確認〉
　〈「まれな差」の確認〉
クラスター間の標準得点の差を求め、その差が有意な差か、またまれな差であるかを右下の表から判定する

図 1.1　クラスター分析の結果

文 献

Kaufman, A. S. & Kaufman, N. L. 著,日本版 KABC-II 制作委員会訳編(2013)「日本版 KABC-II マニュアル」,「換算表」,丸善出版.

Kaufman, A. S., Lichtenberger, E. O., Fletcher-Janzen, E., & Kaufman, N. L. (2005) Essentials of KABC-II Assessment, John Wiley & Sons.(藤田和弘・石隈利紀・青山真二・服部 環・熊谷恵子・小野純平 監修(2014)「エッセンシャルズ KABC-II による心理アセスメントの要点」,丸善出版).

日本 K-ABC アセスメント学会(2015) 日本版 KABC-II アドバンスト講習会テキスト,日本 K-ABC アセスメント学会.

(注)本節では,日本 K-ABC アセスメント学会の許可を得て,「服部 環・青山眞二(2016) KABC-II の新しい解釈―プロフィール分析からクラスター分析へ―,K-ABC アセスメント研究,18,71-77」を引用した.

第 2 章　CHC モデルに基づく結果の解釈

2.1　解釈の手順

(1) CHC モデル

　KABC-II の解釈に用いられるもう 1 つのモデルが，最新の知能理論に基づく CHC モデルである。CHC 理論に基づく 10 個の広範的能力のうち，日本版 KABC-II の CHC モデルでは以下の 7 つの能力を測定することができる。

　　［日本版 KABC-II の CHC モデルによって測定される 7 つの能力］

　　長期記憶と検索/Glr　　短期記憶/Gsm　　視覚処理/Gv

　　流動性推理/Gf　　　　結晶性能力/Gc　　量的知識/Gq

　　読み書き/Grw

　CHC 理論の基底をなす最も重要な知能理論が，キャッテルの流動性-結晶性知能理論（Gf-Gc 理論）である。この視点から日本版 KABC-II で測定される 7 つの能力の関係を理解するならば，流動性推理-結晶性能力という最も高次の認知能力を中心として，これを支えるより基礎的な認知能力である処理（視覚処理）や記憶（短期記憶・長期記憶）があり，処理された結果は基礎学力（量的知識，読み書き）として定着すると考えることができる。

　CHC モデルに基づく解釈においては，各尺度が測定している能力について十分に理解するとともに，こうした 7 つの能力の関係を念頭に，読み，書き，算数といった学習上の問題が，どのような認知能力と関連しているかという視点から分析を進めることが有用である。

(2) CHC モデルに基づく解釈の手順

　　(i)　 CHC 総合尺度
　　(ii)　CHC 尺度

(iii) CHC 尺度の個人間差（NS, NW）
　(iv) CHC 尺度の個人内差（PS, PW, まれな差）
　(v) 尺度間の比較

2.1.1 CHC 総合尺度

　CHC モデルを用いて KABC-II を解釈する場合，CHC 総合尺度が他の知能検査の全検査 IQ（WISC-IV の FSIQ など）に相当する。

2.1.2 CHC 尺度

　KABC-II の CHC 尺度は，CHC 理論に基づく 7 つの広範的能力を測定する。

長期記憶と検索尺度/Glr

　学習した情報を記憶し，効率的に検索する能力である。この尺度の下位検査［語の学習］と［語の学習遅延］により，長期記憶と検索の最も重要な要素である初期学習と検索（想起）の能力を測定することができる。

　長期記憶と検索は，保持された情報の内容ではなく情報の記憶と想起，すなわち情報の入力（符号化）と出力の能力に焦点を当てている。

　長期記憶と検索の能力が低い場合は，「〇〇に使う道具なんだけど，名前が出てこない」といったように，名称そのものではなく用途などの周辺的な表現が多くなる。

短期記憶尺度/Gsm

　適切に反応するために必要な能力であり，情報を取り込み，保持し，数秒以内に使用する能力である。

　この尺度に含まれる［数唱］［語の配列］［手の動作］の 3 つの下位検査は，いずれも記憶の範囲を測定しているが，［語の配列］の後半には，ワーキングメモリーを要求する色妨害課題が含まれている。したがって，色妨害課題の項目まで到達していない場合は記憶の範囲を測定しており，色課題の項目まで達している場合は，記憶の範囲に加えてワーキングメモリーを測定している。

　［数唱］［語の配列］［手の動作］は，それぞれ異なる入出力モダリティの短期記憶を測定している。［数唱］は聴覚入力 – 音声出力，［語の配列］は聴覚入力 – 運動出力（指さし），［手の動作］は視覚入力 – 運動出力（げんこつ，手のひら，手刃）

である。これらの検査結果を比較することにより、短期記憶の入出力モダリティによる差異を理解することができる。

視覚処理尺度/Gv

提示刺激やパターンを、知覚・操作・思考し、また心的回転（mental rotation）を行う能力である。KABC-IIでは、［顔さがし］［近道さがし］［模様の構成］によって測定される。なお、［絵の統合］は言語的要素があるため、視覚処理の下位検査には含まれていない。

流動性推理尺度/Gf

応用力と柔軟性を用いて新奇な問題を解く能力であり、推論、意味理解、帰納的推理および演繹的推理の応用に関する能力である。おおむね生物学的および神経学的機能であり加齢の影響を受けやすい。

KABC-IIでは、［物語の完成］［パターン推理］の下位検査で測定される。［パターン推理］が抽象的な場面での流動性推理を測っているのに対し、［物語の完成］は日常の生活経験に即した流動性推理を測定している。そこで、生活経験の不足や生活場面における因果性理解に困難を有する場合（たとえば、自閉症スペクトラム障害や被虐待による反応性愛着障害など）は、［物語の完成］が低くなる可能性がある。

結晶性能力尺度/Gc

ある文化において習得した知識の量およびその知識の効果的応用に関する能力である。流動性推理とは異なり、加齢の影響を受けにくい。長期記憶と検索が記憶と想起に焦点を当てているのに対し、結晶性能力では、記憶された知識の幅と深さに焦点を当てている。KABC-IIでは、［表現語彙］［理解語彙］［なぞなぞ］により測定される。

量的知識尺度/Gq

蓄積された数学的知識および数学的推論に関する能力である。数学的知識は、数学的知識の蓄積（$\sqrt{}$の意味など）と正確な計算を行う能力であり、［計算］によって測定される。［計算］は、数字の読みや書き、および数列に関する問題（1, 2, 3, ……, 10）と計算式で表される計算における数学的知識が測定される。

数学的推論は、数を用いた推論能力であり、［数的推論］によって測定される。［数的推論］では文章問題を理解する力が求められる。数的推論はまた、数学的知

識に比べて，流動性推理能力の影響をより強く受ける能力である。

読み書き尺度/Grw

ことばを読み，文を理解する能力およびことばを書き，文を構成する能力であり，KABC-Ⅱでは［ことばの読み］［文の理解］［ことばの書き］［文の構成］によって測定される。

KABC-Ⅱでは，読みと書きは，下記のように平行したプロセスを測定しているので，検査結果をもとに，読みと書きの到達レベルを比較することができる（たとえば，読みはカタカナまで習得しているが，書きはひらがなの学習段階にあるなど）。

読みのプロセス：［ことばの読み］　　　　⇒　　［文の理解］
　　　　　　　（ひらがな→カタカナ→漢字）⇒　　（文章）

書きのプロセス：［ことばの書き］　　　　⇒　　［文の構成］
　　　　　　　（ひらがな→カタカナ→漢字）⇒　　（文章）

2.1.3　CHC尺度の個人間差（NS, NW）

- 各尺度の標準得点が同年齢の子どもの平均から逸脱しているか否かを判定することができる。
- 具体的には，各尺度の標準得点を同年齢の子どもの平均100と比較し，1標準偏差（15）を超えるほど「強い（NS：Normative Strength）」（116以上）または「弱い（NW：Normative Weakness）」（84以下）を判定する。

2.1.4　CHC尺度の個人内差（PS, PW, まれな差）

個人内差

- 個人内における強い尺度と弱い尺度を判定することができる。
- 具体的には，各尺度の標準得点を，その子の標準得点平均と比較し，平均より高く有意な差である場合を「強い（PS：Personal Strength）」，平均より低く有意な差である場合を「弱い（PW：Personal Weakness）」と判定する。

まれな差

- 各尺度の標準得点と標準得点平均との差が，まれにしか出現しないほど大きな差であるか否かを判定する。

- まれな差である場合は、他の検査結果や検査中の行動観察、背景情報などと総合して障害あるいはその可能性について検討する必要がある。

2.1.5 尺度間の比較

CHC 尺度間の比較を行うことにより、臨床的仮説やそれに基づく支援の方針・計画を作成することができる。以下では尺度間比較の基本について、いくつかの例を挙げて説明する。

- 「長期記憶と検索尺度」と「短期記憶尺度」
  新しい情報を学習して長期間保持する能力と情報を保持し短期間記憶して使用する能力との比較。
- 「長期記憶と検索尺度」と「流動性推理尺度」
  知識の蓄えとそれを用いて適切に推論する能力の比較。
- 「長期記憶と検索尺度」と「結晶性能力尺度」
  新しい情報を学習する能力と単語、事実、概念について、すでに学んでいる知識との比較。
- 「長期記憶と検索尺度」と「読み書き尺度」
  情報を蓄え保持する能力と読み、書きといった獲得された基礎学力の比較。
- 「短期記憶尺度」と「視覚処理尺度」
  視覚的情報を認識し処理する能力と情報を保持し短期間記憶して使用する能力との比較。
- 「短期記憶尺度」と「流動性推理尺度」
  情報を保持し短期間記憶して使用する能力とそれを用いて推論する能力との比較。
- 「短期記憶尺度」と「量的知識尺度」
  情報を保持し短期間記憶して使用する能力とそれを用いて計算および数学的推論を行う能力との比較。
- 「短期記憶尺度」と「読み書き尺度」
  情報を保持し短期間記憶して使用する能力とことばを読み、文を理解する能力およびことばを書き、文を構成する能力との比較。

- 「視覚処理尺度」と「流動性推理尺度」
  具体的な視覚処理スキルと視覚的情報の推論能力の比較。
- 「視覚処理尺度」と「量的知識尺度」
  図形や表などの視覚的情報を認識する能力とそれを用いて数学的推論を行う能力との比較。
- 「視覚処理尺度」と「読み書き尺度」
  印字された文字や文章を視覚的に認識する能力とそれを用いて，ことばを読み，文を理解する能力およびことばを書き，文を構成する能力との比較。
- 「流動性推理尺度」と「結晶性能力尺度」
  応用力と柔軟性を用いて新しい問題を解く能力と習得した知識を用いて問題を解く能力との比較。
- 「流動性推理尺度」と「量的知識尺度」
  応用力と柔軟性を用いて新しい問題を解く能力とそれを用いて計算および数学的推論を行う能力との比較。
- 「結晶性能力尺度」と「読み書き尺度」
  単語，事実，概念について，すでに学んでいる知識およびその応用に関する能力とことばを読み，文を理解する能力およびことばを書き，文を構成する能力との比較。

2.2　クロスバッテリーアセスメント（XBA）によるアプローチ

2.2.1　XBAの理論とKABC-Ⅱへの適用

　クロスバッテリーアセスメント（XBA：Cross-Battery Assessment）アプローチは，1990年代に米国の心理学者Flanaganら（Flanagan, D. P. & Ortiz, S. O., 2001）によって提案された新しい知能検査結果の分析方法である。XBAアプローチは，複数の知能検査および学力検査による検査バッテリーの実施結果（たとえば，WISC-ⅣとKABC-Ⅱ）を統合的に分析する方法であり，各検査固有の知能や学力の理論からではなく，CHC理論という単一の知能理論に基づき解釈を行う方法である。XBAアプローチを用いることにより，単一の知能検査あるいは学力検査のみを実施した場合に比べ，より広範囲にわたる能力を測定することができる。
　CHC理論によれば，知能に関する諸能力は，以下の10の広範的能力によって

構成されている。このうち聴覚処理/Ga および決定/反応時間または速度/Gt は，聴覚処理/Ga が知能検査として扱うにはそのプロセスがきわめて複雑であること，また決定/反応時間または速度/Gt については，知能検査の内容としては，逆にあまりにシンプルであることから，原則として，この2つの能力については知能検査の測定の対象とされていない。したがって，CHC 理論に基づく知能検査の解釈においては，Ga および Gt を除く8つの能力が測定・解釈の対象となる。

①長期記憶と検索/Glr　　②短期記憶/Gsm　　　③視覚処理/Gv
④流動性推理/Gf　　　　⑤結晶性能力/Gc　　　⑥量的知識/Gq
⑦読み書き/Grw　　　　⑧処理速度/Gs

2.2.2　KABC-Ⅱ と WISC-Ⅳ を用いた XBA アプローチ

KABC-Ⅱ は7つの広範的能力を測定することのできるきわめて優れた検査であるが，処理速度（Gs：General speed of processing）を測定していない。そこで，KABC-Ⅱ とともに WISC-Ⅳ を実施する検査バッテリーを組み，CHC 理論に基づく XBA アプローチを用いて解釈を行うことにより，処理速度/Gs の因子が補われ，知能検査に求められる主要な8つの広範的能力をすべて測定することが可能となる。

たとえば，文字や文章の書きの困難を抱える子どもに関しては，KABC-Ⅱ の［ことばの書き］［文の構成］からなる書き尺度の値と WISC-Ⅳ の「符号」「記号探し」「絵の抹消」からなる処理速度の値を比較することにより，書字の問題に処理速度が関わっているか否かを分析することが可能となる。

2.2.3　KABC-Ⅱ から見た WISC-Ⅳ との XBA アプローチの方法

図2.1および図2.2は，KABC-Ⅱ の CHC モデルに基づく各広範的能力に，WISC-Ⅳ の処理速度を加えたものである。これにより，CHC 理論に基づく8つの主要な因子を測定することができる。なお，CHC 理論においては，読みと書きは「読み書き」（Grw）という1つの因子にまとめられているが，読みと書きの能力を対比させて比較することは，学習支援においては大変有用である。そこで，今回の XBA アプローチ図では，カウフマンモデルにおける習得尺度の「読み」尺度と「書き」尺度の値を用いて，読みと書きの能力を別々に表記できるようにした。以

第2章 CHCモデルに基づく結果の解釈

	標準得点	信頼区間 90%/95%
処理速度	70	65-75
短期記憶	79	73-85
長期記憶と検索	100	92-108
視覚処理	95	85-104
流動性推理	100	94-106
結晶性能力	95	90-100
量的知識	95	88-102
読み	80	74-86
書き	65	58-74

図 2.1 KABC-IIおよびWISC-IVによるXBA尺度プロフィール図

		評価点
処理速度 WISC-IV	符号	3
	記号探し	5
	(絵の抹消)	
短期記憶	数唱	6
	語の配列	5
	手の動作	6
長期記憶と検索	語の学習	9
	語の学習遅延	11
視覚処理	顔さがし	
	近道さがし	8
	模様の構成	10
流動性推理	物語の完成	9
	パターン推理	11
結晶性能力	表現語彙	11
	なぞなぞ	8
	理解語彙	10
量的知識	数的推論	10
	計算	8
読み	ことばの読み	6
	文の理解	6
書き	ことばの書き	3
	文の構成	3

図 2.2 KABC-IIおよびWISC-IVによるXBA下位検査プロフィール図

2.2 クロスバッテリーアセスメント（XBA）によるアプローチ

下に具体的な手順を述べる。

①ステップ1　KABC-Ⅱ記録用紙の「CHCモデルに基づく分析」のページより，長期記憶と検索/Glr，短期記憶/Gsm，視覚処理/Gv，流動性推理/Gf，結晶性能力/Gc，量的知識/Gqの各尺度の標準得点，信頼区間（90%または95%）および各尺度の下位検査の評価点を該当欄に転記する。

②ステップ2　KABC-Ⅱ記録用紙の表紙（カウフマンモデル）より，習得尺度の読み尺度，書き尺度の標準得点，信頼区間（90%または95%）および各尺度の下位検査の評価点を該当欄に転記する。

③ステップ3　WISC-Ⅳ記録用紙より，処理速度の合成得点，信頼区間（90%または95%）および下位検査（「符号」「記号探し」「絵の抹消」）の評価点を該当欄に転記する。なお，信頼区間の水準（90%または95%）はKABC-Ⅱの値に合わせる。

④ステップ4　処理速度，短期記憶，長期記憶と検索，視覚処理，流動性推理，結晶性能力，量的知識の7つの尺度の標準得点（WISC-Ⅳでは合成得点）およびKABC-Ⅱの読み尺度，書き尺度の標準得点からXBA尺度プロフィール図を作成する。

⑤ステップ5　処理速度，短期記憶，長期記憶と検索，視覚処理，流動性推理，結晶性能力，量的知識，読み尺度，書き尺度の9つの尺度の下位検査の評価点からXBA評価点プロフィール図を作成する。

異なる検査の結果を併合してCHC理論に基づき解釈するXBAアプローチにおいては，標準化を行ったサンプルが異なり，各検査で用いていた尺度間の個人内差（PS，PW）を算出することはできないので，個人間差（NS，NW）のみを用いる。

```
NS： 標準得点　116点以上
　　 評価点　　14点以上
NW： 標準得点　84点以下
　　 評価点　　6点以下
```

図 2.1 および図 2.2 は書きに困難を示す子どもの KABC-II と WISC-IV に基づく XBA の仮想事例である。

　読み尺度が 80 で NW，書き尺度が 65 で NW といずれも低く，特に書き尺度は本児のプロフィールにおいて最も低い値を示していた。このことから，基礎学力において，読み書き，特に書きに何らかの問題が生じていることが考えられる。

　流動性推理尺度は 100，結晶性能力尺度は 95 と，高次の認知機能を測定する 2 尺度はいずれも同年齢の平均範囲の値であった。視覚処理尺度についても 95 で平均範囲の値であった。記憶に関しては，長期記憶と検索尺度が 100 と同年齢の平均範囲内の値となっていたが，短期記憶尺度は 79 で NW と低い値を示している。処理速度尺度は 70 で NW と，書き尺度とともに本児のプロフィールにおいて最も低い値となっている。

　これらの結果から，本児の書き能力の低さについて，流動性推理，結晶性能力といった高次の認知能力は年齢相応の発達をしているものの，処理速度の著しい低さが，本児の書字の問題に影響を与えていることが推察される。また，短期記憶の低さも，書き写しの際に書字に影響を与えていることが考えられる。

　日本版 KABC-II は，我が国において CHC 理論に準拠した初めての検査である。米国においては，CHC 理論に基づく知能検査の解釈法が主流となりつつあり，XBA アプローチはその主軸となる技法である。今回紹介した KABC-II および WISC-IV を用いた XBA アプローチはその一端であり，今後，我が国においても XBA アプローチを用いた解釈法の研究と普及が期待される。

文　献

Flanagan, D. P. & Ortiz, S. O.（2001）　Essential of cross-battery assessment, Wiley & Sons.

第3章　質的情報の収集と総合的解釈

　子どもの実態をできるだけ正確に把握するには，検査結果の数値から得られる情報だけでなく，質的な情報も必要となる。的確な支援の方針や指導計画の立案のためには，量的情報と質的情報の両側面を総合的に解釈することが大切である（図3.1）。ここでは質的情報に焦点を当てて述べる。

3.1　質的情報の把握の意義

　KABC-Ⅱをはじめ主な心理・教育的な検査は，課題を設定し，それに対する子どもの反応（正誤）を数値化することで，同年齢集団におけるその子どもの能力の水準（個人間差）や，知的能力の領域間のアンバランス（個人内差）を把握することができる。知的能力という目に見えないものを可視化し，比較検討できるようにするには数値化は不可欠であるが，その一方で，指導計画や支援の方針を立てる際には，その得点を得るのに「どのように」課題解決したのかといった方略や，「どのような」姿勢で臨んだのかといった意欲や情緒，注意集中に関する情報も必要となる。

　たとえば，KABC-Ⅱの最初の検査である［語の学習］において，子どもが課題のイラストに興味を示し意欲的に取り組んでいたことが観察されれば，評価点の数値は，その子どもの能力をほぼ正確に反映していると見てよいかもしれない。一方，同じ成績を示しても，その子どもの緊張が明らかに高く，初対面の検査者や検査場面に対して警戒している様子が見てとれれば，その子どもの能力が十分に数値に反映されているとはいえないかもしれない。また，制限時間内の筆記を求める［文の構成］では，同じ得点であっても，制限時間を意識せずマイペースに取り組む子どもと，速く書こうとするものの運筆がぎこちなく数をこなせない子どもでは，提案する支援の方針や指導方略が異なるだろう。このように，行動観察等による質的情報の把握は，数値だけでは把握できない子どもの特性理解に

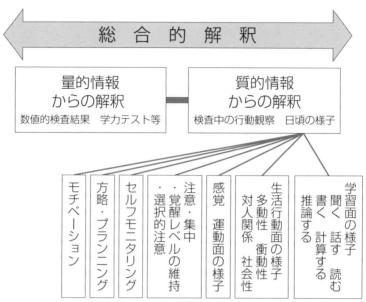

図 3.1 量的情報と質的情報による総合的解釈（小林, 2016 を改変）

役立つのである。

　また，把握すべき質的情報には，検査中の行動観察から得られる情報だけではなく日常の様子も含まれる。検査場面は，検査者や検査室が子どもにとって新奇なものである場合が多く，集中しやすいように妨害刺激も統制されているため，子どもが日頃生活する環境とは異質であることが多い。アセスメントは，子どもの日頃の困難さ（主訴）に対して的確に応える（子どもに合った支援方針を提案する）ために行うものであり，日常的な環境において子どもがどのような状態像を示すかを把握することは，非常に大切なことといえる。ある子どもは，「落ち着きがない」「授業に集中できない」といった主訴で相談につながったが，検査中は課題に集中し意欲的に取り組む姿勢を見せていた。新奇な場面でのよい意味での緊張と妨害刺激のない統制された環境が，日頃とは違う子どもの姿を見せたことになる。このように検査場面と日頃の様子が異なる場合，数値的な検査結果から指導方略を練るだけでなく，検査中の行動観察と日頃の様子の2側面から得た質的情報によって，指導時の環境調整を支援の方針に組み込むとよいだろう。このように，質的情報は，検査中と日常の両面から得ておくことが大切である。

3.2 検査場面の行動観察の観点

　KABC-Ⅱは，質的情報にも重きを置いて，記録用紙に「行動観察チェック表」が設けてある。従来の検査では検査中の行動観察の観点は，それぞれの検査者の力量とセンスに委ねられていたが，KABC-Ⅱでは，下位検査ごとに具体的に観察の観点が示されており，どの検査者が実施しても大切な項目においては情報がつかめるようになっている。また，マイナス要因だけでなくプラス要因もチェック項目として取り入れているため，指導計画を立てる際，子どもの強みを活用しやすくなっている。質的情報においても，子どもの強い面に着目することが大切である。

　さらにより詳細に質的情報を得るために「行動観察およびその他の情報」といった自由記述のページも設けている。

3.2.1　行動観察チェック表

　前述のとおり，KABC-Ⅱ記録用紙には，下位検査ごとに「行動観察チェックリスト」が掲載され，必要に応じてプラス要因とマイナス要因が記録できるようになっている。チェック項目は，各下位検査の特性に応じて異なっており，それぞれの検査に何らかの影響を及ぼす行動が見られた場合に，チェックすることになる。したがって，子どもによっては，沢山の項目にチェックされる場合もあれば，ほとんどチェックされない場合もある。また同じ子どもであっても，下位検査によってチェックされる項目が大きく異なる場合もある。検査の様子は，子ども一人一人異なるものであり，時間の経過や検査の内容によっても変化するものである。それだけに，行動観察の記録は，検査結果を解釈するうえで重要なものといえる。

　表3.1は，小学校5年生女児Aの［語の学習］における行動観察チェックリストの結果である。Aは，最初の課題ということもあってか，集中して課題に取り組んでいたが，反応が早く，一度指さしたものを訂正するとか，少し考えてから指さすといった行動はほとんど見られなかった。この結果から，表3.1に示されるように，プラス要因の《集中力が高い》とマイナス要因の《衝動的に誤った反応をしてしまう》にチェックされた。

表 3.1　女児 A における［語の学習］の行動観察チェックリスト

	✓行動観察チェックリスト		
	－注意が維持できない	✓	＋集中力が高い
✓	－衝動的に誤った反応をしてしまう		－方略やアイデアなどを言語化する
	－確信がもてない場面で反応をためらう		
	－訂正されるのを嫌がる		

　A の認知下位検査におけるそれぞれの行動観察チェックリストの結果を，KABC-II 記録用紙の 4 ページに転記したものの一部が表 3.2 である。このように，認知検査の各下位検査で見られた行動特徴を一覧で示すことにより，全検査を通しての本児の行動特徴を俯瞰できるようになっている。

　A のプラス要因である《集中力が高い》にチェックされた下位検査は，［語の学

表 3.2　女児 A における「認知検査」の行動観察チェック表

		マイナス要因						プラス要因				
		注意が維持できない	衝動的に誤った反応をしてしまう	固執性が強い	確信がもてない場面で反応をためらう	制限時間を気にする	その他の要因	忍耐強く取り組む	いろいろと試してみる	集中力が高い	方略やアイデアなどを言語化する	その他の要因
M1	語の学習		✓							✓		
M2	顔さがし											
M3	物語の完成								✓	✓	✓	
M4	数唱											
M5	絵の統合									✓		
M6	語の学習遅延											
M7	近道さがし											
M8	模様の構成					✓			✓			
M9	語の配列	✓	✓			✓						
M10	パターン推理	✓				✓						
M11	手の動作	✓										

習］［物語の完成］［絵の統合］である。これら3検査は前半に行われた下位検査である。一方，マイナス要因の《注意が持続できない》にチェックされた［語の配列］［パターン推理］［手の動作］は，検査の後半で実施されている。つまり，本児の集中力は検査の前半で力尽きた感があり，このことは，［模様の構成］以降で「あと何問？」という発話が頻発していることからも理解できる。この「あと何問？」という発話は，チェックリストには載っていないが，「その他の要因（行動）」として，記録しておくことが重要である。

またプラス要因の《いろいろと試してみる》では，［物語の完成］と［模様の構成］でチェックされており，両課題はともに検査器具を操作する課題で，直観的に解決できない課題が含まれている。したがって本表からは，本児が，やや負荷のかかる課題では，具体的な操作による試行錯誤を繰り返して課題解決を図ったことがうかがえる。

マイナス要因の《衝動的に誤った反応をしてしまう》では，［語の学習］と［語の配列］でチェックされている。このマイナス要因は，本検査の結果に何らかのマイナスな影響を及ぼしていると考えられるが，この結果だけで，本児の衝動性の強さを裏づけるものではない。このような衝動的な反応が見られた理由についてていねいに考察することにより，本児の行動特性をより深く理解することができる。たとえば，［語の学習］と［語の配列］は，ともに聴覚的な入力刺激に対し，指さしで反応する課題である。聴覚的な入力刺激が衝動的な反応を引き起こしやすいのか，それとも，指さし反応がそうした反応を引き起こしやすいのか等について検討する必要がある。

行動観察チェック表では，認知検査のみならず，習得検査についてもプラス要因とマイナス要因について検討できるようになっており，総合的に解釈するうえで有用なチェック表といえる。

3.2.2 行動観察およびその他の情報

このページは記入欄が7項目に分かれ，複数の観点から子どもの実態を把握できるようになっている。以下，項目ごとに観察の観点とそれぞれの情報の必要性について述べていく。

(1) 検査理由

ここでは，検査実施の目的を明示する。たとえば，主訴や日頃の様子から，子どもの困難さの理解や指導計画の立案に際し，認知能力と学力の間に顕著な差があるかどうかを確認する必要があれば，そのような理由でKABC-Ⅱを選択したということを記載する。

(2) 外見的特徴

外見的な特徴がすなわち子どもの問題に直結するわけではないが，外見に関する観察は受検者の身体的，心理学的，神経学的な機能に関する手がかりを与えてくれることがある（Lichtenberger, E. O., et al., 2004）。この欄には，子どもの体型や表情，アイコンタクトの様子，検査者が受けた印象などを記載する。たとえば，小さい年齢の受検者がしばらく手を入れていないような長髪であれば，清潔さに欠ける印象を周囲に与えると同時に，家庭での養育状況の問題や本人の感覚過敏の問題が仮説として成り立つかもしれない。外見の印象を過大に扱うことは避けるべきだが，子どもの実態把握のヒントを与えてくれる可能性がある。

(3) 感覚・運動の障害および矯正器具の使用

妨害刺激を統制している検査室においても，聴覚過敏のある子どもはエアコンの動作音で集中を切らすかもしれない。また，手先の巧緻性の悪さが［模様の構成］のピースの操作や［文の構成］の筆記スピードに影響を与える可能性もある。感覚や運動の問題は，検査結果の数値からでは把握することが難しいが大切な情報である。

(4) 検査時の様子

ここには，検査中に子どもが見せた様子を記入する。課題に取り組む際に不安や緊張から情緒が不安定になっていなかったか，課題に意欲的に取り組んでいたか，評価懸念が強く正誤を必要以上に気にすることはなかったかなどを記しておく。また，言語で解答する課題では，文法の誤りや冗長な表現がなかったか子どもの話し方の特徴を押さえておくとよいだろう。注意集中にむらがある場合は，どのような課題で集中が難しいか，あるいは課題内容ではなく検査時間の後半に集中の維持が困難になるのかなどを記録しておくとよい。

その他，検査者（馴染みの薄い年上の人間）への態度や言葉づかい，衝動性，失敗時の反応，成功時の反応なども大切な観点である。

(5) 例題・ティーチングアイテムの教習の様子

子どもによっては，検査課題を理解するのに時間がかかる場合がある。検査結果には反映されないが例題への取り組みやティーチングアイテムにおける誤答したときの子どもの反応（訂正されるのを嫌がるなど）も大切な情報である。

(6) 検査の妥当性への影響

検査において，子どもが本来の能力や特性を十分に発揮できないと結果の解釈は不正確なものとなってしまう。検査時には，検査の妥当性に影響を与えるような要因をできるだけ排除する必要がある。排除できなかった場合は，きちんとその旨を記録しておくべきである。

たとえば，［手の動作］を実施しているときに子どもがしっかりと検査者の手に注目して集中して取り組んでいる場合と，「花粉症で目がかゆい」と訴えながら行った場合では，検査の妥当性に違いが生じる。

検査の妥当性に影響を与える要因とは，たとえば，騒音や室温などの環境要因をはじめ，検査を受ける子どもの当日のコンディションの悪さ（睡眠不足，風邪，直前に保護者から叱責されたなど）などである。また，ラポートが十分にとれないままの実施になった場合も妥当性に影響が出る場合がある。これらのケースでは，子どもの能力が十分に発揮されず過小評価されている可能性が高い。

(7) その他

その他，検査結果の解釈に関わる情報をこの項目に記す。検査中の行動観察ではないが，時期を同じくして別の心理検査を他機関で受検した場合などは，検査名と受検年月日を記録しておくとよいだろう。

各下位検査で，子どもが特徴的な方略を用いて課題解決をしているのであれば，それはぜひ記録しておくべきである。検査中は検査者側にも余裕がないが，子どもの行動を忘れないために，記録用紙の欄外にでも簡単なメモをとっておくとよい。その子ども独自の課題解決法は，その子ども自身が自然と編み出したその子に合った特別支援であることも多い。子どもがなぜその方略を好むのかを考察すると，子どもの困難さの背景が見えてくることがあり，指導計画を立てる際のヒントになる場合がある。

3.3 日常生活から得られる情報の活用

　前述のとおり，検査場面での子どもの様子と集団のサイズが大きい学校生活での様子は異なることが少なくない。子どもが日常的な環境においてどのような状態像を示すかは，子どもを理解するうえで大変重要な情報である。そこで，子どもの日頃の様子を把握している学級担任や保護者から聞きとりを行ったりチェックリストに記入してもらったりして情報収集に努めることになる（学校巡回相談などの場合は，相談員が日頃の観察と検査の実施の両方を行うこともある）。

　情報収集は，まず保護者，担任，本人からの訴え（主訴）に耳を傾けることから始めるとよいだろう。そのうえでいくつかの観点（図3.2参照）をもって面談を進めていくとよい。

　学習面でいえば，「聞く」「話す」「読む」「書く」「計算する」といった領域での到達度や能力の特徴の把握が大切な観点となる。行動面では，「注意集中」「多動性・衝動性」「対人関係・社会性」といった領域において特徴的なエピソードや困難さがないかを確認する。また，感覚面の特徴や注意・集中の様子，手先の巧緻性に関わる微細運動や全身の粗大運動の様子も忘れずに把握しておくとよい。

　面談によって得られた情報に加え，検査中の行動観察で，検査に対するモチベーション，課題解決に至る方略やプランニングの様子，課題への取り組みを客観的にとらえ状況に柔軟に対処しているかといったセルフモニタリング（メタ認知）の様子などが把握できる。これら複数の観点から総合的に子どもをとらえることは，より深い理解につながるのである。

3.4 複数の情報からの総合的解釈

　検査結果は，単一の情報から拡大解釈をすることは避けなければならない。その点から，近年では，1つの下位検査の得点だけから子どもの特性を判断するのではなく，複数の数値から算出された尺度を解釈の中心に据えることが強調されている。このことは，量的情報の扱いだけにいえることではなく，日頃の様子や検査中の行動観察といった質的情報も数値に現れた検査結果を裏づける根拠として活用される。

　たとえば，ある子どものKABC-Ⅱの結果において，［模様の構成］の得点が低

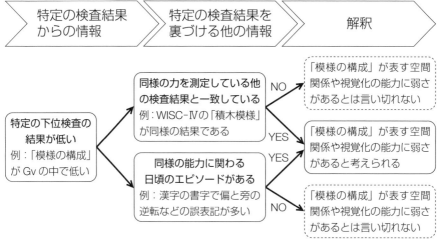

図 3.2 複数の情報による解釈プロセス

かったとする。［模様の構成］は CHC モデルでは広範的能力の視覚処理/Gv に含まれ，限定的能力では「空間関係」「視覚化」に該当する。もし，視覚処理/Gv の尺度を構成する［顔さがし］や［近道さがし］の検査結果も［模様の構成］と同様の結果であれば，尺度のまとまりとしての解釈を行うことができるだろう。しかし，［模様の構成］と他の 2 検査間に明らかな差が見られる場合は，視覚処理/Gv が示す能力全般に弱さがあるとは言い切れず，特に［模様の構成］が測定する限定的能力の「空間関係」「視覚化」に弱さがあることが推定される。このことを裏づけるためには，たとえば類似した能力を測っている WISC-IV の「積木模様」の結果と比較したり，日頃の様子とすり合わせたりすることが求められる。この子どもが，漢字学習に苦手さをもっており，文字の構成を把握することが困難で偏と旁の逆転などの誤表記が多いのであれば，［模様の構成］が測定する「空間関係」「視覚化」に困難さがあるという仮説を後押しすることになるだろう。このように，結果の解釈は複数の根拠から導かれる必要があるのである。これを図に示すと図 3.2 のようになる。

　複数情報を関連づけて根拠ある解釈を行い，現実に即した支援の方針を提案することが検査者には求められているのである。

文　献

Kaufman, A. S. & Kaufman, N. L. 著，日本版 KABC-II 制作委員会訳編（2013）「日本版 KABC-II マニュアル」，丸善出版．

小林玄（2016）多角的アセスメントの臨床的有用性についての考察―検査行動チェックリストとテストバッテリーを用いた事例解釈―，立教女学院短期大学紀要第 47 号．

Lichtenberger, E. O., Moter, N., Kaufman, N. L., & Kaufman, A. S.（2004）Essentials of Assessment Report Writing（上野一彦・染木史緒監訳（2008）「エッセンシャルズ心理アセスメントレポートの書き方」，日本文化科学社）．

第4章 アセスメントから指導へ

4.1 カウフマンモデルによる結果から導き出される指導の原則

　KABC-Ⅱのカウフマンモデルでは，認知検査によると，認知総合尺度という大きな尺度と，それらを構成する継次尺度，同時尺度，計画尺度，学習尺度という4つの尺度の値が算出される。それら4つの間にどのようなアンバランスがあるかによって，どのような指導方法をとるのかについて，説明したい。

　まず，KABC-Ⅱの結果から指導や支援へつなげるときの原則について確認する。

　表4.1に示すように，認知尺度において，まず，はじめに比較するところは，初版K-ABCと同様に，継次尺度と同時尺度のどちらが高いのか，という点である。長所活用型指導の原則に従って，継次尺度，同時尺度いずれが高いかにより，高い方の指導方略を用いることが重要である。

　さらに，計画尺度，学習尺度については，低い場合，あるいは高くても使えていない場合の配慮が必要であり，それも，継次尺度，同時尺度が高いのかにより，配慮の仕方が異なることになる。

表4.1　認知尺度と指導の基本

KABC-Ⅱ認知尺度		指導の基本
継次尺度	高	**・継次型指導方略で指導**
	低	・同時型指導方略で指導
同時尺度	高	**・同時型指導方略で指導**
	低	・継次型指導方略で指導
計画尺度	高	・方略の使用を確認・利用
	低	・方略や考え方を提示
学習尺度	高	・連合学習の高さを利用
	低	・記憶のための方略に関する対策

4.2 尺度レベルにおける特徴の違いから

各下位検査の成績が，認知4尺度で比較的まとまりがある場合には，以下のようにするべきである。

(1) 継次型，同時型の指導方略の違い

継次尺度が高い場合には継次型指導方略を，同時尺度が高い場合には同時型指導方略を採用することになる。これらの具体的なキーワードは表4.2のようになり，さまざまな具体例（藤田ら，1998, 2000, 2006, 2015, 2016）があるので，参照いただきたい。

指導案を作成する場合，表4.3のように，1コマ（45分，50分など）の授業や指導は，大枠では導入，展開，まとめという流れになる。

その中でどのような学習課題を設定するのか，そして，表4.2にあるこれらのキーワードをどのように具現化するのかということである。具体的には，表4.4（熊谷，2016を改変）を参考にチェックしていくと，自分の指導案が，継次型指

表4.2 継次型指導方略と同時型指導方略の5原則

	継次型指導方略	同時型指導方略
1	段階的な教え方	全体をふまえた教え方
2	部分から全体へ	全体から部分へ
3	順序性の重視	関連性の重視
4	聴覚的・言語的手がかり	視覚的・運動的手がかり
5	時間的・分析的	空間的・統合的

表4.3 1コマの授業や指導の流れ

段階	学習課題	指導の手立て	備考
1. 導入 10分			
2. 展開 30分			
3. まとめ 5分			

＊時間は1つの例

表 4.4 長所活用型指導のための指導内容の指針チェックリスト（継次型指導方略と同時型指導方略）

継次型指導方略	同時型指導方略
段階的な指導	全体をふまえた教え方
・スモールステップ化されているか。 ・具体的な行動レベルが順を追って示されているか。	・概略化されているか。 ・一度に全体がわかるように工夫されているか。
部分から全体へ	全体から部分へ
・小さな要素から大きな要素（全体）への指導の流れが明確になっているか。	・全体からはじめに示し，小さな部分的な要素への指導の流れが明確になっているか。
順序性の重視	関連性の重視
・左から右へ，上から下への流れがすっきりとわかりやすくなっているか。 ・短冊を一列に並べる，矢印を入れる，番号をふるなどの工夫があるか。	・はじめと最後の状態がわかりやすく示されてあるか。 ・手続きをあまりにも細かく分けすぎていないか。
聴覚的・言語的手がかり	視覚的・運動的手がかり
・聞かせたり言わせたりする内容があり，それが適切か。	・見せたり，動作化したりする内容があり，それが適切か。
時間的・分析的	空間的・統合的
・時間経過に沿って示されているか。 ・より細部を細かく見るような分析的視点が入っているか。	・二次元空間など，空間的に情報を配列しているか。 ・関係性を概略化・統合的に示しているか。

導方略か，同時型指導方略か，5原則のうちどのような点を使っているのかが明確となるのではないだろうか。

次にKABC-Ⅱに加わった計画尺度と学習尺度の高低を考慮する。高い場合には，子どものもっている計画能力，学習能力を確実に使えるようにしていけることが大切である。計画尺度が高い場合には，基本的にはプランニングを活用できる能力をもっているということである。しかし，KABC-Ⅱなどの実施対象になるような子どもは，高い計画能力をもっていても，それをうまく利用できていない可能性がある。

そこで，表4.5に示してあるように，「方略の使用の確認・利用」を行う。すなわち，指導の過程において，自分が何らかの方略を使用できることを意識させたり，どのように考えるのかを確認したり，それを実際に利用したりできるよう促すということである。これは，How toや方略をこちらからそのままに提示する，

表4.5 長所活用型指導のための指導内容の指針チェックリスト：計画能力への配慮（基本的に継次型指導方略，同時型指導方略をとっている場合）

継次型指導方略	同時型指導方略
・時間や場面を限定することで，具体的に状況を思い浮かべられるような発問をしているか。 例）「～のときには，どのようにしたらいいですか。」（When～，How） 「～の場面では，どのようにしたらいいですか。」（Where～，How）	・目的やゴールを意識させられるような発問をしているか。 例）「～をやるためには，どうしたらいいですか。」（In order to～，How） 「～の課題を達成するためには，どうしたらいいですか。」（In order to～，How）
・順序に焦点を当てて思考しやすいように，発問がなされているか。 例）「この課題をやる前にはどのようにやりましたか。ではこの課題はどうしたらいいでしょうか。」「①をやった後に，②はどのようにやればいいでしょうか。」	・時には感情的な側面に焦点を当てた発問もできるが，そのような発問があるか。 例）「楽しかったことはなんでしょうか。楽しく工夫するにはどうしたらいいと思いますか。」「相手はどのように思っているでしょうか。」

ということではなく，できるだけ自分で考え判断できるように支援していく，ということである。また，逆に，計画尺度が低い場合には，方略や考え方の順序を提示していくようにする。すなわち，はじめから自分で考えなさい，ということではなく，指導者が発問の内容と順序を考えながら提示し，自分で気づいたり発見したりする過程を応援するということである。これも，継次尺度が高く基本的に継次型指導方略を使う場合と，同時処理が高く基本的に同時型指導方略を使う場合で異なる。

さらに，学習尺度の高低を考える。学習尺度は学習能力を測定している尺度である。［語の学習］という下位検査の学習とは，見たものと新しい言葉を対連合させて新しい概念を作っていくという概念獲得の初期の過程である。さらに，［語の学習遅延］ではこれら対連合学習したことをおよそ20～40分後にどれくらい覚えていられるのか，というものを測定するのである。したがって，短期記憶から，中長期の記憶能力がどのようになっているのかを考えるためにある。

学習尺度が高い場合には，学習したことを記憶し，それを検索し答を引き出すことができるということである。ここでは，対連合学習能力の強さがあるということなので，ものごとを学習する場合に，特にある感覚を使って学習し，整理して覚えるというのではなく，複数の感覚を使用する多感覚学習も有効であると考

えられる。逆に，学習尺度が低い場合には，学習した内容を長く記憶して保っておくことが苦手であるということなので，記憶に長く留めておくための記憶方略に関する対策を練っていく必要がある。継次尺度が高ければ，継次型指導方略の中にある聴覚的・言語的手がかりなどが有効になると考えられるし，同時尺度が高ければ，同時型指導方略の中にある視覚的・運動的手がかりが有効となると考えられる。

表 4.6　長所活用型指導のための指導内容の指針チェックリスト：学習能力への配慮
　　　　（基本的に継次型指導方略，同時型指導方略をとっている場合）

継次型指導方略	同時型指導方略
メモやリマインダーにおいて，次のような工夫がなされているか。 ・情報の一次元的な配置 ・順序立てた表の表し方 ・音や音声情報でのフィードバック	メモやリマインダーにおいて，次のような工夫がなされているか。 ・情報の二次元的な配置 ・目的が明確な表し方 ・視覚的なフィードバック

(2) 下位検査の評価点に特徴がある場合

尺度としてのまとまりよりも，尺度内のばらつきが大きな場合，尺度ではなく下位検査のアンバランスを考慮して解釈し，指導を検討する必要がある。そのため，それぞれの尺度内で，どのようなばらつきがある場合，どのような指導を行ったほうがよいかのパターンを一部挙げておいたので参考にしてほしい。

(a) 継次尺度内の下位検査のばらつき

No.	下位検査の比較	結果の解釈	指導の観点	関連情報
A1	数唱＞語の配列 （数唱・語の配列・手の動作のグラフ：数唱と手の動作が高く，語の配列が低いV字型）	聴覚的情報の中で無意味情報のほうが有意味情報よりも処理しやすい。	聴覚情報には，意味づけなどせずに，単純な情報にするほうが指導しやすい。	クラスター分析においてわかる無意味情報のほうが有意味情報よりも高い傾向がある。

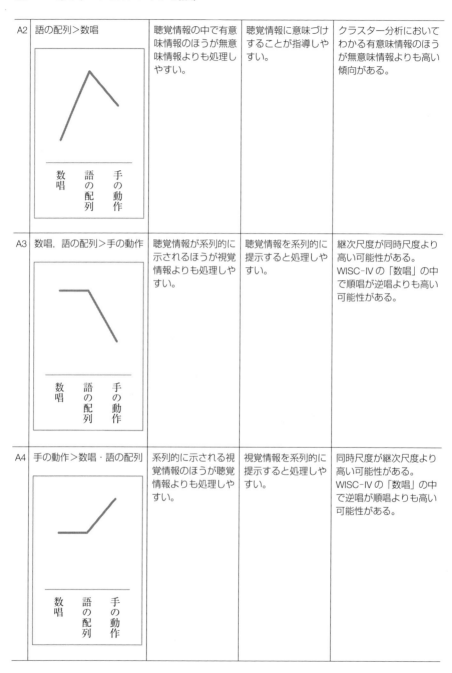

(b) 同時尺度内の下位検査のばらつき

No.	下位検査の比較	結果の解釈	指導の観点	関連情報
B1	絵の統合＞近道さがし・模様の構成	視覚情報において，意味づけされた情報，具体的な形態の情報のほうが抽象的な図形的情報より処理しやすい。	視覚情報に意味づけしたり，具体物を見せたりすると指導しやすい。	語彙尺度あるいは結晶性能力尺度が高い傾向がある。
B2	絵の統合＜近道さがし・模様の構成	視覚情報において，抽象的な図形情報のほうが意味づけされた情報や具体的な形態の情報より処理しやすい。	視覚情報を意味づけせず，抽象的な図形情報を提示したほうが指導しやすい。	語彙尺度あるいは結晶性能力尺度が低い傾向がある。
B3	近道さがし＞模様の構成	視空間の位置情報をイメージの中で考えるほうが，実際に手を使って構成するよりも処理しやすい。	視覚情報を頭の中で考えさせるほうが，手を使い描いたり書いたりするより指導しやすい。	WISC-IVの「積木模様」も低い傾向がある。

| B4 | 模様の構成＞近道さがし
（グラフ：絵の統合／模様の構成／近道さがし） | 視空間の位置情報を実際に手を使って構成するほうがイメージの中で考えるより処理しやすい。 | 視覚情報を自分の手を使って実際に描いたり書いたりするほうが、頭の中でただ考えさせるより指導しやすい。 | WISC-Ⅳの「積木模様」も高い傾向にある。 |

(c) 計画尺度内の下位検査のばらつき

No.	下位検査の比較	結果の解釈	指導の観点	関連情報
C1	物語の完成＞パターン推理 （グラフ：物語の完成／パターン推理）	プランニングする場合に文脈的な要素があると考えやすい。	指導において、日常的な文脈を意識させながら発問をしていく。	継次尺度の［語の配列］が［数唱］よりも高い可能性がある。 継次尺度が同時尺度より高い傾向がある。
C2	模様の構成＜パターン推理 （グラフ：物語の完成／パターン推理）	プランニングする場合に情報量を制限して、より一般的・抽象的な要素のみにすると考えやすい。	指導のときに、情報量を制限し、より一般化・抽象化することを意識しながら発問をしていく。	継次尺度の［数唱］が［語の配列］よりも高い傾向がある。同時尺度が継次尺度より高い傾向がある。

(d) 学習能力のアンバランス

No.	下位検査の比較	結果の解釈	指導の観点	関連情報
D1	語の学習＞語の学習遅延（語の学習が高く、語の学習遅延が低い）	学習場面では、いったん学習できるが、時間がたつと記憶に留めにくく忘れやすい。	指導において、記憶するための方略を意識しながら学習させることが重要である。	習得4尺度の中で語彙尺度が低い可能性がある。
D2	語の学習遅延＞語の学習（語の学習が低く、語の学習遅延が高い）	その場での学習は得意ではないが、いったん記憶された情報は一定時間たっても保持される。ある一定の時間がたつと、時間的に整理されている。	学習場面において、習得しにくくても、一定の時間は記憶が保たれやすい。学習した時間順序を重要視して想起させる。	継次尺度が全般的に高い傾向がある。習得4尺度の中で語彙尺度が高い可能性がある。

4.3 CHCモデルによる結果から導き出される指導の原則

　KABC-Ⅱは基本的にはルリア理論に基づくカウフマンモデルにおける解釈に負うところが大きいが、CHCモデルによる解釈も可能になっている。この点がウェクスラー式の検査とは異なる視点でもあり、この検査の最大の強みでもある。場合によっては、CHCモデルによる解釈のほうが適切な場合がある。たとえば、同時処理は視覚-運動系の情報処理によることが多いので、結果的に同時処理＞継次処理となった場合でも、自閉スペクトラム症のように注意の範囲が狭くシングルフォーカス的で視覚的なシンボルの処理に強い場合、一見、同時尺度の得点が高くても、複数の情報が一度に入ってくる場合の処理に関係する「同時処理が

強い」とはいえないことがある。その場合には，カウフマンモデルの「同時処理」ではなく CHC モデルの「視覚処理」が強い，という解釈をしたほうがよい。

このように，CHC モデルにおける尺度のほうがその子どもの能力を解釈しやすい場合がある。CHC モデルでは，知能の構成要素を，長期記憶と検索/Glr，短期記憶/Gsm，視覚処理/Gv，流動性推理/Gf，結晶性能力/Gc，量的知識/Gq，読み書き/Grw の 7 つに分けている。そこで，これらの尺度がどのように関連しているのか，考え方を提示してみたい。

(a) 記憶の長さによる違いと知識

短期記憶/Gsm，長期記憶と検索/Glr，結晶性能力/Gc。

学習されたことは，脳の海馬で，短期記憶から長期記憶に送られ，その後に，側頭葉に送られ知識となる。すなわち，このような段階のどの段階の情報処理がうまくいくのか，あるいは困難があるのか，について検討することも重要である。

No.	下位検査の比較	結果の解釈	指導の観点	関連情報
A1	短期記憶＞長期記憶と検索	短期記憶がよいために，学習している授業の中では身についているように思えるが，その後，記憶として定着しにくいために，結晶性能力として身についてくることが少ない。	学習した後，たとえば，1週間以内など，ある一定期間をおいた後に再度復習することが重要である。	視覚なら視覚，聴覚なら聴覚情報というように単一の感覚様式から情報をまず入力するほうが，視覚と聴覚の両情報を同時に入力するよりも整理される可能性が高い。
A2	長期記憶と検索＞短期記憶	学習した直後は短期記憶として覚えることはできないが，学習の時間順序での想起はうまくできる。その後，短期記憶が弱いため，やや結晶性能力として身についていることが少ない。	短期記憶能力が低いために，学習したその日のうちに，または数日内での復習がとても重要である。	いわゆる対連合という視覚と聴覚の両情報を同時に入れるほうが，視覚なら視覚，聴覚なら聴覚情報というように単一の感覚様式から情報としての入力よりも統合され整理される可能性が高い。

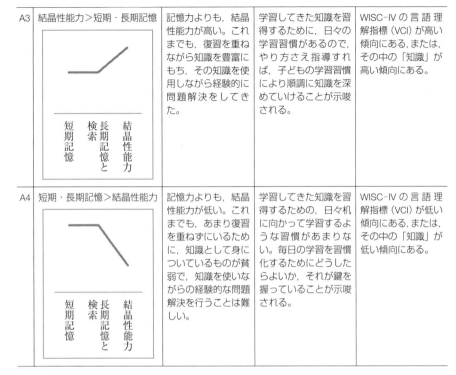

A3	結晶性能力＞短期・長期記憶	記憶力よりも，結晶性能力が高い。これまでも，復習を重ねながら知識を豊富にもち，その知識を使用しながら経験的に問題解決をしてきた。	学習してきた知識を習得するために，日々の学習習慣があるので，やり方さえ指導すれば，子どもの学習習慣により順調に知識を深めていけることが示唆される。	WISC-IV の言語理解指標（VCI）が高い傾向にある，または，その中の「知識」が高い傾向にある。
A4	短期・長期記憶＞結晶性能力	記憶力よりも，結晶性能力が低い。これまでも，あまり復習を重ねずにいるために，知識として身についているものが貧弱で，知識を使いながらの経験的問題解決を行うことは難しい。	学習してきた知識を習得するための，日々机に向かって学習するような習慣があまりない。毎日の学習を習慣化するためにどうしたらよいか，それが鍵を握っていることが示唆される。	WISC-IV の言語理解指標（VCI）が低い傾向にある，または，その中の「知識」が低い傾向にある。

(b) 視覚処理の強さから得られる示唆

カウフマンモデルにおける同時処理とは，「複数の情報を同時に処理する」という意味である。視覚処理という「目で見たときの情報処理」という意味にとったほうがよい場合もある。上述したように，視覚処理が強い自閉スペクトラム症の子どもは，［絵の統合］［近道さがし］［模様の構成］という視覚からの入力情報を処理する下位検査では，高い成績をとる場合が多い。そのため，数値として「同時尺度が高い」結果となっても，そのような解釈でよいかどうかは，生育歴や日常での生活における背景情報を勘案したうえで，解釈していかなければならない。

視覚処理が高いが同時処理能力がどちらかといえば低いということであれば，提示する刺激は視覚情報であり，なおかつ視覚提示する情報量は制限しながら，継次型指導方略に基づく指導の中で，「聴覚的・言語的手がかり」というキーワードを除いた他の「段階的な教え方，部分から全体へ，順序性の重視，時間的・分析的」という4種類の原則に従って指導を考案したほうがよいこととなる。

(c) 流動性推理と結晶性能力のアンバランス

No.	下位検査の比較	結果の解釈	指導の観点	関連情報
C1	流動性推理＞結晶性能力	新奇な課題に流動的に対応する能力が，これまで身につけてきた知識により経験的に問題解決する能力よりも高い。	プランニング，思考力のほうが，言語的な知識による経験的な問題解決能力よりも高いため，自分で思考する十分な時間を与えることが重要である。	WISC-IV等の知覚推理指標（PRI）の「行列推理」が高いか低いかによって，提示を空間的にしたほうがよいのかどうかの傾向を知ることも必要である。
C2	結晶性能力＞流動性推理	これまで身につけてきた知識により経験的に問題解決する能力のほうが，新奇な課題に流動的に対応する能力よりも高い。	言語的な知識による経験的な問題解決能力のほうが，新奇な課題解決のためのプランニング，思考力よりも強いため，過去に学習してきた知識を参照させながら指導することが重要である。	WISC-IV等の言語理解指標（VCI）の「知識」が高い傾向があることが考えられる。

4.4 尺度にも下位検査にもばらつきがない場合

　これまで述べてきたのは，高いか低いか能力のアンバランスが見える場合である。しかし，数値的にはそのようなばらつきがないこともあろう。このような場合には，数値のみにとらわれず下位検査の課題の解き方の質的部分に注目した場合に，数値には差がなくても，指導のしやすい方法（たとえば，継次的方略か同時的方略かなど）が，見いだせることがある。もし，それでもアンバランスが見られない場合は，認知レベルに見合ってさえいれば，継次型でも同時型でもどのような指導方略でも適用できるということになろう。

第5章　検査結果の書き方と伝え方

5.1　検査の実施と扱いに関する留意事項

　子どもの個のニーズに応える支援を行うためには，適切なアセスメントが求められる。検査結果に子どもの能力や特性を十分に反映させるためには，以下のような留意事項がある。

(1) 検査の倫理的問題

　子どもに検査を実施するにあたっては，受検者側の自己決定権を大切にするため，保護者の了解が必要である。検査を提案するときは，正しい情報に基づいて，検査内容や目的を非専門家である保護者や本人にわかりやすく説明しなければならない。また，質問にもていねいに答え，疑問のない形で実施の同意を得ることが肝要である。保護者のみならず，子どもにも年齢に合わせた表現で事前に検査について説明を行い，不安や疑問を解消しておく必要がある。また，検査で得られた個人情報に関して守秘義務（専門家どうしがチームで連携して支援を行う場合は集団守秘義務）があることも心に留めるべきである。記録用紙や所見などの資料の保管も細心の注意を払う必要がある。

　心理検査に関わる臨床家には，検査を倫理に基づいて正しく扱う力も求められているといえる。

(2) 検査者の資格要件

　検査者には，認知心理学や教育心理学などの領域の専門性はもちろん，臨床家としての能力と規範が求められる。

　検査者は，まず標準的な検査の実施方法に精通している必要はあるが，マニュアルに則って正確に実施するだけでなく，受検者とラポートを形成し，正確な手続きによる実施を大前提としたうえで最大限に受検者の能力を引き出すよう努めなければならない。また，検査を実施する際，何らかの専門的な資格を有してい

ること(専門的な研修を積んでいることの証明)が求められることもある。

(3) 検査用具の扱い

検査用具(マニュアル・換算表・習得尺度シートや記録用紙を含む),記入済み記録用紙は,専門家以外に開示してはいけない。専門家以外とは,受検者やその保護者,および専門的な研修を受けてない教員などの学校関係者も含む。これらの人々に検査や結果の概要を説明する場合は,検査用具を見せたり,記入済み記録用紙そのものを見せたり複写(複製)して渡したりしてはならない(医師や心理専門職など専門家どうしの情報伝達,カンファレンスなどにおいては例外として認められる)。

5.2 検査結果の書き方

検査結果の報告書を作成する場合,報告の対象者に応じて内容の記述が異なる。

(1) 保護者や受検者本人,担任など(非専門家)向けの場合
(a) 説明および所見の提示に関する方法と留意点

報告書には,まず相談内容(主訴)を具体的かつ簡潔に記し,支援方針や指導方略をこれに応える形で提案する必要がある。また,検査中の子どもの様子(課題解決の方略や情緒面)などの質的情報にも触れておく。

検査結果を,専門家以外の人(受検者の保護者や受検者本人,担任など)へ口頭説明および所見の提示でフィードバックする際は,総合尺度と各尺度の標準得点,これら尺度間の比較評価までの内容を基本とする。ただし下位検査レベルで本人の認知特性が強く表れている場合は,他の情報と総合的に解釈を行ったうえで,数値や専門用語を用いずに受検者の臨床像に照らして,聞き手が具体的に理解できるように説明を行う。

報告に際しては,被報告者の理解度やニーズを念頭に置いて行うことが肝要である。説明や所見では,受検者の「認知的特徴」,「習得状況」,「受検者の強さや得意を生かした学習方法や支援方法」などを整理して伝える。(図5.1)。

(b) 検査結果の保管について

資料を学校(保育園や幼稚園等を含む)で保管する際は,その資料が利用される際の利用者の専門レベルが明確でないため,注意を要する。記入済み記録用紙

5.2　検査結果の書き方　　59

KABC-II 検査報告書　　作成日：　年　月　日

1	氏　　名：	男・女
	生年月日：　年　月　日（　歳）	検査年月日：　年　月　日
	学校・学年：	検査者：

2　相談内容（主訴）

3　検査結果
  1）全般的な知的水準（認知総合尺度）および習得度の水準（習得総合尺度）

  2）認知面および習得面の特徴

[カウフマンモデル]

認知検査	標準得点	信頼区間(90%)	習得検査	標準得点	信頼区間(90%)
【認知総合尺度】			【習得総合尺度】		
継次尺度			語彙尺度		
同時尺度			読み尺度		
計画尺度			書き尺度		
学習尺度			算数尺度		
			（数的推論）		
			（計算）		

[CHC モデル]

	標準特点	信頼区間(90%)
【CHC 総合尺度】		
長期記憶と検索尺度		
短期記憶尺度		
視覚処理尺度		
流動性知識尺度		
結晶性知能尺度		
量的知識尺度		
読み書き尺度		

  3）検査時の様子

4　備考（その他の検査結果等）

5　総合所見

6　支援方針および内容

図 5.1　日本版 KABC-II 検査報告書

（表・習得尺度シートや記録用紙を含む）は学校には保管しないことを原則とし，地域の教育委員会等で責任をもって管理することが望ましい。検査結果は，非専門家である保護者に渡す報告書と同様のものを校内に保管するに留める。原則的には，記録用紙の原本や検査用具，マニュアル・換算表は専門家のみの取り扱いと考える。

(2) 専門家どうしのケース会議で使用するケースレポートの場合
(a) ケースレポートの項目と具体例
①題　目
　題目は，ケースを簡潔かつ端的に表現できるよう工夫する。情報を補うサブタイトルをつけることもある。
〈例〉「書字に困難がある小学校通常の学級4年生男子の漢字指導
　　　　―強い同時処理を生かした通級指導教室での指導―」
　　　「学習全般の定着に困難がある小学校通常の学級5年生女子の担任への提案
　　　　―強い継次尺度を生かし弱い学習尺度への配慮をした指導―」
②対象者
　学校種別，学年，在籍学級，性別，その他の情報を記す。
〈例〉小学校2年生，通常の学級在籍，男子，通級指導学級を利用している。
③主　訴
　主訴は相談者の訴えであるため，その困りや願いが表現されている。検査実施の理由や，検査結果をどのように用いるべきなのかを知るために重要なものである。必ずしも受検者の全体像を表していない可能性はあるが，ケースカンファレンスではそれらも踏まえて，訴えた人に応えていくという視点は大切である。
〈例〉・書きに困難が大きいため，認知的な背景と指導・支援方法を知りたい（担任）。
　　　・感情のコントロールが難しく友達とのトラブルが多いため，トラブルを減らしたい（保護者）。
④概　要
　本論の中で取り上げた事例の特徴，検査を実施してわかったこと，指導内容を簡潔に書く。400字程度でレポートの全体像がわかるようにまとめる。

⑤ 背景となる情報
・生育歴および現在までの経過
　出生時の情報（正常分娩の可否，体重），初期発達の状況（定頸，始歩，始語，二語文など），保育園・幼稚園時，健診の結果，小学校入学前の療育，入学後の様子を時系列にし，現在問題になっていることは，いつの時点で現れたのかを書く。
・家庭環境
　家族構成，家族の年齢，育児に関する特記事項を書く。
・現在の様子
　学校や家庭での学習面，生活面，社会性の面など広く子どもの像がとらえられるように書く。
⑥ アセスメントリスト
　使用した検査のリストを挙げる。ここには検査結果を記載しない。
⑦ KABC-II 検査結果と解釈
・検査場面での行動観察
　入室から退室までの特徴的な行動，各下位検査における行動，行動観察チェックリストの結果（頻度の多い特徴的な行動を中心に説明する）
・カウフマンモデルによる検査結果と解釈（図5.2および付録257ページ参照）
　　基本ステップ：ステップ1～2
　　　　認知総合尺度と習得総合尺度
　　　　認知総合尺度と習得総合尺度の比較
　　　　認知尺度の個人間差（NS，NW）
　　　　認知尺度の個人内差（PS，PW，まれな差）
　　　　認知尺度間の比較
　　　　習得尺度の個人間差（NS，NW）
　　　　習得尺度の個人内差（PS，PW，まれな差）
　　　　習得尺度間の比較
　　　　認知総合尺度と習得尺度や算数尺度検査との比較
　　選択ステップ：ステップ1～4（クラスター分析）
　　　　ステップ1　「言語能力」と「非言語能力」の比較
　　　　ステップ2　「問題解決能力」と「記憶・学習能力」の比較

　　　　ステップ3　「有意味刺激の視覚認知」と「抽象刺激の視覚認知」の比較
　　　　ステップ4　「言語反応」と「指さし反応」の比較
・CHC モデルによる検査結果と解釈
　　　CHC 総合尺度
　　　CHC 尺度
　　　CHC 尺度の個人間差（NS，NW）
　　　CHC 尺度の個人内差（PS，PW，まれな差）
　　　尺度間の比較
　　　補足：限定的能力に関する検討
⑧その他の検査結果と解釈
⑨総合解釈と支援・指導方針
⑩支援・指導とその結果
　支援・指導前後の状態，また具体的にどのような指導を行い，どのように変わったのかをできるだけ客観的に書く。
・支援（指導）開始時の様子
　　困難の様子や課題など，主に主訴に関する内容を具体的に書く。
・支援（指導）経過
　　期間，指導者，場所，回数，1回の指導時間，内容などを時系列で書く。
・支援（指導）後の状態
　　支援（指導）前からの変容や成長が見られた状態を客観的にわかるように書く。
⑪まとめと今後の課題
　検査結果の解釈を踏まえて展開された支援・指導から得られた情報を客観的に分析し，受検者の今後の成長や課題に関する報告者の考えを簡潔に述べる。

(3) 専門家への報告
　検査に関わる知識を有する専門家に向けた報告書には，下位検査レベルの詳細な数値の記載や専門用語の使用も可能である。検査結果から得られた情報を十分に活用して支援・指導方針の立案につなげる必要がある。
　各機関の書式を用いる場合もあるが，専門家どうしのケース会議の資料をコンパクトにまとめ，診断や療育方針決定などの参考資料として活用できるようにす

5.2 検査結果の書き方

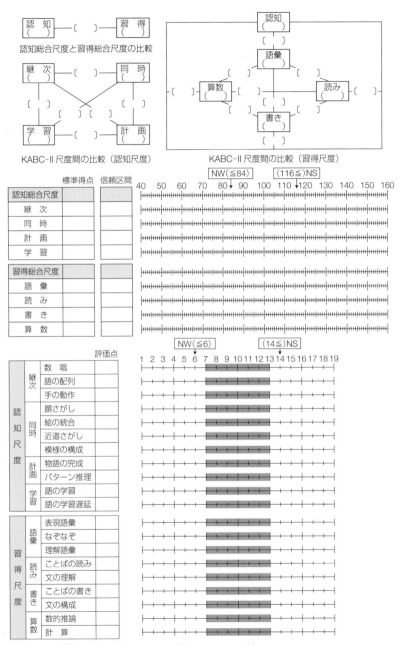

図 5.2　日本版 KABC-II プロフィール（カウフマンモデル）

第5章 検査結果の書き方と伝え方

KABC-II 尺度間の比較（CHC 尺度）

	長期記憶と検索	短期記憶	視覚処理	流動性推理	結晶性能力	量的知識	読み書き
長期記憶と検索							
短期記憶							
視覚処理							
流動性推理							
結晶性能力							
量的知識							
読み書き							

標準得点　信頼区間

NW(≦84)　　(116≦)NS

	標準得点	信頼区間
CHC 総合尺度		
長期記憶と検索		
短期記憶		
視覚処理		
流動性推理		
結晶性能力		
量的知識		
読み書き		

NW(≦6)　　(14≦)NS

評価点

尺度	下位検査	評価点
長期記憶と検索	語の学習	
	語の学習遅延	
短期記憶	数唱	
	語の配列	
	手の動作	
視覚処理	顔さがし	
	近道さがし	
	模様の構成	
流動性推理	物語の完成	
	パターン推理	
結晶性能力	表現語彙	
	なぞなぞ	
	理解語彙	
量的知識	数的推論	
	計算	
読み書き	ことばの読み	
	ことばの書き	
	文の理解	
	文の構成	

図 5.3　日本版 KABC-II プロフィール（CHC モデル）

る。ただし，検査を依頼した受検者の主治医，他機関の専門家への報告を行う場合，報告先が必要としている情報を効果的に伝える必要がある。項目および内容は，専門家どうしのケース会議で使用するケースレポートと同様でよいが，題目は特に必要ない。

5.3 検査結果の伝え方

ここでは，KABC-IIアドバイスシートの作成とそれを活用して検査結果を子どもや保護者に伝える方法について，青年編と児童・生徒編に分けて説明する。

5.3.1 KABC-IIアドバイスシートの活用（青年編）
(1) 受検者へのフィードバック用の書面の必要性

子どもに対して学習面や行動面での支援をするにあたって，KABC-IIなどの心理検査を実施した場合には，結果の解釈を行い，支援計画を作成するプロセスがある。子どもが思春期以降である場合には，すでに学習面や行動面で著しく自信を失っている場合が多く，検査結果を子ども本人にどのようにフィードバックし，意識づけるかがその後の支援のかぎとなる。ただし現状では，KABC-IIに限らず心理検査全般に共通して，本人向けのフィードバック用の書式などを規定したものがないため，子どもに検査結果をフィードバックする場合には，検査者が各自書面を作成しなければならない。

そこで本項では，KABC-IIを受けた子ども本人や，非専門家である支援者（保護者，教師ら）にとって検査結果をわかりやすく説明し，子どもの自己理解を進め，意欲を高めるものとするために作成した「学習アドバイスシート」（熊上ら，2016）を紹介する。図5.6は，検査実施から検査結果を生徒や保護者にフィードバックする一連の流れを示したものである。

(2) KABC-II学習アドバイスシートの構成と子ども・保護者への説明方法

検査を受けた子ども向けの「学習アドバイスシート」の記載例（図5.6）を示す。このシートは，KABC-IIのカウフマンモデルを用いて，以下のように3段階で構成されている。この3段階について，それぞれKABC-IIの各尺度との関連，記入方法，フィードバック面接時の配慮事項について解説する。

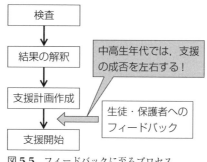

図 5.5 フィードバックに至るプロセス

(a) 得意な学習方法
(b) 習得レベル
(c) 習得レベルアップのためのアドバイス

(a) 得意な学習方法

認知尺度について個人内差を分析し，得点が高かった尺度を「得意な学習方法」として説明する項目である。

同時尺度と継次尺度の2尺度の差を見て，継次処理優位であれば，「あなたの得意な学習方法は，『継次処理』型です！」と見出しをつける。そして，指導方略のキーワード（藤田他，2016）を，学び手となる子どもの視点におき換えて説明する。図5.6の事例は，継次処理優位の子どもであったため，継次型指導方略の「段階的」「部分から全体へ」「聴覚的・言語的手がかり」などを適宜，説明している。また，継次処理型を「ナビ」タイプ，同時処理型を「地図」タイプとして図示し，子どもにとってわかりやすくした。なお，同時尺度・継次尺度の差がほとんど見られなかった場合には，計画尺度，学習尺度も加えた4尺度のうち，得点が高かった尺度について同様に説明する。

特に，継次処理と同時処理という概念は，子ども本人や，非専門家である子どもの支援者（保護者，教師ら）には聞き慣れないものであるので，吹き出しの中に説明をつけている。

ちなみに，図5.6の事例は継次処理優位の子どもであるが，同時処理優位の子どもの事例は，事例11（231ページ）に示してある。こちらも参照されたい。

5.3 検査結果の伝え方

○○年/○月/○日

○○高等学校1年　　B　さん

学習アドバイスシート

あなたのKABC-Ⅱ検査結果から、まずあなたの「❶得意な学習方法」と「❷習得レベル」について、お伝えします。最後に、「❸習得レベルアップ」につながるヒントをアドバイスします。今後の学習や生活にぜひ役立ててください。

❶ あなたの得意な学習方法は、　継次処理　型です！

あなたの場合、「同時処理」が低く、「継次処理」が高いという結果でした。
つまり、絵や図などから全体的なイメージをつかむことことは不得意である一方で、言葉や音を用いて、段階的に物事を理解する方が得意といえます。この得意・不得意の差は、とても大きいようです。
また、「学習」も高いことから、理解できた物事を覚えていくのは得意なようです。

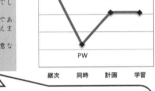

継次処理 が高いなら
「ナビ」タイプ
1つ1つ段階を踏んで学び、順序立てて考えるのが得意。

学ぶ時には、
部分から全体へ、聴覚的・言語的、時間的・分析的に！

同時処理 が高いなら
「地図」タイプ
全体的に理解し、関連付けて考えるのが得意。

学ぶ時には、
全体から部分へ、視覚的・運動的、空間的・統合的に！

❷ あなたの習得レベルは、
国語では語彙(ボキャブラリー)が豊富です。
数学では、整数、小数の計算
まで身についています！

あなたはボキャブラリーが豊富に身についており、言葉を使った会話が豊かに行えます。「読み・書き」に関しては、「読み」についてやや習得不足です。算数(数学)では、整数、小数の計算までは、学習が積み重なっているようです。ただし、分数では、通分や約分をする問題、帯分数の問題でつまずいています。

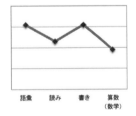

❸ 習得レベルをアップするためには、あなたの得意な学習方法と長所を生かしましょう！

あなたは「継次処理」型の学習方法で、こつこつと学んだ事柄を身につけていく「学習」する力、そして、これまで身につけたボキャブラリーや、書く力を活かしていきましょう。
例えば、国語の文章を理解する際には、なんとなく黙読するよりも、声に出して読んだり、要点を書き出したりするとよいでしょう。分数の計算をする際は、計算の手順を確認してから解いていくと良いです。
また、ピアノを練習する際も、楽譜を見て理解するよりも、音を聞いて一つ一つ手で音を出していく方が、覚えやすいと思います。

最後に、Bさんの良い点は、とても礼儀正しく、笑顔が明るい、人をよい気持ちにさせる人柄です。また、集中力があり、最後まであきらめない忍耐力があります。これは、Bさんの何よりもすばらしいところです。勉強や生活の様子を先生や家族にこまめに話しながらすすめていくと、ますます夢に近づけると思いますので、がんばってください。

リポート作成者　　熊上 崇(立教大学)

図 5.6　学習アドバイスシート

(b) 習得レベル

　習得尺度について個人内差を分析し，得点が高かった尺度を「習得レベル」として説明する項目である。これは，いわゆる基礎学力にあたるものである。

　語彙尺度，読み尺度，書き尺度，算数尺度の4尺度のうち，標準得点に差があれば，高い結果であったものを強調して書き入れる。図5.6の事例では，まず，語彙が身についていること，そして，算数（数学）では「整数，小数の計算」までは習得できていることを伝えたうえで，得点がとれなかった内容を説明している。数値を記入しない形で個人内差に着目させることで，取り組むべき目標を絞り意欲を高めるねらいがある。なお，中高生にフィードバックする際は，「算数」ではなく年齢相応の科目名である「数学」と言い換える。

　KABC-IIを受ける子どもは学習や生活面で苦戦しており，普段の学校生活等では，ここができていない，間違っていると指摘される経験が多いであろう。しかし，その子なりに習得してきた知識・技術は必ずあるので，得点がとれたものについては「身についている」と説明し，子どもの自尊心を傷つけないよう配慮したい。また，「計算が苦手ですね」などと書くのではなく，「算数（数学）では，…まで積み重なっています」「読みの力は，…まで身についています」というように，現在の習得レベルとして書くことで，今後の取り組みによって変化が期待される旨を示唆することもポイントである。

　なお，(1) 得意な学習方法，(2) 習得レベルでは，検査結果の標準得点を折れ線グラフにして示すことで，個人内差を視覚的に理解しやすくなるようにしている。このグラフにおいて，標準得点の数値を表記するかについては，ケースごとの判断となる。シートを子ども本人に提示することを前提として，保護者や学校関係者らと事前に打ち合わせをする必要があろう。数値を表示しない場合でも，個人内差が統計的な有意差かどうかを示すために，グラフにはPS，PWを記入するとよい。

(c) 習得レベルアップのためのアドバイス

　教育相談上の主訴や習得レベル（習得尺度の結果）で示された課題について，指針を示す項目である。

　得意な学習方法（認知尺度の結果）や子どもの長所（行動観察やインテーク等の結果）を生かしながら，課題にどのように取り組むとよいかを具体的に提案す

る。ただし，学校の成績をよくするためにアドバイスされていると感じると，思春期以降の子どもは回避的になりがちである。そこで，その子どもの興味・関心があることがらに関連させて説明するとよい。たとえば，ピアノを習っている事例のBさんに対しては，「楽譜を見て，曲のイメージをつかむのが同時処理型の学習方法，1つ1つ曲のポイントをチェックして弾くのが継次処理の学習方法です」と面接時に説明した。するとBさんは，「私は，1つ1つのポイントをチェックしながらのほうが絶対に弾きやすい。でも，ピアノの先生は楽譜を見て覚えて弾きなさいと言います。私は継次処理タイプだから，ピアノの先生の言うように楽譜を見て覚えたり全体的にとらえたりするのではなく，1つ1つ曲の弾き方をチェックしていくほうがやりやすいです」と，納得した様子で話していた。このように，継次処理型のピアノの練習方法を説明して，継次処理の概念を理解させたあと，主訴となっていた学業不振についても，ピアノと同様に見直してみるようアドバイスした。

また，この項目には，検査場面の行動観察などから見いだした長所も忘れずに記載したい。集中力や粘り強さ，社交性など，子どもの自助資源となる点を長所として伝えることで，子どものポジティブな自己理解や自信につなげる。

(3) おわりに

近年，心理検査を用いたアセスメントに関しては，Finn (2007) の「治療的アセスメント」が主流となっている。従来型の「情報収集型アセスメント」に留まらず，検査とフィードバックを行う中で検査者と受検者が協働することが提唱されている。そこで，KABC-Ⅱを行う検査者にとっても，治療的アセスメントの理念に基づき，受検者やその支援者との協働のプロセスとしてフィードバックを行うことが重要である。

特に思春期・青年期の子どもは，自分の長所や現状を改善できる方法を知りたいと考えている。劣等感がある場合は，その思いは非常に強いものである。検査者は，検査結果の数値を報告することに留まらず，受検者が今後，学習や行動面で取り組むべき指針を示す。そして，その指針を示された子ども本人や保護者は，検査者を信頼し，希望をもち，奮起する。こうした協働を実現していくには，「長所活用型」の視点に立ったフィードバックの書面，および面接であることが望ま

れる。
　「学習アドバイスシート」は，KABC-Ⅱのカウフマンモデルの特徴を生かすことで，検査結果を踏まえた長所活用型の指針を明記できるシートである。本シートを作成することによって，検査者は，長所活用型のフィードバック面接を行うための準備ができるとも考えられる。子どもの知的能力や心理状態などを慎重に考慮し，本人へのフィードバックが有効と考えられた場合には，活用いただきたい。

5.3.2　KABC-Ⅱアドバイスシートの活用（児童・生徒編）
(1) 検査を受けた小学生・中学生へのフィードバックのあり方
　小学生や中学生に対して学習面や行動面での支援をするにあたって，KABC-Ⅱなどの心理検査を実施するとき，その子どもが検査に興味をもち意欲的に取り組むことができるようにするために，検査を行う理由や意義などをわかりやすく簡潔に伝える必要がある。通常は，子どもの年齢や特性，状況を踏まえて以下のような内容を伝えるとよいであろう。
　①強いところや得意なところを見つけて，生活や学習に生かすために行う。
　②結果がわかったら，よりよい学習方法や，いま困っていることの解決方法を，一緒に考えていく。
　③検査に必要なおよその時間。
　④検査中は，もっている力が発揮できるように頑張ってほしいが，いろいろな問題があるためわからないときには「わかりません」と遠慮なく言ってよい。
　⑤問題の内容については，他の人には話さない。
　また，結果を子どもにどのようにフィードバックし，意識づけるかもその後の支援に大きな影響を与える。
　本項では，KABC-Ⅱを受けた子ども本人や，非専門家である支援者（保護者，担任ら）にとって検査結果をわかりやすく説明するために作成された「学習アドバイスシート」（熊上他，2016）を小中学生用に改訂したシート（図5.7）を紹介する。このシートを活用することによって，子ども自身の自己理解が進み意欲が高まるとともに，保護者や支援者の子ども理解や適切な関わりの促進が期待できる。

(2) KABC-Ⅱアドバイスシートの構成と子ども・保護者への説明方法

検査を受けた子ども向けの「アドバイスシート」の記載例（図5.7）を示す。このシートは，KABC-Ⅱのカウフマンモデルを用いて，以下のように3段階で構成されている。この3段階について，それぞれKABC-Ⅱの各尺度との関連，記入方法，フィードバック面接時の配慮事項について，小中学生に報告，提案することを踏まえて解説する。

(a) 得意な方法（やり方）
(b) これまでに身につけてきたことについて
(c) 学習や生活のレベルアップにつながるヒント

(a) 得意な方法（やり方）

認知尺度について個人内差を分析し，得点が高かった尺度を「得意な方法（やり方）」として説明する項目である。

同時尺度と継次尺度の2尺度の差を見て，継次処理優位であれば，青年編と同様に，「あなたの得意な方法（やり方）は，『継次処理』型です！」と見出しをつける場合もあるが，あえて「継次」「同時」という言葉を用いずに，「1つ1つ順番にやっていくとやりやすいでしょう」などと，指導方略の5原則にある言葉を用いて具体的に箇条書きするとわかりやすい。そして，さらに指導方略のキーワード（藤田他，2016）を，学び手となる子どもの視点におき換えて，現在の課題をもとに説明する。図5.7の事例は，継次処理優位の子どもであったため，継次型指導方略の「段階的」「部分から全体へ」「順序性」「聴覚的・言語的手がかり」「時間的・分析的」などを適宜，説明している。反対に同時処理優位の子どもの場合には，「全体をふまえる」「全体から部分へ」「関連性」「視覚的・運動的」「空間的・統合的」などの学び方を説明する。同時尺度・継次尺度の差がほとんど見られなかった場合には，計画尺度，学習尺度も加えた4尺度のうち，得点が高かった尺度について同様に説明する。

継次処理と同時処理という概念は，子ども本人や非専門家である子どもの支援者（保護者，担任ら）には聞き慣れないものである。そこで，吹き出しの中に説明をつけている。本シートでは，ピアノの練習を題材にしており，たとえば「継次処理」型には，「1つ1つ順番にやっていくとよい」という説明文の下に，やさしいフレーズから片手ずつ段階的に練習してから両手のメロディーを合わせる学

習例を示している。

(b) これまでに身につけてきたことについて（習得レベル）

習得尺度について個人内差を分析し，得点が高かった尺度を「これまでに身につけてきたことについて」（習得レベル）として説明する項目である。

語彙尺度，読み尺度，書き尺度，算数尺度の 4 尺度のうち，標準得点に差があれば，高い結果であったものを強調して書き入れる。図 5.7 の事例では，語彙尺度を，「言葉の意味（の理解）や使い方」，「読み尺度」を「漢字を読む力」として記述し，強い力として伝えている。標準得点を見ると，語彙尺度 105，読み尺度 98，算数尺度 81，書き 78 であるが，図 5.7 のアドバイスシートの中では，語彙が平均以上であることや読みが平均的であることとともに，各尺度の関係がわかる程度に留めている。担任や保護者にさらに詳しい説明をする際には，日本版 KABC-II 検査報告書を用いるとよいであろう。

子どもの発達段階や苦戦状況により，説明や提案内容および方法は異なるが，その子なりに習得してきた知識・技術を反映し，得点に現れたものについては「身についている」「強い」などと説明し，子どもの自己肯定感を育てる一助としたい。

また，低かったものについて，「…では，…まで積み重なっています」，「読みの力は，…までできました」というように，現在の習得レベルとして書くことで，これからの可能性を示唆したり，そのための手立てを具体的に提案する (c) の「学習や生活のレベルアップにつながるヒント」へ子どもの気持ちをつなげたい。

(a) 得意な方法（やり方，認知 4 尺度），(b) これまでに身につけてきたことについて（習得 4 尺度）では，検査結果の標準得点を折れ線グラフにして示すことで，個人内差を視覚的に理解しやすくしている。このグラフにおいて，標準得点の数値を表記するかについては，ケースごとの判断となる。数値の表記についてはシートを子ども本人に提示することを前提として，特に小中学生の場合は保護者や学校関係者らと事前に打合せをする必要がある。

(c) 学習や生活のレベルアップにつながるためのヒント

教育相談上の主訴や習得レベル（習得尺度の結果）で示された課題について，指針を示す項目である。

得意な学習方法（認知尺度の結果）や子どもの長所（行動観察やインテーク等

の結果）を生かしながら，課題にどのように取り組むとよいかを発達段階に応じて具体的に提案する。その子の興味・関心があることがらに関連させて説明するとよい。たとえば，図 5.7 の事例の児童は，ピアノを習っていたため，結果を伝える前にシートの中の「継次」，「同時」のイラストをもとに両方の練習方法を簡潔に解説してから，子どもに結果の報告をすることで，結果がより身近に受け止められる。

また，この項目には，シートの紙面が限られていること，小中学生という発達段階，さらに LD などで読みに抵抗感がある子どもへの配慮から，提案内容は限られている。このため，フィードバック面接時やそれ以降に行う「レベルアップのための作戦会議」，フィードバック後に子どもが行う「振り返りシート」の記入などを適宜行うことを，結果活用のスタートにしていきたい。

アドバイスシートの締めくくりとしてぜひ記述したいのは，子どもの検査室への入場から退出までの1つ1つの場面で観察された好ましい態度や意欲，集中力などに加えて，特に KABC-II 検査記録用紙の行動観察チェック表から得られた「プラス要因」である。これらは自助資源となりうることがらであり，具体的な言葉にして伝えることで，子どものポジティブな自己理解や自信につなげるようにしたい。

小学生や中学生は，成長期の中にあり大きな可能性を秘めている。自分の長所や現状を改善できる方法を知りたいと考えている子どもは多いが，一方で状況理解や自己理解がまだ難しい段階の子どももいる。まずは，子どものありのままの存在をしっかりと受け止め，よいところや強い力を伝えていく。そのうえで，将来を視野に入れ，いま直面している課題にその子なりに向き合うことができるよう，その方法をチームで検討していく「長所活用型」の視点に立ったフィードバックの内容，および面接であることが望まれる。

前述したように，「アドバイスシート」は，KABC-II のカウフマンモデルの特徴を生かすことで，検査結果を踏まえた長所活用型の指針を明記できるシートである。検査者は，本シートを子どもの実態に応じてアレンジし作成する段階で，長所活用型のフィードバック面接をイメージすることができると考えられる。さらに一度限りのフィードバックで終了せずに，振り返りシートの作成や定期的な面談や作戦会議など，アフターケアの方法も工夫されたい。

74　第5章　検査結果の書き方と伝え方

```
　　　　小学校　5年
_____さん
```

アドバイスシート

あなたのKABC-Ⅱ検査結果から，ますあなたの
❶得意な方法（やり方）
❷これまでに身につけてきたことについて
❸学習や生活のレベルアップ につながるヒント
をアドバイスします。ぜひ役立ててください。

（継次処理が強いので）
1つ1つ順番にやっていくとやりやすいでしょう。

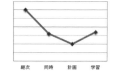

❶ あなたの得意な方法は，

あなたは，漢字やピアノの練習をするときなど，
1つ1つ順番にやっていくとやりやすく，うまく覚え
られるでしょう。

例えばピアノの練習
継次処理に強い人のやり方…1つ1つ段階的に，順番
に練習
①まず易しいフレーズからメロディーを片手ずつ
1～2小節練習
　↓
②次に伴奏の左手を1～2小節練習
　↓
③そして両手を合わせて練習

例えばピアノの練習
同時処理に強い人のやり方…全体的に，動
きも入れて
曲全体のお手本を聞いて，イメージをもつ。
楽譜を見ながら両手の指を動かしてひいた
ときの指のイメージをふくらませてからピ
アノの練習をする。

❷ あなたがこれまでに身につけてきたことは，

これまでに習った，色々な言葉の意味や漢字の読みの力
が身についています

あなたは，これまでに，本を読んだり学校で勉強してき
たりして，言葉の意味や使い方，漢字の読みの力が身につ
いていました。その努力はとてもすばらしいものです。
漢字は難しいものも「へん」や「つくり」など，思い出せた
部分を丁寧に書くことができていました。

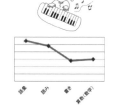

❸ レベルアップにつながるヒント　あなたの得意なやり方や長所をいかしていきましょう！

あなたがもっとレベルアップするためのアイデアは
1　漢字を練習するときには，書き方や特徴などを言葉にして言いながら書いていくと覚えやすいで
　しょう。（漢字唱え歌など）
2　忘れ物がないように，明日の持ち物を連絡帳にメモするときには，番号をつけて，特別に準備す
　るものはいくつかがわかるようにしましょう。
3　ピアノで新しい曲を練習するときには，やさしいフレーズの小節から片手ずつひき，すらすらと
　ひけるようになってから，両手で合わせてみましょう。
4　作文が上手になるために，お休みの日にミニ日記を書いたり，おばあちゃんにハガキを書くこと
　をおすすめします。お知らせしたいことをまずは，3つくらいにしぼって書きましょう。

最後に，あなたのとてもよいところは，
　色々なことに対して，一生懸命に取り組もうとすることです。
これからもまわりをよく見て，①「どうしてそうやるとよいのかな？」，②「どういうやり方をする
ともっとうまくいくのかな？」，③「そうすると，どうなるのかな？」などと考えたり，教えてもらっ
たりして，実際にやってみましょう。そうするとさらにあなたの力が発揮できると思います。

リポート作成者_____

図 5.7　小学生版アドバイスシート

文献

熊上崇・熊上藤子・熊谷恵子(2016)　子どもへの心理検査の結果のフィードバック―実務者への質問紙調査の分析と「学習アドバイスシート」の作成―，K-ABCアセスメント研究，18，79-88。

藤田和弘監修，熊谷恵子・熊上崇・小林玄編著（2016）「長所活用型指導で子どもが変わる part5　KABC-II を活用した社会生活の支援」，p19，図書文化。

Finn, S. E.(2007)　In our clients' shoes ── Theory and techniques of therapeutic assessment, Psychology Press.（野田昌道・中村紀子訳（2014）「治療的アセスメントの理論と実践―クライエントの靴を履いて」，金剛出版。）

事例編

事例1

多動傾向があり注意に困難を示す
同時処理優位の5歳児

南薗幸二（宮崎県立延岡しろやま支援学校）
松山光生（九州保健福祉大学）
倉内紀子（九州保健福祉大学）

対象児
　4歳男児，保育園在園。

主訴（相談内容）
　保育士より：落ち着きがなく，集団活動場面で他児と同じ行動ができない。話を聞いていないことが多く，指示が入りにくい。

概　要
　N式得手不得手チェックシートによって，要支援児として抽出され多動と注意に困難を示した園児にKABC-Ⅱを実施した。カウフマンモデルに立脚すると，同時尺度が継次尺度より有意に高く，語彙尺度が算数尺度より有意に高かった。2年間にわたって，保育園で実施可能な支援を第1次支援と第2次支援に分け，それぞれの時期に，KABC-Ⅱの結果を生かした支援方針を立てて支援を試みた結果，主訴にある行動が改善された。

1. 背景となる情報

(1) 生育歴および現在までの経過
　在胎40週，出生体重は3,890gであった。首のすわり3ヵ月，喃語4ヵ月，始歩10ヵ月であった。5ヵ月健診では特に発育上の問題は見られなかった。1歳半健診では，年齢相応の発語（マンマ，ワンワン，イヤイヤ，オチタなど）があり発達面で遅れは見られなかったが，問診時にじっとしていられないなどの行動が見られた。3歳時に落ち着きのなさを周囲の保護者から指摘され，心配した母親が市のこども家庭課に相談していた。3歳健診で遠城寺式乳幼児分析的発達診断

検査を実施したが,発達面の遅れはなかったものの,母親から「言うことを聞かない」など育児への不安について訴えがあった。

(2) 家族構成

父親,母親,本児,妹の4人家族。

(3) 保育園や家庭での様子

本児の在園する保育園では,3歳児から5歳児までの異年齢保育(縦割り保育)を行っている。保育園では集団活動から逸脱して一人で行動することがしばしば見られる。言葉の理解力はあるが,指示に従えないところがある。自分の気持ちを言葉で伝えることはできるが,相手の話を落ち着いて聞いたり,素直に受け止めたりすることが苦手である。自由遊びの場面では,一人で自由に動き回ったり,気の合う友達と暴れたり,戦いごっこをしたりしている。ブロック遊びが好きで集中して遊ぶ。運動能力が高く,走ったりダンスをしたりする場面では積極的に参加できる。また,ときどき周囲の子どもたちを呼び集めたりするなど,リーダーシップを発揮することもある。家庭では特に母親の言うことを聞かずに,反抗的な態度をとることがある。

2. アセスメントリスト

・N式得手不得手チェックシート[*1](4歳5ヵ月,5歳7ヵ月,5歳11ヵ月時に3回実施)
・KABC-Ⅱ(4歳8ヵ月)

---

*1 N式得手不得手チェックシートは,SDQ(Strength and Difficulties Questionnaire)に新たに発達障害に関係が深いとされている5項目を追加し,6領域(「向社会性」,「多動性」,「情緒」,「行為」,「仲間関係」,「言葉・動作」),30項目(表1.2参照)からなる質問紙である。30項目について,「あてはまらない」,「まああてはまる」,「あてはまる」の3件で評定する。「向社会性」を除く,5領域の得点を合算し,総合支援得点を算出する。総合支援得点19点をカットオフポイントとして,それ以上の得点となった幼児を要支援児とする。また,各領域にもカットオフポイントを設け,それ以上を支援領域とした。本チェックシートの妥当性と信頼性については,松山他(2015)により検証されている。詳しくは,倉内他(2014:16-19)および倉内他(2015:9-11)を参照されたい。

3. KABC-II 検査結果

（1）KABC-II 検査場面での行動観察

（a）検査時の様子（検査入室から退室までの行動）

　他児の目につきにくい保育園内の個室で検査を実施した。検査当日，他児が園外保育の予定があり，本児も参加したかったようだが，「（検査が）終わったら一緒に行こうね」と説明すると，納得して検査を受けることができた。入室時から，緊張した様子はなく，自然体で検査を受けることができた。課題の意図はすぐに理解し，ティーチングアイテムの教習は必要なかった。次の課題が気になって，身を乗り出してイーゼルの裏をのぞこうとする場面が何度か見られた。最後の［理解語彙］では少し飽きた様子で，「まだあるの？」と質問する場面も見られた。

（b）各下位検査における行動

M2［顔さがし］：どの課題もほとんど迷うことなくすばやく指さして反応した。ときどき，足をぶらぶらさせて床面でドンドンと音を立てていたが，課題には集中して取り組んでいた。衝動的に反応してしまうため，髪色や表情の似た対象を指さして間違ってしまうことがあった。また，探す対象が2人の課題は4問中3問誤答であった。

M4［数唱］：問題9の数字4個までは正答できたが，問題10以降の数字5個になると途中で提示していない数を言ったり，数字をひっくり返して言ってしまったりする場面が見られた。

M5［絵の統合］：反応に迷うことなく，自分が思ったことを即答していた。わからないときもすぐに「わからん」と反応し，じっくり考える様子は見られなかった。

M8［模様の構成］：課題の途中で「お絵かきないの〜?」といって要求する場面があった。問題11では組み合わせることが難しい様子で「どうやってするの〜」とヘルプサインを出した。以降の課題はすぐに「できん」と言って諦めていた。

M9［語の配列］：指さしだけでなく，単語を口にしながら反応していた。問題4と問題6では順番を逆転させて反応していた。

M11［手の動作］：問題2，4，5では［語の配列］と同様に，後に出した刺激から先に反応する傾向があり，順番を逆転してしまう傾向が見られた。

A1 ［表現語彙］：問題 13 までは名称をはっきり言語化していたが，問題 14 以降はこれまで耳にしたことのある言葉からイメージに近いものを選んで反応している様子が見られた。

A2 ［数的推論］：問題 1 のみ正答であった。以降の問題については深く考えずに衝動的に誤った反応をしてしまうところがあった。

A3 ［なぞなぞ］：問題に含まれる 3 つの手がかりを関連づけて考えずに，1 つの手がかりからイメージしたものを衝動的に答えてしてしまう傾向が見られた。

A9 ［理解語彙］：後半部分では疲れた様子が見られ，「まだ終わらないの〜」と言う場面があった。

(c) 行動観察チェックリスト（表 1.1）

　認知検査では，《衝動的に誤った反応をしてしまう》行動が見られた下位検査は［絵の統合］と［語の配列］であった。また，［語の配列］では《注意が維持できない》行動も見られた。プラス要因として観察されたものとして，［模様の構成］で《いろいろと試してみる》行動が見られた。習得尺度では［数的推論］において《衝動的に誤った反応をしてしまう》行動と《教示の理解が難しい》様子が見られた。［なぞなぞ］においては《頻繁に 1 番目または 2 番目の手がかりで答えてしまう》様子が見られた。

(2) カウフマンモデルによる検査結果（図 1.1）

(a) 認知総合尺度と習得総合尺度

　認知総合尺度の標準得点は 85（90％信頼区間 79-93），習得総合尺度の標準得点は 89（90％信頼区間 83-96）で，両尺度ともに「平均の下」〜「平均」の範囲で，認知総合尺度と習得総合尺度の間に有意な差はなかった。

(b) 認知尺度間の比較

　継次尺度標準得点は 75（90％信頼区間 69-83）で「平均の下」の位置にあり，個人間差 NW，個人内差 PW であった。同時尺度標準得点は 98（90％信頼区間 88-108）で「平均」の範囲にあり，個人内差は PS であった。継次尺度に比べ同時尺度が有意に高かった。

(c) 認知検査間の比較

　個人間差では［語の配列］と［手の動作］が NW であった。個人内差では［数

唱］と［顔さがし］がPS，［語の配列］と［手の動作］がPWであった。
(d) 習得尺度間の比較

　語彙尺度標準得点は99（90％信頼区間91-107）で「平均」の範囲にあり，個人内差がPSであった。算数尺度標準得点は65（90％信頼区間57-83）で「平均の下」にあり，個人間差NW，個人内差PWであった。

(e) 習得検査間の比較

　「数的推論」はNWとPWであり，全国平均から見ても個人の中でも低かった。［表現語彙］［なぞなぞ］については全国平均に位置しており，「理解語彙」はPSであった。

4. 総合解釈と支援

　本児に対するアセスメントと支援の時系列を図1.2に示す。本児が4歳5ヵ月時，通園する4歳児クラス全員について，N式得手不得手チェックシートを用いて，担当保育士が3件法（「あてはまらない」，「まああてはまる」，「あてはまる」）による評定をした。その結果，本児の支援総合得点が26/50点（カットオフポイント：19点）で要支援児に該当し，「多動性」，「行為」，「言葉・動作」の3領域において支援の必要度が高いことが示された（表1.2）。1年目の保育巡回相談後の支援を第1次支援と位置づけ，その変化を見るため，5歳7ヵ月時に2回目のN式得手不得手チェックシートを実施した。また，2年目の保育巡回相談の後の支援を第2次支援とした。第2次支援後の5歳11ヵ月時に，3回目のN式得手不得手チェックシートを実施し，本児の変化を見た。

(1) 総合解釈

　4歳5ヵ月時のN式得手不得手チェックシートの結果から，本児は要支援児に該当し，発達障害リスク児であると考えられた。また，「多動性」，「行為」，「言葉・動作」が支援領域であることが示された。「多動性」と「行為」については，4歳児クラスで，集団活動から逸脱して一人で行動すること（注意がそれたり離席があるなど），指示に従えないこと，他児にちょっかいを出すなどが観察されたことから支持される。「言葉・動作」の領域では，言葉の面よりもこだわりや不器用など動作面での項目へのチェックが多かった。

KABC-Ⅱを実施した結果，本児の認知能力は平均の範囲にあるものの，認知処理様式にアンバランスが見られ，情報処理の偏りが本児の行動に影響していると考えられた。認知処理様式においては，全体的には継次処理に比べ同時処理が得意である傾向が見られた。しかしながら，継次尺度内において［数唱］が13点であり，［語の配列］3点との間に10点，［手の動作］4点との間に9点の開きが見られるため，慎重に解釈する必要がある。これについては，［語の配列］や［手の動作］は，［数唱］に比べ日常的に馴染みのない新奇性の高い課題となっているため，苦手な継次処理の弱さが顕著に現れたと考えられる。また，［数唱］はルールも刺激もシンプルであり，日常的に数を唱える機会が多い本児にとってはインプットしやすい課題であったためと推察される。一方，習得尺度では，語彙尺度が算数尺度に比べて有意に高く，数量より言葉（特に，語彙）を扱うことが得意であることが示された。行動観察からは，複数の下位検査における《衝動的に誤った反応をしてしまう》行動や「次の課題が気になって，身を乗り出してイーゼルの裏をのぞこうとする」行動，［語の配列］における《注意が維持できない》行動から，衝動的に行動したり待つことが難しい傾向がうかがえた。

(2) 第1次支援方針の立案と支援

総合解釈を踏まえて，本児の支援には苦手とする継次処理をなるべく避け，本児の得意な同時処理を活用し，集団場面において保育士の話を聞くときに離席行動を減らし保育士の指示に従えるようにすることを目標とした。目標達成のため，以下のような方針を立てた。

(a) 視覚的手がかりを用いて，保育士の指示や教示が視覚的にわかるようにする。これは，同時処理方略の5原則（藤田他，2000）の1つである。

(b) 聴覚的，言語的手がかりの負荷を少なくするため，1回の指示を短くし伝える内容を何回かに分ける。聴覚的，言語的手がかりを用いることは，継次処理方略の5原則（藤田他，2000）の1つである。

(c) 本児の行動力やリーダー性を生かして，保育士の話を聞く集団場面で本児にあった具体的な役割（お手伝いなど）を与える。

保育巡回相談の場において，保育巡回相談員（複数の専門家から構成される）から保育士に上記の支援方針が伝えられ，これが本児の保育支援方針とされた。

この支援方針に基づき，専門家から保育士に手立てに関する助言が行われた。

(3) 第1次支援の経過および支援結果

　指示や教示にあたっては，保育士が絵や文字を使ってホワイトボード上に視覚的に提示し，指示内容も短く1つずつ伝えることにした。他方，着席時間が長い場面では，教材を他児に配るなど保育士の手伝いを行うように促した。その結果，保育士の報告によると，ホワイトボードを見て確認しながら行動する姿が見られ，指示が通りやすくなり，離席回数が以前より少なくなり行動が落ち着いてきた。また，保育士の手伝いを喜んで行うようになった。

　5歳7ヵ月時にN式得手不得手チェックシートを再実施した。表1.2に示すように，4歳5ヵ月時と比較すると，支援総合得点が21/50点で5点減り，「多動性」が10点から8点に，「行為」が10点から6点に，「言葉・動作」が5点から2点に減少した。なお，「情緒」が0点から2点，「仲間関係」が1点から3点に増えた領域があるため，全体としては5点の減少にとどまった。「言葉・動作」が支援領域でなくなったものの，依然として要支援児に該当し，「多動性」と「行為」が支援領域として残された。

(4) 第2次支援計画の作成と支援

　第1次支援において本児のポジティブな変化が見られたものの，その変化は大きいとは言いがたかった。その理由の1つとして，支援方針や具体的手立てが専門家主導によって立てられたこと，複数の保育巡回相談員間ないし保育巡回相談員と保育士間で，共通の視点に立脚したアセスメントから支援につながる手立てが講じられなかったことが挙げられる。そこで，多職種で構成される保育巡回相談員と保育士が共通の視点に立てるような支援ツールを作成した。支援ツールは，「保育支援計画表」と「手立てヒント集」から構成される。「保育支援計画表」（図1.3参照）は，専門領域が異なる巡回相談員と保育士間で情報を共有できるように，福祉，心理，教育，保健を横断する学際的な共通のフォーマットにしたものである。具体的には，フェイスシート（図1.3の左欄）とともに，①本児が困っていること，②N式得手不得手チェックシートの結果，③見立て（その子なりの理由——問題行動の要因），④園でできる手立て（具体的な支援内容）で構成さ

れる。「手立てヒント集」は，「保育支援計画表」を作成する際に必要なものであり，N式得手不得手チェックシートの項目ごとに背景要因を複数列挙し，その中から適切な支援方法を選択できるようにしたものである[*2]。支援ツールを用いて作成された本児の第2次保育支援計画表を図1.3に示す。

　この保育支援計画表の「III. 見立て」のうち，「②ルールがわからない」，「③注意力・集中力が乏しい」の2つに対するアプローチが園側からの優先課題として挙げられた。具体的課題として，本児の場合は特に場面に応じた声の大きさを調節することの必要性が高いことが園側から提案された。場面に応じた声の大きさの調節には，専門家が介入して既存のものに改良を加えて[*3]，図1.4に示すように，「声のものさし」を作成し，設定保育場面において，保育士に対して具体的に支援のモデルを提示することにした。

　「声のものさし」を使った設定保育では，場面に応じた声量の調節の習得と定着を図るため，個別指導と集団指導を実施した。個別指導では，保育士と1対1で，「声のものさし」の仕組を理解させ，場面によって3段階の声量を使い分けることの学習を目的とした。具体的には，①「声のものさし」を見せ，左から順番に大きくなることに注目させ，本児自ら操作させる。②各段階に対応する楽器に注目させ，自分で鳴らさせる。③自分で各楽器を鳴らすのに合わせて，声（例：「こんにちは」）を出す。④各場面に相応しい声量があることを理解し，楽器の音に合わせて場面ごとに発声してみる（「となりのともだち」が鈴，「4～5にんのグループ」が小太鼓，「みんなのまえ」が大太鼓）。

　集団指導では，設定保育として，個別指導の目的に加え，日常の活動場面での般化を目的にした。具体的には，「ぬり絵活動」を通して，①隣のペアの子と話す場面，②4～5人のグループで話す場面，③みんなの前で発表する場面を設定し，それぞれの場面に応じて，3段階の声量を使い分けることを指導した。

[*2] 「手立てヒント集」の開発の基本方針や使い方は，倉内他（2016, p.9-11）を参照されたい。
[*3] 既存の「声のものさし」（楽しい教室づくり研究会，2011）に，次の4点の改良を加えた。①声量の使い分けの基本として必要最低限の3場面を設けた。②場面を具体的に記述（となりのともだちと話すなど）し，どのような声量で話すか（ひそひそ話など）に対応させた。③声量の大きさをイメージしやすいように，声量を保育園で親しみのある楽器に対応させ，その楽器の実物写真を貼った。④個人指導用と集団指導用の2種類を用意して，個人指導用は本児が直接操作しやすいようにB4サイズに，集団指導用はホワイトボードに貼り常に見えるようにA1サイズに設定した。

設定保育にあたり，KABC-Ⅱの結果で明らかになった，①同時処理が得意である，②語彙が豊富であることを生かし，以下のような方針を立てた。
(a) 関連性を重視し，①場面と声の大きさ，②声の大きさと身近な楽器とを対応させる。
(b) 視覚的手がかりを重視し，「声のものさし」に写真，イラストを多用する。
(c) 運動的手がかりを重視し，個別指導において，楽器や「声のものさし」の操作を本児自ら行わせ，場面に応じた声量の理解を促す。
(d) 語彙の豊かさを生かし，声の大きさの段階を言葉で表現する。
　このうち，(a)～(c)は，同時処理方略の5原則のうち，関連性の重視と視覚的・運動的手がかりの2原則をとり入れたものである。

(5) 第2次支援の経過および支援結果
　本児の声量の適切さについて，普段の保育4場面において，指導前および各回の指導終了後に，担当保育士による4段階の評定を依頼した。その結果は，図1.5に示すとおりである。この図から，次のことが指摘される。(1)〈みんなの前で発表する〉では，指導前から一貫して「まあまあできる」であった。(2)〈4～5人で話す〉では，指導前は「あまりできない」であったのに対して，指導開始後は「まあまあできる」に変化した。(3)〈先生とひそひそ話をする〉では，指導前は「まあまあできる」であったのに対して，指導開始後は「よくできる」に変化した。(4)〈友達とひそひそ話をする〉では，指導前は「あまりできない」であったのに対して，指導開始後は「まあまあできる」に変化した。また，保育士の報告によれば，「声のものさし」を使って集団で発表する場面や，少人数で話すときなど，場面に応じた声の大きさを繰り返し伝えていったことで，保育士からプロンプトがあれば本人が意識して声の調整を行うことができるようになったとのことである。
　5歳11ヵ月時にN式得手不得手チェックシートの3回目を実施した。その結果を表1.2（項目ごとの得点）に示す。5歳7ヵ月時と比較すると，支援総合得点が11/50点で10点減り要支援児の該当から外れた。「多動性」が8点から6点に，「行為」が6点から1点に変化し，支援領域には該当しなくなった。なお，「言葉・動作」が2点から4点に増え1回目と同様再び支援領域になったことについては，

それまで気づかなかった行動に，保育士が目を向けるようになったためと考えられる。言い換えれば，園児の行動を観察する力がついてきた（具体的には動作面だけでなく言葉の面にも着目するようになった）ためともいえよう。今後，さらなる検討が必要である。

5. まとめと今後の課題

　本児は，4歳5ヵ月時にN式得手不得手チェックシートによって要支援児として抽出され，発達障害のリスクが考えられた。そこで，KABC-Ⅱ（4歳8ヵ月時）を実施し，その結果を踏まえ，本児の同時処理の強さを生かした第1次支援と第2次支援を行った。いずれの支援も一定の成果が得られたと考えられる。N式得手不得手チェックシートの変化を詳しくみると，第2次支援は第1次支援に比較して，チェックシートの得点の変化が大きかった。その理由として，①「手立てヒント集」などの支援ツールを用いて，保育士および保育巡回相談員が共通の視点をもって保育支援計画表を作成したこと，②専門家が設定保育でのきめ細かい指導方法を園側の意見を聞きながら提案するなどして，支援の手立てを明確化したことが挙げられる。同時に，第1次支援が土台となり，第2次支援に累積的効果がもたらされたと考えられる。藤田（2016）は，幼児期の発達課題に関して保育園や幼稚園における集団生活の経験が大切であり，できるだけ早期から，専門家や保育士の支援を受けながら園生活を経験することにより，就学レディネスを形成していくことができると述べている。この記述からも，本支援事例の適切性がうかがえる。現在，本児は通常学級に在籍している。今後，就学先と連携して本人の様子を見守るとともに，KABC-Ⅱの結果に基づいた保育場面での具体的な支援方法について情報提供を積極的に行っていきたい。

倫理的配慮

　本児の両親に対し，事前に，検査結果を利用することにより期待される効果について説明を行い，検査実施，事例発表や出版物への掲載の了解を得た。

謝　辞

　本実践を全面的にバックアップして下さった首藤郁子園長に感謝申し上げま

す。また，「声のものさし」のイラストを作成して下さった大賀加奈さんにお礼申し上げます。

文　献

藤田和弘監修，熊谷恵子・青山真二編著（2000）「長所活用型指導で子どもが変わる Part2（国語・算数・遊び・日常生活のつまずきの指導）」, 13-15, 図書文化社。

藤田和弘（2016）ライフスパンから見た KABC-II の臨床的適用，K-ABC アセスメント研究，第18巻，61-69。

倉内紀子他（2014）「延岡市発達支援モデル事業平成25年度報告書」, 九州保健福祉大学発達支援モデル事業検討委員会。

倉内紀子他（2015）「延岡市発達支援モデル事業平成26年度報告書」, 九州保健福祉大学発達支援モデル事業検討委員会。

倉内紀子他（2016）「延岡市発達支援モデル事業平成27年度報告書（最終報告）」, 九州保健福祉大学発達支援モデル事業検討委員会。

松山光生他（2015）中都市で実現可能な幼児期における発達支援体制の構築に関する研究（その5）延岡式得手不得手チェックシートの作成，リハビリテーション連携科学，16巻1号，79。

楽しい教室づくり研究会（2011）「かんたん！楽しい！教室グッズ＆プリント集 小学校」, 10, ナツメ社。

表 1.1 行動観察チェック表

事例 1

	マイナス要因										プラス要因				
	注意が維持できない	衝動的に誤った反応をしてしまう	固執性が強い	取組みが非協力的である	確信がもてない場面で反応をためらう				制限時間を気にする	その他の要因	忍耐強く取り組む	いろいろと試してみる	集中力が高い	方略やアイデアなどを言語化する	その他の要因
M1 語の学習	−	−							−					−	
M2 顔さがし	−	−							−					−	
M3 物語の完成	−	−							−					−	
M4 数唱															
M5 絵の統合		○													
M6 語の学習遅延	−	−							−					−	
M7 近道探し	−	−							−					−	
M8 模様の構成												○			
M9 語の配列	○														
M10 パターン推理	−	−							−					−	
M11 手の動作	−	−							−					−	

	マイナス要因									プラス要因				
	注意が維持できない	衝動的に誤った反応をしてしまう	確信がもてない場面で反応をためらう	取組みが非協力的である	教示の理解が難しい	失敗を予期している	左からも、または右からも行うことを何度も教示する必要がある	何度も答えを正す	その他の要因	忍耐強く取り組む	注意深く反応する／正答か否かを確かめている	自信をもって課題に取り組む	集中力が高い	方略やアイデアなどを言語化する	その他の要因
A1 表現語彙															
A2 数的推論		○													
A3 なぞなぞ					○				○*						
A4 計算	−	−												−	
A5 ことばの読み	−	−												−	
A6 ことばの書き	−	−												−	
A7 文の理解	−	−												−	
A8 文の構成	−	−												−	
A9 理解語彙															

※ 頻繁に１番または２番目の手がかりで答えてしまう
− は対象年齢外のため実施していない

多動傾向があり注意に困難を示す同時処理優位の5歳児

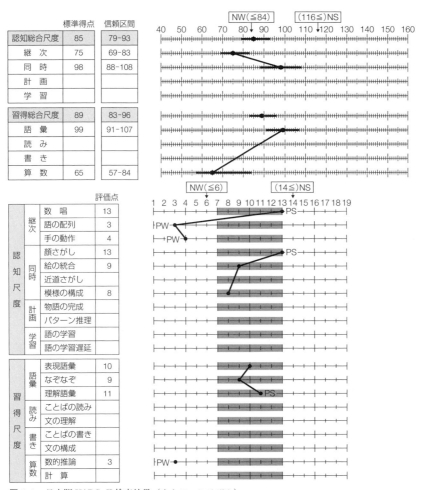

図 1.1　日本版 KABC-Ⅱ 検査結果（カウフマンモデル）

92　事例1

表1.2　N式不得手チェックシートの結果（項目別）

領域	番号	項目	4歳5カ月(1回目)	小計	5歳7カ月(2回目)	小計	5歳11カ月(3回目)	小計
向社会性	1	他人の気持ちを気づかない*	1		2		2	
	4	他の子どもたちと、分け合うことをしない（おやつ・おもちゃ・鉛筆など）*	1		2		2	
	10	誰かが心を痛めていたり、落ち込んでいたり、嫌な気持ちをしているときなど、すすんで助けない*	1	5点	2	7点	1	6点
	20	年下の子どもたちに対してやさしくしない*	1		1		1	
	23	自分からすすんで、他人を手伝わない（親・先生・子どもたちなど）*	1		0		0	
多動性	2	おちつきがなく、長い間じっとしていられない	2		2		1	
	11	いつもそわそわしたり、もじもじしている	2		2		0	
	17	すぐに気が散りやすく、注意を集中できない	2	10点	1	8点	2	6点
	25	よく考えずに行動する*	2		2		1	
	29	ものごとを最後までやりとげ、集中力もない*	2		1		2	
情緒	3	頭がいたい、お腹がいたい、気持ちが悪いなど、よくうったえる	0		0		0	
	9	心配ごとが多く、いつも不安なようだ	0		0		0	
	15	おちこんでしずんでいたり、涙ぐんでいることがよくある	0	0点	2	2点	0	0点
	19	目新しい場面に直面すると、不安ですがりついたり、すぐに自信をなくす	0		0		0	
	28	こわがりで、すぐにおびえたりする	0		0		0	
行為	5	カッとなったり、かんしゃくをおこしたりすることがよくある	2		1		0	
	8	素直でなく、大人のいうことをきかない	2		2		1	
	14	よく他の子とけんかをしたり、いじめたりする	2	10点	2	6点	0	1点
	21	よくうそをついたり、ごまかしたりする	2		0		0	
	26	家、保育園（所）・幼稚園、学校、その他のから物を盗んだりする	2		1		0	
仲間関係	7	一人でいるのが好きで、一人で遊ぶことが多い	1		0		0	
	13	仲の良い友だちが、一人もいない*	0		1		1	
	16	他の子どもたちから、好かれていないようだ*	0	1点	2	3点	0	0点
	22	他の子から、いじめの対象にされたり、からかわれたりする	0		0		0	
	27	他の子どもたちより、大人といる方がうまくいくようだ	0		0		0	
言葉・動作	12	特定の遊具や場所、生き物、遊びなどにこだわりがある	2		1		2	
	24	動作や身振りが不器用で、ぎこちない	2		0		0	
	18	発音が不明瞭である。または「さかな」を「たかな」など音の誤りがある	0	5点	1	2点	1	4点
	6	指示が理解できなかったり、聞き間違いや聞きもらしがある	0		0		0	
	30	一方的にはなし、話題と関係のない話をする。または「えっとね」「びゅーん」などを多く使い、会話になりにくい	1		0		1	
			支援総合得点	26点	支援総合得点	21点	支援総合得点	11点

注1　*は反転項目。
注2　網掛けは、支援の必要度が高い領域と項目を示す。

多動傾向があり注意に困難を示す同時処理優位の5歳児　93

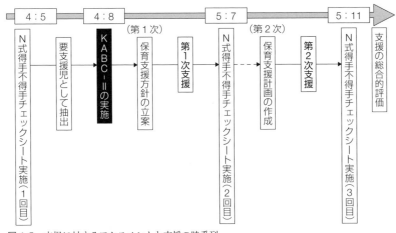

図1.2　本児に対するアセスメントと支援の時系列

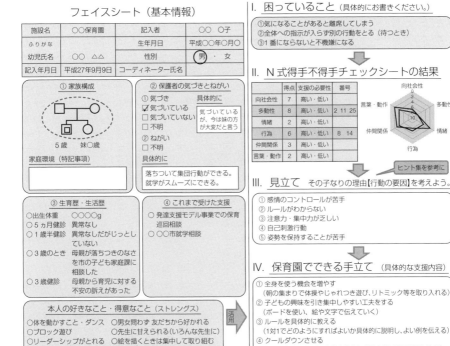

図1.3　第2次保育支援計画表

事例 1

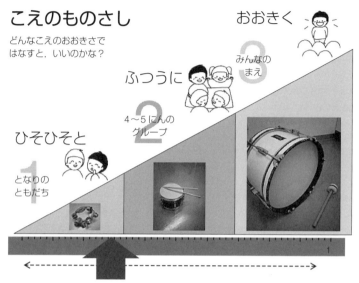

図 1.4　作成した声のものさし

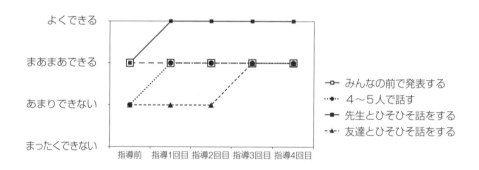

図 1.5　保育場面における本児の声量調整の結果（担当保育士の評定による）

事例 2

コミュニケーションにつまずきが見られる5歳児
――同時処理能力の強さを生かした支援――

吉村亜紀（世田谷区発達障害相談・療育センター）

対象児

　A児，女子，保育園5歳児クラス在籍。

主訴（相談内容）

　担任より：集団の中での指示が入りにくい。思い通りにならないとパニックになる。友達への関心が薄くコミュニケーションがとれない。

　母親より：友達がいない。好きなゲームを際限なくやっていて指示が通らない。睡眠が不安定である。

　以上により，就学に向けて適切な支援を考えるために検査を行ってほしい。

概　要

　保育園では，興味のある活動以外は，自分の気の向くままに行動し，集団活動に参加できず，友達とのやりとりも苦手という対人的相互交渉に課題がある事例である。本児の特性を探り就学前に必要な支援を検討するために，KABC-Ⅱを実施した。その結果，カウフマンモデルでは，習得総合尺度が認知総合尺度に比べて有意に低いことが明らかになった。認知総合尺度では，同時尺度が高いこと，継次尺度および学習尺度の下位検査にアンバランスがあること，視覚的な課題は良好だが聴覚的な課題は苦手であることが示唆された。習得総合尺度では，算数尺度が高く，語彙尺度が低いという結果であった。またCHCモデルでは，視覚処理が高く結晶性能力が低いという結果であった。

　以上の結果を踏まえ，就学前の予防的支援について検討した。

1. 背景となる情報

（1）生育歴および現在までの経過（母親からの情報）

　在胎40週，正常分娩，出生体重3,000g。座位，はいはい，始歩などの運動発

達は正常，始語や二語文の出現も特に遅くはなかった。人見知りや模倣はあったが，後追いや指さしはなかった。乳児期は，よく飲みよく寝る子で手がかからなかったが，歩き始めた途端に（1歳1ヵ月）どこまでも突っ走っていくなどの行動が出現し，2歳頃は家から飛び出すことがたびたびあったため目が離せなかった。2歳半のとき，保健所の健診でことばの遅れを指摘され，言語指導を数回受けた。3歳で幼稚園に入園したが，大勢の友達を見ると躊躇し，一人で遊ぶことが多かった。活動の切り替えや変更を苦手とし，朝の会などの集まりには参加できず，園庭に出たり，門を乗り越えて外に行こうとしたり，自由に動き回ることが多かった。4歳のとき，医療機関で広汎性発達障害と診断された。遊びや生活の自立を少人数で学べる場として保育園が望ましいのではないかという医師の助言があり，保育園に転園した。

(2) 家庭環境（父親からの情報）

父，母，弟（2歳），本児の4人家族。

母親は，これまでも神経質な面をもっていたが，弟の出産直後より，何度も繰り返し手を洗ったり，物の汚れが気になって触れなかったりするなどの症状が強まり，常に漠然とした不安や緊張をもつようになった。そのため精神科を受診し服薬している。父親は，母親の精神的安定のために，できるだけ子どもたちと触れ合う時間を作り，家事や育児も担うなど，一生懸命サポートをしている。

(3) 現在の様子

現在の情報の収集については，保育園の担任には，あらかじめ「日常の様子（質的情報）チェックシート」（小林，2016（付録265ページ参照））を送付し記入を依頼した。母親とは，担任同席の面接時に，項目1つ1つを筆者が読み上げて確認しながら記入してもらうという方法をとった。「日常の様子（質的情報）チェックシート」（以下「日常の様子チェックシート」）の調査項目は，「聞く」「話す」「読む」「書く」「計算する」「推論する」「注意集中」「多動性・衝動性」「対人関係」「粗大運動・微細運動・感覚」で，10領域あるが，本児の年齢により，「読む」「書く」「計算する」「推論する」の4領域は除いてある。なお，以下に示す領域ごとのチェック表には，母親と担任のどちらか一方が，または両者がともにチェッ

クした項目のみを表示した。

　母親のチェックは「対人関係・社会性」「多動性・衝動性」の領域に多く，聴覚過敏，触覚過敏にもチェックはあるが，「聞く」「話す」の領域にはほとんどチェックがなかった。ことばのやりとりには特に問題を感じている様子がない。一方，担任のチェックを見ると，どの領域においてもチェックが多く，集団の場での本児の過ごしにくさが顕著に表れている。

(a)「対人関係・社会性」の領域

領域	質的情報のチェック		
	項目	母親	担任
対人関係・社会性	集団のペースに従って行動することが難しい		✓
	集団のルールを守ることが難しい		✓
	他者と協同作業をすることが難しい		✓
	こだわりが強く自分のやり方で行動することが多い	✓	✓
	次の活動への切り替えが悪い	✓	✓
	自分の気持ちを適切に表現することができない	✓	✓
	表情や声などの非言語的サインの表出や理解が難しい	✓	✓
	他者の気持ちや意図を的確に理解することが難しい	✓	✓
	挨拶，感謝，謝罪などのことばを適切に使用することが難しい	✓	✓
	他者からどのように見られるかといったことについて意識が薄い	✓	✓
	関心が薄い話題だと他者と会話を続けることが難しい	✓	✓
	興味や関心に偏りがある	✓	✓

　この領域は，母親，担任ともにチェックが多い。

　担任からの情報：一人で遊んでいるときに，友達がそばに来て，本児の遊んでいる玩具を奪っても，何事もなかったかのようにその場を離れて行ってしまうなど，他者に対する関心の希薄さや物への執着のなさがうかがわれる。担任だけではなく他の保育士も，意識して積極的に声かけをしているが，無反応が多い。

　母親からの情報：ゲームに没頭すると，登場人物になったかのような独り言が見られ，空想の世界に入り込んで，話しかけても母親の存在に気づかないことがある。弟のことは大好きで，遊びの邪魔をされても優しく接することができる。いつもと同じ道を通ることへのこだわりや，身に着けるものや持ちものの色はす

べて水色ということにこだわったために，保育園に遅れてしまったことがある。

(b)「注意集中」の領域

注意集中	気が散りやすい	✓	✓
	課題を一息に最後まで終わらせることが難しい		✓
	挙手して指名されたときに発言内容を忘れていることがある		✓
	忘れ物や落とし物が多い		✓
	話が横道にそれたり唐突に切り替わったりしやすい	✓	✓
	整理整頓が苦手である		✓
	ぼんやりしていることが多い	✓	✓
	妨害刺激の有無による影響を受けやすい	✓	✓

　この領域は，朝の会，紙芝居，絵本の読み聞かせ，工作などの集団活動の中でよく見られる項目で，担任は全項目にチェックをしている。

　母親から：帰宅後は，一人でゲームやパズルをしたりDVDを見たりして過ごしている。いまはマリオのゲームに夢中で，集中すると夜遅くまでやっているだけでなく，夜中に一人で起きてやっていることもある。制限時間を決めたが泣き叫んで止められない。好きなことをしていると手がかからないので，ついそのまま許している。ジグソーパズルにも夢中で，100ピース以上でも難なく作れるが，うまくいかないと叫びながらピースを床に投げつけたりすることがある。

(c)「多動性・衝動性」の領域

多動性・衝動性	離席や退室が多い		✓
	はしゃぎ過ぎて調子に乗ることが多い	✓	✓
	出し抜けの行動や発言が多い	✓	✓
	自分の思いどおりにならないとカッとなることが多い	✓	✓
	次の展開を予測せずに行動することが多い	✓	✓

　この領域は，担任と母親のチェックが，ほとんど同じだった。

　担任よりの情報：以前のような園外への飛び出しはなくなったが，みんなが集まる場面では，すぐ廊下に出て歩き回るという行動はいぜんとして見られる。好きなレゴブロックを目にするとその場に座って作り始め，没頭して次の活動への切り替えが難しい。片づけを拒んで泣き叫ぶので本児が組み立てたものを写真に

撮って渡している。気に入った絵本を見つけると胸に抱えてもち歩く。かな文字は，いつのまにか読めるようになっていた。

母親よりの情報：スーパーでいなくなり探し回ることが何度もある。ほしい玩具を手に取って店の中をあちこち走り回っていて，玩具を棚に戻そうとすると，床に仰向けになって，買うまで泣き叫ぶ。言ってもきかないので，結局買ってしまう。自分の要求を通すことにこだわる傾向や衝動性の強さがうかがわれた。

(d)「聞く」の領域

聞く	聞き間違いが多い		✓
	聞き漏らしが多い		✓
	聞いたことを理解することが難しい		✓
	聞いたことを正確に覚えていられない		✓
	個別では聞き取れるが集団だと難しい（教員による集団への指示など）		✓
	雑音の多いところで聞き取ることが難しい	✓	✓

この領域は，担任と母親のチェックの差が大きい。「話を聞く，理解する」以前に，「聞こうという意識」の問題が大きいと考えられるが，担任は，ほぼ全項目にチェックしている。母親は保育園での状況をたびたび聞いているものの，家では，母親が話しかけたことを本児は理解しているととらえていて，聞くことについての問題意識はない様子であった。

(e)「話す」の領域

話す	話し方にたどたどしさがある		✓
	抑揚や声の大きさが不適切である		✓
	言葉をとっさに思い出せなかったり，言葉に詰まったりする		✓
	単語の羅列など，一文が短く内容に乏しい話し方をする		✓
	言い間違いや音韻の転置がある		✓
	視点動詞を正しく使用できない		✓
	話が横にそれやすく，首尾一貫した内容になりにくい		✓
	相手にわかりやすく，話すことが難しい	✓	✓

この領域も，担任と母親のチェックの差が大きい。母親は日常的な会話は支障なくできているということで，特に問題を感じていない様子であった。保育園で

は，話しかけたときの反応を担任がつぶさに記録しているために，表のようにチェック項目が多かった。

(f) 「粗大運動・微細運動・感覚」の領域

粗大運動・微細運動・感覚	ボールを投げたり受け止めたりすることが難しい	✓	✓
	聴覚過敏がみられる	✓	✓
	触覚過敏がみられる	✓	✓
	運動会でダンスの振り付けを覚えることが難しい	✓	✓
	特に固執している動作がある	✓	✓

　母親と担任のチェック項目がまったく同じだった。担任の話によると，走る・跳ぶ・縄跳びなどは上手にできるが，ボール運動はやろうとしない。ブランコを極端に高くこいだり，高い窓枠に怖れず座ったりすることがあるとのことだった。一人で動く運動と人との関わりが必要な運動の違いが関与すると推測される。また，極端な行動は，危険を察知する感覚の鈍さがあるとも考えられる。一方，感覚のチェックでは，視覚，聴覚，触覚などの感覚過敏が挙げられている。

2. アセスメントリスト

・WISC-Ⅲ（5歳10ヵ月，就学児健診時に実施）
・KABC-Ⅱ（5歳11ヵ月）

3. KABC-Ⅱ検査結果と解釈

(1) 検査場面での行動観察
(a) 検査時の様子（入室から退室までの行動）

　入室すると，つま先立ちで弾むように部屋を歩き回り，本棚にある大判の絵本を見つけて，「わぁ，大きい」と，はしゃいだような甲高い声を発し，すぐ床に座って本を開き読み始めた。「チ」や「ジ」等，イ列の構音に側音化傾向が見られた。1文字ずつたどり読みをしながら独り言のようなおしゃべりを続けていたが，表情は乏しく，検査者のほうは見ようとせず，アイコンタクトは取れなかった。

　全体的に「できる」と直感すると集中して取り組み，「むずかしい」と思った途端に拒否的になるというパターンが見られた。

(b) 各下位検査における行動

M1 [語の学習]：途中から「疲れた，眠い」と何度も言いながら取り組んだ。教示語を模倣して言語化することが多かったが，確信がもてない場面では，反応をためらった。

M2 [顔さがし]：はじめのうちは，「簡単！」「髪型違う！」などと言いながら，図版を注視して反応したが複数になると視線が図版からそれ「見てね」と1問ごとに注意を促す必要があった。

M4 [数唱]：途中から集中が途切れ，1つ目の数字のみを答え，「難しい」「眠い」を繰り返し，椅子から立ち上がって床にうずくまる行動があった。

M5 [絵の統合]：名前が浮かばないときでも熟慮して答えようとした。回答後，「ママが教えてくれたの‥‥」など，図版に関するエピソードを楽しそうに話すこともあった。

M6 [語の学習遅延]：[語の学習] の25分後に実施した。提示した途端，「また～？」「眠い眠い」「疲れた～」と言い苦手と感じた課題が再度出され拒否的なことばを連発した。

M8 [模様の構成]：楽しそうに取り組み「そろえるの，難しいね！」と言いながらも，断片の位置がずれないよう繰り返しそろえた。難易度が上がると，「できない」と思ったのか机に顔を伏せ，促すと1～2枚並べて「わかんない」と泣き出しそうになった。

M9 [語の配列]：4語になると注意が持続できなくなり，「パズルしたくなった。家にあるけど‥‥」「お腹減った，のどかわいた」を連発。ドアから出て行きそうになった。

M11 [手の動作]：4個の提示までは，検査者の手をよく見て再生していたが，提示が5個になると，あくびが出たり周囲を見回したりして，集中できなくなった。

A1 [表現語彙]：正確に呼称できないものでも，ことばを選んで一生懸命答えようとした。

A2 [数的推論]：問題8までは，目だけで数えることができ，問題10は指を使って数えたが，イーゼルの図版をじっと見て反応した。問題10まで連続して正答だった。

A3 [なぞなぞ]：絵の問題は，呼称しながら即座に指さした。問題10以降は，問

題文を最後まで聞かずに「聞いたことない」と反応した。
A9［理解語彙］：問題5までは連続して正答したが，問題6以降は，とびとびの正答になり，確信がもてないと，すぐ「わかんない」と反応し，図版から目をそらした。

(c) 行動観察チェックリストの結果

認知検査：プラス要因では，［絵の統合］［模様の構成］で《忍耐強く取り組む》《集中力が高い》が該当し，その他に，［絵の統合］で《方略やアイデアなどを言語化する》が挙げられ，［模様の構成］で《いろいろと試してみる》が挙げられた。興味と関心をもつことができた課題には，難易度が高くなっても試行錯誤しながら取り組み，途中で投げ出すようなことは見られなかった。「日常の様子チェックシート」では，「課題を最後まで終わらせることが難しい」「自分の思い通りにならないとカッとする」という項目にチェックがあるが，A児にとって構造化された場面で課題が明確な状況では，注意を集中して最後まで取り組むことができることがうかがわれた。マイナス要因では《注意が維持できない》へのチェックが最も多く，8検査中6検査が該当する。同じ姿勢での着席が難しい，難しいと思うと課題から気持ちが離れてしまう，廊下からかすかに聞こえる子どもの声や物音に敏感に反応するなどの状況による。《衝動的に誤った反応をしてしまう》は2検査にチェックされた。考えている様子もなく即時に反応した。マイナス要因として挙げられた行動は，「日常の様子チェックシート」の担任のチェックと一致する項目が多かった。

習得検査：マイナス要因として挙げられた項目はなかった。プラス要因では，《注意深く反応する/正答か否かを確かめている》に4検査中3検査が該当している。［数的推論］では，提示された問題の絵をじっと見てから反応したり，確かめるために指を使ったりするなど，正確に答えようとする行動が見られた。このような行動は，家庭や保育園での日常的生活の情報からは得られなかったモニタリング能力があることが示唆される。

(2) カウフマンモデルによる検査結果と解釈

(a) 認知総合尺度と習得総合尺度

　認知総合尺度は107（90%信頼区間100-114），習得総合尺度は91（90%信頼区

間 85-98）であり，両者とも，「平均」～「平均の上」の範囲にあった。
　習得総合尺度が認知総合尺度に比べ統計的に有意に低く，生活に関する知識や思考力の獲得に，もっている認知能力を生かしていないことが示唆された。
(b)　認知尺度間の比較
　認知尺度においては，同時尺度 123（90％信頼区間 111-132），継次尺度 101（90％信頼区間 95-107），学習尺度 97（90％信頼区間 88-107）であった。
　3 尺度の個人間差では，同時尺度が NS で，同年齢の平均と比較して有意に高かった。個人内差でも，継次尺度・学習尺度と比較して同時尺度が PS で高い結果であったが，下位検査にアンバランスがあるため，慎重に解釈する必要がある。
(c)　認知検査間の比較
　認知検査評価点平均は 11 である。同時尺度の下位検査を見ると［顔さがし］14（NS），［絵の統合］13，［模様の構成］11 で，いずれも評価点平均より高い。特に［顔さがし］は NS と高いレベルで，人物の顔の特徴を判別する力があるという結果だった。「日常の様子チェックシート」の「対人関係」の領域では「表情や声などの非言語的サインの表出や理解が難しい」にチェックがあり，友達を見分けることができないという担任からの情報もあった。相貌認知に写真と実際の人間との違いがあるが，その解釈の 1 つとして，A 児の苦手とする表情の変化や動きの有無が関与していることが挙げられる。
　継次尺度では，［語の配列］12，［手の動作］11 が高いのに比べ，［数唱］は 7（PW）と有意に低く，継次尺度内にアンバランスが見られ，入出力モダリティの違いによって結果に差が出ている。絵や動作による視覚的な情報を認識し処理できるが，数字のように無意味なもの，しかも聴覚的な時系列の情報に意識を向け，処理することは苦手であると推測される。
(d)　習得尺度間の比較
　習得尺度においては，算数尺度 112（90％信頼区間 99-122），語彙尺度 85（90％信頼区間 78-94）であった。個人間差では，統計的に有意差はなかった。個人内差では，2 つの尺度間のディスクレパンシーは 27 で，算数尺度は PS で有意に高かったが，語彙尺度は PW（10％のまれな差）で有意に低い結果であった。
(e)　習得検査間の比較
　習得検査評価点平均は 9 である。［数的推論］は 12（PS）で有意に高く，日常

生活の中での基本的な数の操作は身についていると推測される。一方，語彙についての下位検査では，［表現語彙］［理解語彙］とも 9 で平均値だが，［なぞなぞ］は 6（NW，PW）と有意に低かった。言語的推理力の苦手さとともに，注意の維持，家庭環境の影響が推測される。

(f) 認知総合尺度と各習得尺度，算数尺度検査の比較

認知総合尺度 107（90％信頼区間 100-114）と語彙尺度 85（90％信頼区間 78-94）の比較では，語彙尺度が有意に低く，認知総合尺度と算数尺度 112（90％信頼区間 99-122）の比較では，有意差がなかった。年齢相応の知的能力があり，視覚的な情報の意味を理解する能力はあるが，言語に変換する語彙が育っていないために，「聞く・話す」分野に生かされていないと考えられる。

(g) 選択ステップ（クラスター分析）

①ステップ1「言語能力」と「非言語能力」の比較

「言語能力」の標準得点 85，「非言語能力」の標準得点 116 で，「非言語能力」が有意に高く 10％のまれな差であった。

②ステップ2およびステップ3は，5歳のため分析できなかった。

③ステップ4「言語反応」と「指さし反応」の比較

「言語反応」の標準得点 81，「指さし反応」の標準得点 113 で，「指さし反応」が有意に高く 10％のまれな差があった。

(3) CHC モデルによる検査結果と解釈

(a) CHC 総合尺度

CHC 総合尺度の標準得点は 99（90％信頼区間 93-105）で，「平均」の範囲であった。知的水準は平均の範囲にあることが示された。

(b) CHC 尺度間の比較

視覚処理 118（90％信頼区間 105-127），量的知識 112（90％信頼区間 99-122），短期記憶 101（90％信頼区間 95-107），長期記憶と検索 97（90％信頼区間 88-107），結晶性能力 85（90％信頼区間 78-94）であった。

個人間差では，視覚処理が NS と有意に高く，他の同年齢の子どもより高かった。個人内差でも，視覚処理が PS と有意に高かったが，結晶性能力は PW（有意水準 10％のまれな差）と低い結果だった。

視覚処理の下位検査では［顔さがし］14，［模様の構成］11で，［顔さがし］は，NS，PSで非常に高かった。一方，結晶性能力の下位検査では［表現語彙］9，［理解語彙］9，［なぞなぞ］6であり，特に［なぞなぞ］は，NW，PWと非常に低い結果であった。

4. その他の検査結果と解釈

(1) WISC-Ⅲの結果と解釈（5歳10ヵ月，就学相談にて実施）

　全検査IQは104（90％信頼区間98-109）で，「平均」に位置する。言語性IQは95（90％信頼区間89-101）で「平均の下」～「平均」の範囲，動作性IQは113（90％信頼区間105-119）で「平均」～「平均の上」の範囲にあり，動作性IQが言語性IQに比べて5％水準で有意に高かった。また，群指数では知覚統合が言語理解，注意記憶に比べて有意に高く，処理速度が注意記憶に比べて有意に高かった。これらの結果より，視覚的な情報を適切に処理する能力があることが示唆された。一方，苦手な能力として，試行錯誤的学習，注意の持続や言語理解が挙げられた。

5. 総合解釈と支援（指導）の方針

(1) 総合解釈

　KABC-Ⅱ，WISC-Ⅲの結果から，A児には年齢水準の知的能力があることが明らかとなったが，KABC-Ⅱの習得総合尺度が有意に低いことから，その知的能力が日常生活に反映されていないことが推測された。

　検査結果より，カウフマンモデルでは，認知尺度における同時処理能力の強さと習得尺度における算数尺度の強さが挙げられる。同時尺度では，尺度内3つの下位検査が一貫して同年齢の子どもに比べて有意に高い。一方，継次尺度の下位検査にはアンバランスが見られ，［数唱］のように無意味な聴覚的情報の保持は苦手だが，［語の配列］［手の動作］のように，絵と結びついた具体的なことばや目の前の動作による視覚的情報には，意識を向けることができ短期的に保持再生できる。また学習尺度を見ると［語の学習］が高く［語の学習遅延］が低い。アニメ的要素の入った対連合学習にはゲーム感覚で興味をもって取り組めたので，短期的な保持はできたが，初めての無意味な情報は，貯蔵や長期記憶に移行することが困難だったと考えられる。習得尺度は，本事例は2尺度のみの比較である。

算数尺度は有意に高く，数的能力があることが示唆されるが，語彙尺度は有意に低く 10％水準のまれな差を示している。下位検査では，特に［なぞなぞ］が有意に低かった。絵の選択課題には即座に反応できたが，ヒントとなることばを順次聞きながら文を把握し推理して答えるという言語的推理は苦手であった。WISC-Ⅲの言語的推理の課題「類似」の低さと一致している。

　検査中の行動観察で，表情が乏しく視線が合わないことや爪先立ちで歩く傾向があったこと，［模様の構成］で，ピースの合わせ方にこだわりと思われる行動が見られたこと，［理解語彙］で，問題 6 以降の正解がとびとびになり，親密度の高い語彙に誤答があった反面，難しい語彙に正答が得られるという状況があり，過去に診断された広汎性発達障害を裏づけるものと考えられる。さらに好きな課題には集中して取り組めるが，苦手と思うと集中が途切れ，「もう疲れた」「眠い」と拒否的な発語が多く出現すること，「日常の様子チェックシート」の「注意集中」の領域での「妨害刺激による影響を受けやすい」「ぼんやりしていることが多い」に母親，担任のチェックがあること，KABC-Ⅱ の行動観察チェックリストにおいて，マイナス要因の《注意が維持できない》に数多くのチェックがあることから，注意持続の困難さが本児の中核となる課題の 1 つと考えられる。また「日常の様子チェックシート」の「多動性・衝動性」の領域で，担任や母親からの情報に「思い通りにならない場面で泣き叫ぶ」という自己コントロールの困難さの情報があり，「出し抜けの行動や発言が多い」へのチェックを合わせて考えると，これらの問題への支援や配慮が必要であると考えられる。

　A 児は，人・場面・活動に対して見通しがもてないと，不安が生じ，自信がなくなってその場を逃げてしまう，いわゆる負の連鎖が起こると考えられる。今後の取り組みの中では，同時処理能力の強さを生かす働きかけを取り入れ，A 児が見通しをもって取り組めるようなまわりの配慮が必要となる。またクラスター分析の結果，「非言語能力」が「言語能力」より高く，「指さし反応」が「言語反応」よりも高かった。これらの結果は，CHC モデルでの視覚処理尺度の高さや WISC-Ⅲ の知覚統合の高さと一致する。苦手な言語的・聴覚的負荷をできるだけ少なくし，視覚処理能力が発揮できるよう視覚的手がかりを使って関わることが，興味や関心を広げ，課題に意識を集中させて取り組めるのではないかと思われる。

(2) 支援の方針
(a) A児への支援
　保育園では，A児をありのまま受容し，安全に過ごせるよう「見守ること」を目標にしてきた。しかし，「日常の様子チェックシート」により，行動上の問題点が具体的になり，また KABC-Ⅱ により，背景と考えられる認知能力の特徴が明らかとなったため，今後の目標を「見守ること」から「伸ばすこと」に変換し，A児自身の得意な能力を生かせる方略を探りながら働きかけることを提案した。
①遊びを通したコミュニケーション指導
・「買物ごっこ」：視覚認知能力，数的能力の活用
　　目的：物のやりとりを介し，保育者や友達とのことばのやりとりを学習する。
　　準備：買物に使う玩具や絵カード，棚，値札，お金カード
　　活動：選んだ商品を棚に並べる。品名だけの買物から，色・形・大小・数の要素を入れた買物ができるよう，保育者がモデルを示して模倣させる。
・「すごろく」：同時処理能力，読み能力，数的能力の活用
　　目的：順番の意識から友達の存在を意識する。2語文を読んで理解する。
　　準備：すごろくを作る材料，興味のある絵本のコピー，サイコロ，指示文カード（2語文）「2つすすむ」「ちかみちをとおる」「なまえをいう」など。
　　活動：絵本の物語に沿った「すごろく」盤を作成。一緒に絵本のコピーから絵を切り取ってはる。順番に指示カードをめくり，読んでコマを進める。
②話しかけるときの配慮：視覚認知能力の活用
　検査では，イーゼルをめくって提示する検査には注目するが，［数唱］や［なぞなぞ］では，注意がそれてしまった。話しかけるときには，実物や絵，写真を見せ，また身振りサインを模倣させるなど，興味をもたせる工夫が必要である。
③予定や見通しがわかるような配慮：同時処理能力，視覚認知能力の活用
　A児は，認知検査では，開始直後から「まだ～？」「あといくつ？」と離席しようとすることが数回あったが，休憩後，検査の箱を見せて「あとね，この絵本（イーゼル）を見たら終わり」と予告すると，その後は離席することがなかった。1日の過ごし方について，絵を取り入れたスケジュール表を視覚的に示したり，行事や活動は事前に写真や DVD を見せたり，作業では完成品を見せるなど，見通しをもたせるような配慮があると，初めてのことに対しても抵抗が少ないと考えられた。

(b) 家庭へのサポート
①検査のフィードバック
　母親は目に見える行動の問題にのみ注目し，問題の要因とも考えられる「聞く」「話す」を含めたコミュニケーション場面でのA児の情緒的問題や困り感には気づいていないと思われた。またその日の母親自身の体調によっては，意識が子どもに向かないこともあった。検査で得られた情報を支援に生かすためには，まず家庭環境の安定が重要であり，そのためには父親からのサポートが必須と考え，検査のフィードバック時には，母親とともに父親にも参加してもらうようにした。
②家庭での関わり
・生活環境の調整：起床，就寝，登園，遊ぶ時間などが不安定な状況であるため，毎日の生活リズムを一定にすることを第一に考えた。1日の流れ全体がわかるスケジュールを図示し，A児が時間の意識や見通しをもって過ごせるようにする。時計の図，家族の写真，本児の絵などを利用して，父親とA児が一緒に作成することを提案した。
・絵本の読み聞かせ：母親の体調が不安定で，乳児期のことばかけや関わり方が一様ではなく希薄だったことが想像される。そして，そのような家庭環境が初期言語発達の遅れや偏りのある語彙獲得の一要因となったのではないかと推測された。A児は，背景情報や行動観察から，絵本への興味や関心がうかがわれるので，父親（母親）による「絵本の読み聞かせ」を，日課にとり入れることを提案した。「絵本の読み聞かせ」は，親子の相互交渉の場をとり戻す絶好の機会となり，語彙力やコミュニケーション能力を高める場となることが期待でき，また就学準備性の形成（天野，2003）という観点からもぜひとり組んでほしいと考えた。

6. まとめと今後の課題

　担任の主訴にある「指示の入りにくさ」「コミュニケーションの苦手さ」は，園の生活の中で顕著に表れており，A児の行動をどのように把握し，どう接することが必要かを検討する目的でKABC-Ⅱを実施した。
　検査結果をもとに，A児の特性を父母，担任，園長にフィードバックした。知的には平均レベルであること，同時処理が得意であること，視覚的能力（理解・推理）が高いこと，数的能力が高いこと等を報告すると，家庭や保育園での日常

の行動からは考えられない能力があるとの，思いがけない検査結果に一様に驚いていた。行動観察から把握した情報も伝え，残り6ヵ月の保育園生活の中で，A児の得意な能力をどのように生かせるかを具体的に提案した。

就学する小学校が決定した時点で，学校側に検査結果から考えられるA児の認知能力の特性を伝え，優れた能力がうまく発揮できるような配慮が望まれることや，それが学級集団に適応するかぎになることを強調した。一方，苦手な分野では不安やストレスが大きくなることが予測され，A児に寄り添った個別的な関わりで情緒面の安定が得られることが考えられることから，個別の支援教育も視野に入れておく必要があることを両親に伝えた。

A児は，初めて出会う人，場所，物への不安，予測できない事柄に対する抵抗が強い。少しでも軽減するためには，就学前に学校の校舎を見学する，校庭の遊具で遊ぶ，学校での行事を見学するなどの機会をもつとよいと考えている。

倫理的配慮

A児の両親に対し，事前に，検査結果を利用することにより期待される効果について説明を行い，検査実施，事例発表や出版物への掲載の了解を得た。

文　献

黒澤礼子（2011）「幼児期の発達障害に気づいて・育てる完全ガイド」，講談社。
天野清（2003）　就学準備性の形成と学習障害の予防，日本LD学会第12回大会。
ヘネシー・澄子（2013）「子を愛せない母　母を拒否する子」，学研。
小野純平（2010）　被虐待児の支援において知能検査は何ができるのか？，K-ABCアセスメント研究，Vol.12。

表 2.1　WISC-III の検査結果

	FIQ	VIQ	PIQ	VC	PO	FD	PS
群指数	104	95	113	95	110	88	108
90%信頼区間	98-109	89-101	105-119	87-104	102-116	82-97	97-116

下位検査	知識	類似	単語	理解	絵画完成	絵画配列	積木模様	組合せ	算数	数唱	符号	記号探し
評価点	10	7	10	10	13	13	12	8	9	7	13	10

事例2

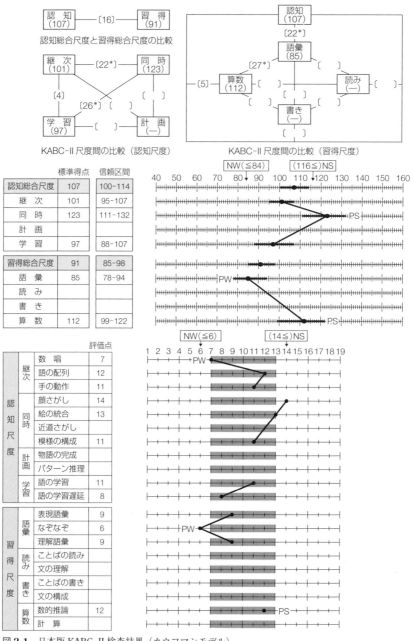

図 2.1　日本版 KABC-II 検査結果（カウフマンモデル）

コミュニケーションにつまずきが見られる5歳児

KABC-II 尺度間の比較（CHC 尺度）

	長期記憶と検索	短期記憶	視覚処理	流動性推理	結晶性能力	量的知識	読み書き
長期記憶と検索							
短期記憶	=						
視覚処理	>	>					
流動性推理							
結晶性能力	=	<	<				
量的知識	=	=	=		>		
読み書き							

	標準得点	信頼区間
CHC 総合尺度	99	93-105
長期記憶と検索	97	88-107
短期記憶	101	95-107
視覚処理	118	105-127
流動性推理		
結晶性能力	85	78-94
量的知識	112	99-122
読み書き		

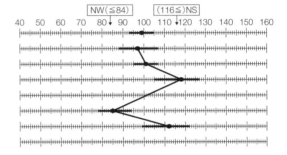

		評価点
長期記憶と検索	語の学習	11
	語の学習遅延	8
短期記憶	数唱	7
	語の配列	12
	手の動作	11
視覚処理	顔さがし	14
	近道さがし	
	模様の構成	11
流動性推理	物語の完成	
	パターン推理	
結晶性能力	表現語彙	9
	なぞなぞ	6
	理解語彙	9
量的知識	数的推論	12
	計算	
読み書き	ことばの読み	
	ことばの書き	
	文の理解	
	文の構成	

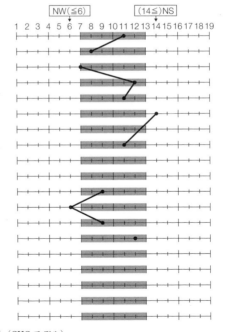

図 2.2　日本版 KABC-II 検査結果（CHC モデル）

事例 3

感情のコントロールに困難を示す基礎学力の高い小学 4 年生

小林　玄（立教女学院短期大学）

対象児

　公立小学校通常学級に在籍する 4 年生男子児童。

主訴（相談内容）

　保護者および学級担任より：学校生活の中で，思い通りにならないと手加減せず他者に暴力をふるってしまうこと，活動の取り組みにむらがあることなどを主訴として地域の専門家チームにつながり検査に至った。

概　要

　学業成績がよい一方で，感情の制御ができず円滑な対人関係を維持することが困難な児童について，KABC-Ⅱ と WISC-Ⅳ のテストバッテリーを用いて実態把握を行った。KABC-Ⅱ では，認知総合尺度と習得総合尺度間に有意差が見られ（認知総合尺度＜習得総合尺度），本来の認知能力から期待される水準以上の学力を獲得していることが示唆された。学級担任へのコンサルテーションにおいては，両尺度間に見られた有意差を考慮した助言を行った。

1. 背景となる情報

(1) 生育歴および現在までの経過（母親および学級担任からの情報）

　出生時は特筆すべき問題はなし。運動面の発達は，始歩 11 ヵ月であり，やや手先の不器用さがある以外は大きな問題は見られなかった。言語面の発達は，18 ヵ月で始語が見られたあと語彙が増えず，3 歳児健診で言葉が遅いとの指摘を受けたが，療育などは特に受けなかった。

　入学後，言語面での困難さは見られなかったが，他児との関わりがぎこちなく，集団に溶け込みにくかった。また，在籍していた学童クラブでも対人関係上のトラブルが頻発し，登校渋りも見られるようになった。

学校からの勧めで1年生の3学期に教育相談を受けたが，そのとき受けた知能検査結果の数値が高かったため経過を見ることになった。入学当初より，学習面の問題は見られず，むしろ積極的に勉強に取り組んでいた。周囲も本児自身も「勉強ができる頭のよい子」という認識をもっていた。

(2) 家庭環境

父親，母親，本児の3人家族。両親ともに教育に対しての関心が高く，中学受験に向けての本児の勉強を家庭で見ている。本児の学校での行動について問題意識をもっており，面談に父親も同席している。

(3) (学校や家庭での) 現在の様子・「日常の様子 (質的情報) チェックリスト」

4年生になり，中学受験に向けて進学塾に入塾した。本児自身は通塾に大変意欲的であるものの，成績にこだわり一喜一憂する傾向にある。やや成績が下がってきた夏以降，学校でトラブルが増えた。たとえば他児から言われたことが気に入らずいきなり顔面を殴る，自分が遊びたいと思っている児童に話しかけた他の児童につかみかかる，2週間前の嫌なことを突然思い出して相手が怪我をするほど引っかくなど，他害が目立つようになった。他方，気持ちが落ち着いているときは，興味をもつようになった歴史に関する読書を楽しむようになった。

学習面では成績がよい方であるが，科目間にアンバランスさが見られ，主要教科のテストでよい成績をとる反面，体育や音楽などの専科には苦手意識をもっている。また，書字を面倒がり板書をノートに写さないことがある。国語の読解では事実の読み取りはよくできるが，心情の読み取りは苦手である。

学校や家庭での様子を学級担任や保護者から聴取したうえで，「日常の様子（質的情報）チェックリスト」（以下「日常の様子チェックリスト」）（付録265ページ参照）を活用し質的情報をまとめた。本児の特徴としては，学習に関わる項目である「聞く」「話す」「読む」「書く」「計算する」にチェック項目は見られなかった。他方，生活・行動面では「対人関係・社会性」の項目を中心に複数にチェックが入った。チェック項目を以下に記す。

事例3

推論する	抽象的な概念の理解や因果関係の理解が難しい	✓
	早合点や独自の考えをもつことが多い	✓

注意集中	話が横道にそれたり唐突に切り替わったりしやすい	✓
	妨害刺激の有無による影響を受けやすい（静かな場所と雑音の多い場所での集中の度合いに極端に差がある）	✓

多動性 衝動性	自分の行動をとおすために他者の行動をさえぎることが多い	✓
	自分の思いどおりにならないとカッとなることが多い	✓
	次の展開を予測せずに行動することが多い	✓

対人関係 社会性	こだわりが強く自分のやり方で行動することが多い	✓
	次の活動への切り替えが悪い	✓
	友だちとトラブルを起こすことが多い	✓
	自分の気持ちを適切に表現することができない	✓
	他者と意見の調整をすることができない（主張し過ぎたり，しなさすぎたりする）	✓
	他者の気持ちや意図を的確に理解することが難しい	✓
	関心が薄い話題だと他者と会話を続けることが難しい	✓
	興味や関心に偏りがある	✓

粗大運動 微細運動感覚	手先が不器用である	✓
	聴覚過敏がみられる（大きな音を極端にいやがる，エアコンの動作音を気にする）	✓

2．アセスメントリスト

・KABC-Ⅱ（10歳0ヵ月）
・WISC-Ⅳ（10歳0ヵ月）

3．KABC-Ⅱ検査結果と解釈

(1) 検査場面での行動観察

(a) 検査時の様子（検査室入室から退室までの行動）

認知検査と習得検査は2回に分けて別の日に実施した。所要時間は，認知検査

70 分，習得検査 55 分であった．検査者とは面識があったため特に緊張することなく取り組むことができた．全般的によく集中していたが，廊下や隣室でかすかに話し声が聞こえると「誰が何を話しているか」を気にしていた．やや評価懸念が強く，わからない課題については「これはまだ塾でやっていないからわからない」と説明していた．認知検査，習得検査ともに課題に対する意欲は大変高かった．

(b) 各下位検査における行動

M1 [語の学習]：イラストに興味を示し意欲的に取り組むが「変な名前ばかりで覚えにくい」と述べていた．

M3 [物語の完成]：状況を言語化しながらカードを選択していた．

M5 [絵の統合]：前の課題の解答に影響されて続く課題でも同じような解答をすることがあった．

M6 [語の学習遅延]：イラストを見て「また？」と表情を曇らせた．正答した問題でも自信がなさそうであった．

M7 [近道さがし]：すべて 20 秒以内ですばやくためらいなく反応していた．

M8 [模様の構成]：自信をもって取り組んでいた．問題 20 では完成にこだわり 21 秒超過して完成させる．次の問題 21 は難しかったようで 120 秒の制限時間中 53 秒であきらめる．以降，途中であきらめる課題が続いた．

A1 [表現語彙]：身近なものであっても名称が出てこないことがあったが，そのようなときは，既存の知識から説明的に解答していた．

A2 [数的推論]：自信をもって取り組んだ．すべて暗算で計算が速い．問題 41 で「πって何？もしかして 3.14 のこと？やってみるか」と言って少し考えるが「やっぱりやめておきます」とあきらめた．問題 42 以降「ちょっとこれは中学生の問題でしょう」と言ってパスする．

A3 [なぞなぞ]：1 つのヒントだけから連想して答えることがあった．

A4 [計算]：中止問題になっても「もっとできるよ」と言っていた．

A5 [ことばの読み]：中止問題になっても「まだやりたい」と言う．

A6 [ことばの書き]：「学校と違って送り仮名を考えなくていいので親切」と言っていた．招待→拾待，貸す→借す，預ける→頂ける，などの誤答があった．

A8 [文の構成]：集中して意欲的に取り組んでいた．

(c) 行動観察チェックリストの結果

　認知検査では，プラス要因となる《集中力が高い》にチェックが入ったのが［語の学習］［物語の完成］［数唱］［模様の構成］であり，《忍耐強く取り組む》は［模様の構成］［パターン推理］であった。一方，マイナス要因では《衝動的に誤った反応をしてしまう》のチェックが［絵の統合］［近道さがし］に入った。

　習得検査では，［理解語彙］以外すべて《自信をもって課題に取り組む》にチェックが入った。また，《集中力が高い》もチェック数が多く［数的推論］［計算］［ことばの読み］［文の理解］［文の構成］であった。マイナス要因の項目にはチェックが入らなかった。

(2) カウフマンモデルによる検査結果

(a) 認知総合尺度と習得総合尺度

　認知総合尺度 87（90％信頼区間 82-92）で「平均の下」～「平均」の範囲，習得総合尺度は 117（90％信頼区間 112-122）であり「平均の上」～「高い」の範囲である。習得総合尺度では，下位の 4 尺度間に大きなばらつきが見られるため，数値の解釈は慎重を要する。また，認知総合尺度と習得総合尺度間には有意差が認められ，認知総合尺度に比して習得総合尺度が有意に高い結果となった。

(b) 認知尺度間の比較

　同時尺度 98（90％信頼区間 90-106），計画尺度 93（90％信頼区間 85-102），継次尺度 89（90％信頼区間 83-96），学習尺度 87（90％信頼区間 80-96）であり，4 つの尺度間に有意差は見られなかった。

(c) 認知検査間の比較

　認知検査評価点平均 9。個人間差では，［絵の統合］NW（評価点 6），個人内差では，［絵の統合］PW，［模様の構成］PS（評価点 12）であった。［絵の統合］［模様の構成］はともに同時尺度の下位検査であり，尺度内に見られる数値のばらつきにより同時尺度は単一の指標として解釈するよりも各下位検査の結果から解釈を進める必要がある。

(d) 習得尺度間の比較（**NS**，**PS** など）

　算数尺度 138（90％信頼区間 132-142），読み尺度 127（90％信頼区間 120-132），書き尺度 127（90％信頼区間 118-133），語彙尺度 100（90％信頼区間 94-106）で，

算数尺度がほかの3尺度に比べ有意に高く，語彙尺度は，ほかの3尺度より有意に低かった（<1%まれな差）。

個人間差では，語彙尺度以外の3尺度において1.5 SDを上回るNSが見られ，同年齢の子どもに比べ高い能力であった。

(e) 習得検査間の比較（**NS，PS**など）

習得検査評価点平均は13で全体に高い結果となった。個人間差では，NWは見られず，［数的推論］（評価点16），［計算］（評価点17），［ことばの読み］（評価点16），［文の構成］（評価点15）でNSであった。

個人内差では，［数的推論］，［計算］の算数尺度と［ことばの読み］が個人間差同様，強い力（PS）として認められた。一方，語彙尺度の［なぞなぞ］（評価点9）と［理解語彙］（評価点10）はPWという結果であった。

(f) 認知総合尺度と各習得尺度，算数下位検査の比較

認知総合尺度と習得4尺度の比較では，習得尺度のいずれと比べても認知総合尺度が有意に低かった。また，算数尺度内の2尺度との比較においても認知総合尺度は有意に低い結果であった。

このことから，認知総合尺度で測定される能力から期待される以上の学力的な能力を，本児は有していることが示唆される。

(g) 選択ステップ

①ステップ1「言語能力」と「非言語能力」の比較

「言語能力」の標準得点100，「非言語能力」の標準得点98で両者間に有意差は見られなかった。

②ステップ2「問題解決能力」と「記憶・学習能力」の比較

「問題解決能力」の標準得点101，「記憶・学習能力」の標準得点85で「記憶・学習能力」が有意に低い結果となった。

③ステップ3「有意味刺激の視覚認知」と「抽象刺激の視覚認知」

「有意味刺激の視覚認知」の標準得点87，「抽象刺激の視覚認知」の標準得点103で「有意味刺激の視覚認知」が有意に低かった。

④ステップ4「言語反応」と「指さし反応」

「言語反応」の標準得点97，「指さし反応」の標準得点86で両者に有意差は見られなかった。

(3) CHC モデルによる検査結果

(a) CHC 総合尺度

CHC 総合尺度 103（90％信頼区間 99-107）であり「平均」の範囲の知的能力といえる。

(b) CHC 尺度間の比較

読み書き 133（90％信頼区間 127-138），量的知識 127（90％信頼区間 118-133），視覚処理 109（90％信頼区間 100-117），結晶性知能 100（90％信頼区間 94-106），流動性推理 93（90％信頼区間 85-102），短期記憶 89（90％信頼区間 83-96），長期記憶と検索 87（90％信頼区間 80-96）であった。

個人間差では，読み書き，量的知識で NS。個人内差でも読み書き，量的知識で PS。記憶力を問う短期記憶，長期記憶と検索は PW であった。

4. その他の検査結果と解釈

(1) WISC-IV の結果と解釈

(a) 全検査 IQ

全検査 IQ（FSIQ）は 111（90％信頼区間 105-116）で「平均」〜「平均の上」の範囲であった。しかし，4つの指標得点間や同一指標内の下位検査間に有意差が見られることを考慮して解釈を進める必要がある。

(b) 指標間のディスクレパンシー比較

言語理解指標得点（VCI）133（90％信頼区間 123-137）で「高い」〜「非常に高い」，知覚推理指標得点（PRI）104（90％信頼区間 96-111）で「平均」〜「平均の上」，ワーキングメモリー指標得点（WMI）94（90％信頼区間 88-101）で「平均の下」〜「平均」，処理速度指標得点（PSI）91（90％信頼区間 84-100）で「平均の下」〜「平均」の範囲であった。

指標レベルのディスクレパンシー比較では，VCI が他の3つの指標と比較して有意に高く，PRI が PSI と比べ有意に高かった。下位検査レベルでは，「類似」が「絵の概念」より有意に高い結果であった。本児は，同指標内に下位検査間の大きなばらつきが見られる特徴がある。

(c) 下位検査間の比較（S と W の判定）

10 検査平均から見ると S は「類似」「単語」（5％水準）でまれな差が見られた。

Wは「数唱」(5%水準)であった。VCIとPRI間に有意差が見られたためVCI平均，PRI平均も算出したところ，VCIでは，Sは「単語」(5%水準)，Wは「理解」(15%水準)，PRIではSは「積木模様」(5%水準)であった。

(d) プロセス分析

ディスクレパンシー比較において，いずれも有意差は見られなかった。

(2) クロスバッテリーアセスメント (XBA) の結果と解釈

KABC-ⅡとWISC-Ⅳのテストバッテリーにより8個のCHCの広範的能力が測定される。読み書きの因子を読み尺度と書き尺度に分けた9個の尺度それぞれの結果は，処理速度91 (90%信頼区間84-100)，短期記憶89 (90%信頼区間83-96)，長期記憶と検索87 (90%信頼区間80-96)，視覚処理109 (90%信頼区間100-117)，流動性推理93 (90%信頼区間85-102)，結晶性知能100 (90%信頼区間94-106)，量的知識127 (90%信頼区間118-133)，読み127 (90%信頼区間120-132)，書き127 (90%信頼区間118-133) であった。

広範的能力を「流動性-結晶性知能」「処理・記憶」「基礎学力」の3つの区分でとらえたとき，「基礎学力」に含まれる3つの尺度いずれもが同年齢集団の平均値を1標準偏差以上上回る結果となった。それと比較して「流動性-結晶性知能」は同年齢集団において平均域の結果であった。「処理・記憶」においては，処理に関わる2つの因子間に明らかな差(処理速度<視覚処理)が見られ，筆記を伴う処理の苦手さがうかがえる。このことは，授業中，筆記を面倒がるエピソードや「日常の様子チェックリスト」で手先の不器用さにチェックが入っていることと一致する。また，記憶は短期記憶と長期記憶と検索のいずれも「平均の下」の範囲にあった。

本児の特徴として，以上の3つの区分間に大きなばらつきが見られることが挙げられる。本児は，学力面で突出した能力を示しているが，学力を積み重ねていくうえで基盤となり学習活動の作業的な側面を支える「処理・記憶」が「基礎学力」と比して低くバランスを欠いている。視覚処理を除く「処理・記憶」の低さは，WISC-ⅣのCPIの低さと一致している。

5. 総合解釈と指導方針

　本児の心理検査によるアセスメントは，まず WISC-IV から行われた。本児の FSIQ は「平均」～「平均の上」に位置し，「勉強がよくできる子」という周囲の評価と一致していた。また，低学年時に実施した WISC-III の結果においても同様の報告がなされている。しかし，指標間のディスクレパンシーが大きいことと，一般知的能力指標（GAI）である VCI と PRI を構成する下位検査間に大きなばらつきが認められたため，認知能力の特性を精査するため，さらに認知能力と学力のバランスを把握するために KABC-II を用いてテストバッテリーを組んだ。

(1) カウフマンモデルによる解釈

　WISC-IV の FSIQ は 111（90% 信頼区間 105-116）であり，本児の全般的知的能力の水準は平均以上であるといえるが，各指標間のばらつきが大きく最大で 39 点もの差が見られた。学校での学習面に困難さは見られていないものの，検査結果から，領域により能力の得意，不得意の差が大きいことが示唆されている。

　同様に KABC-II のカウフマンモデルの結果でも，認知総合尺度と習得総合尺度間に標準得点にして 39 点の大きな差（認知総合尺度 87＜習得総合尺度 126）が見られた。このことから，本児は有する認知処理能力を十分に活用して学力や知識を身につけていると考えられるが，その差の大きさから，能力以上の課題遂行をしたため負荷がかかっている可能性が考えられる。

　認知尺度では，いずれの標準得点も同年齢集団の平均値である 100 を下回る結果（87～98）であり，4 尺度間には有意差は見られなかった。ただし，詳細に見てみると同時尺度内の 3 検査間に有意な差が見られ，［絵の統合］が PW（評価点 6）であるのに対して［模様の構成］は PS（評価点 12）であった。刺激が曖昧な課題を統合的にとらえることに苦手さがある一方で，ルールがはっきりして具体的な操作を用いる課題には強さを見せることがわかる。

　習得尺度では，語彙尺度がほかの 3 尺度より有意に低く，算数尺度がほかの 3 尺度より有意に高い結果であった。特に算数尺度は標準得点 138 と 2 標準偏差以上のかなり高い水準を示しており，WISC-IV の「算数」が高い結果（評価点 15）であったことと一致する。本児は記憶課題に苦手さが見られるが，視覚的な援助

の有無にかかわらず，算数課題を円滑に処理することができる。

　語彙尺度の中の［なぞなぞ］は評価点9であり，PWとなっている。［なぞなぞ］は言語的な推理力を要するが，同様に言語的な推理力が関わるWISC-IV「類似」は評価点19であり結果に離齬（そご）が生じている。このことから「類似」の高得点からだけでは，本児は言語的推理能力が高いとは判断し切れないことがわかる。「類似」と［なぞなぞ］の両検査を比較してみると，「類似」は2つの項目を並列して共通点を指摘する課題であり，豊富な知識をもっていれば必ずしも推理力を用いなくてもある程度は対応できるのに対し，［なぞなぞ］では3つの項目に該当するものを，挙げられた順に条件に沿って絞り込んでいく作業が必要となる。つまり1つ目の項目で推理したことを2つ目で補強または修正し，さらに3つ目の条件にも合致するものを探して，柔軟に思考して回答することが求められる課題だといえる。両検査間の差は，既存の豊富な知識を駆使する能力に対し，柔軟に思考を切り替えていく能力に苦手さがあるため生じたのではないかと考えられる。

　また，［なぞなぞ］では最後まで聞かずに解答したり印象に残った部分的な情報から即答したり，本児が高い衝動性を示したことなども課題遂行に影響を与えた可能性がある。日頃の様子からも，他者の言動をさえぎったり，早合点して物事を進める傾向が報告されている。

　クラスター分析では，「記憶・学習」が「問題解決能力」より有意に低い結果（標準得点85＜101）となった。本児は，新奇な刺激を記憶し再生する能力が，視覚的な手がかりを用いて記憶に頼ることなく課題解決する能力と比較して弱いといえる。また，「有意味刺激の視覚認知」は「抽象刺激の視覚認知」と比べて有意に低かった（標準得点87＜103）。有意味刺激は具体的である一方，内包する要因が多く抽象刺激以上に多角的かつ柔軟な視点が必要とされる。共通点や法則などのパターンを見つけやすい抽象刺激のほうが，本児にとっては扱いやすい刺激だったと考えられる。

(2) CHCモデルによる解釈

　WISC-IVのVCIはCHCの因子では結晶性能力/Gcにあたる（繁桝他，2011）がKABC-IIのCHCモデルにおける結晶性能力/Gc尺度は，他の指標と比較して

特に高いとはいえない。133の高得点であったVCIでは下位検査間に6点の差が見られ最も高い「類似」がVCIの数値を引き上げていると考えられるためVCIを単一の指標としてとらえて解釈することは控えたい。このことからVCIの高さだけに着目して，結晶性能力の基盤となっている言語能力が高いと結論づけることはできない。その一方で，読み書き/Grwは個人間差（NS）個人内差（PS＜1％）ともに高い能力を見せ，言語能力に関わる尺度でも結晶性能力/Gcと読み書き/Grw間に有意な差が見られている。同じ言語能力でも，ドリルなどの学習教材で用いられるパターンに即した課題に対しては高い能力を示すが，語彙や言語表現を柔軟に活用する課題では同等の能力の水準には至っていない。本児は会話の中で難しい単語を使用することもあるが，決められた用法以外においては語彙を理解したり正しく活用したりする力が高いとはいえず，言語的な課題解決が求められる際，知識やパターンに依存している可能性が考えられる。

　WISC-IVのPRI指標内においては視覚認知の能力が問われる「積木模様」と推理する力が求められる「絵の概念」の間に顕著な差が見られ，同じように視覚刺激を扱う課題において，視覚認知能力と比べて推理力を要する課題に弱さがあることが示唆された。KABC-IIの結果でも視覚処理/Gvと流動性推理/Gf間に有意差（視覚処理＞流動性推理）が見られた。ここでも柔軟な思考や推理の苦手さが示唆される。

　以上から，WISC-IVにおいて知能の中核を成す指標とされるVCI, PRIは，指標のまとまりとしては平均以上の数値であるが，指標内のばらつきに留意すると，両指標の結果それぞれから，本児は知識やパターンを活用する課題に比べ，思考や推理力を必要とされる課題に苦手さをもっていることが示唆され，KABC-IIの結果もそれを支持している。

　また，本児の特徴は記憶の弱さにも現れている。記憶に関わる尺度である長期記憶と検索/Glr，短期記憶/GsmはともにPWであった。本児は「語の学習」において学習対象を意味づけしたりカテゴリー分けしたりといった方略を活用することができなかった。既存の学習方略を用いたり，情報を反復して記憶したりすることで日常では問題が生じていないものの，新奇な課題に対しては柔軟に方略を考えることに弱さがあると考えられる。短期記憶の弱さは，WISC-IVの同様の因子を測る「数唱」「語音整列」の結果とも一致している。

(3) 日常の様子と検査結果の総合的な解釈

以下に，検査結果（量的情報）と「日常の様子チェックリスト」の結果（質的情報）を合わせて考察する。

学校生活において学業成績がよいこと，および「日常の様子チェックリスト」で「聞く」「話す」「読む」「書く」「計算する」につまずきが見られていないことと，習得総合尺度が高いことが一致している。

また，検査結果より，柔軟な思考の切り替えや推理が求められる課題に苦手さが見られたが，日頃から，一度覚えたパターンを崩しにくかったり，最初の思い込みを切り替えにくかったりする傾向があり，チェックリストでも切り替えの悪さやこだわりに関わる項目にチェックが入っている。日常においては，このことが，学習面での課題解決だけでなく対人関係上の問題にもつながっていると思われる。

検査の［なぞなぞ］では早合点をして，検査者の声をさえぎって解答する様子が見られたが，これも日常において本児が見せる行動である。

感覚的な側面においては，検査場面で隣室の物音などに過敏に反応していたが，日頃からも物音に敏感で注意がそれる傾向があることと一致していた。

これらの事柄は，検査から得られた量的情報と「日常の様子チェックリスト」から得られた質的情報が一致しており，非日常的な検査場面でのみ観察されるものではなく，本児の特性を表すものであると推察される。

(4) 指導方針

以上から，指導方針として以下の2点を挙げる。
①見通しや手がかりをもたせ，推理する力の弱さを補う
②認知く習得の特性に配慮した勉強のあり方を検討する

本児にとって学習，生活，両面において見通しや多角的な視点をもたせることは大切な支援となる。これまでは，「勉強ができる頭のよい子」のイメージから周囲が「何がいけなかったかよく考えなさい」「次にどうすればよいか自分で判断しなさい」「相手の立場に立ちなさい」といった指導を行ってきたが，本児にとっては多角的な視点から柔軟に思考することや想像することは苦手な作業であり，この働きかけは効果に結びついていなかった。そこで，本児が具体的なイメージを

もつことができるよう，活動の流れを図などで示しこれまでの経過と今後の展開を把握しやすくするとよいだろう。また，1つの物事のさまざまな側面に着目させ複数の視点を養うことも大切である。

　そのためには，新しく学習する内容を既存のさまざまな知識とリンクさせたり，同じ課題でも別解を考えさせたりするなどの工夫が有効だと思われる。本児は新奇な情報や方略が定まっていない課題において記憶の弱さを見せている。それを補うためにも既存の知識とリンクさせて情報に意味づけを行うことはよい支援になると思われる。また，物事の因果関係を考えさせるために，何がきっかけでいまの状況になったか，いま何をすると次にどのようなことが生じるか，を支援者がポイントを示しながら振り返らせる機会をもつとよいだろう。本児が強い関心をもつ歴史を題材にして物事の因果関係を整理していくのもよい動機づけになると思われる。発想の切り替えや多角的な視点を対人関係上の問題解決につなげていくためには，個別指導や小集団指導の場を設けてソーシャルスキルトレーニングを行うのも1つである。

　本児の主訴には，他害を含む攻撃行動が挙げられている。問題行動が目立ち始めた時期と進学塾での学習が厳しさを増した時期が重なることから，フラストレーションの一因が受験勉強である可能性が考えられる。また，習得総合尺度と認知総合尺度間の差が大きく，現在の成績は，本児の認知能力から期待される以上の学習効果であることがうかがわれ，通塾の負担が大きいことが推測できる。今回のアセスメント結果を念頭に，受験勉強を含めた学習のあり方を再考するとよい。

6. コンサルテーションの経過

　筆者は学校巡回相談員の立場でコンサルテーションの形で支援を行った。学校巡回相談のシステムに連なる専門家チームも活用し，認知特性の把握を目的として心理検査によるアセスメントを実施した。

　アセスメントの結果や巡回相談員からの助言を受けて，主に学級担任と特別支援教育コーディネーター（養護教諭）が，本児の指導にあたった。通級指導教室も検討されたが保護者の希望で活用には至らなかった。

　当初，攻撃行動や癇癪（かんしゃく）が生じたときに，別室にてクールダウン

させたあと，因果関係や他児の気持ちなどを説明して振り返りを行っていた。しかし，そのときは納得しても同様のことが繰り返されたため，トラブルが起こりそうな場面で事前に注意を与えておくこと，予測しているものとは異なる展開を具体的にイメージさせておくことを試みた。説明の際は，口頭だけでなくさまざまな展開をチャート図のような形で図示し，展開のイメージが1本化しないようにした。癇癪を起こしたときも抑えられたときも，図を用いて簡単な振り返りを行うようにした。

並行して，認知総合尺度と習得総合尺度の差を考慮して，テスト結果の成績が過度の負担にならないような塾に転塾し，精神的なプレッシャーの軽減に努めた。

4年生の3学期になると，他者との意見の調整が苦手であることや自分の思いを通そうとする傾向は継続しているが，癇癪を起こす行動が減り，他害がほとんど見られなくなった。他方，勉強面で応用問題のつまずきが目立ってきている。

7. まとめと今後の課題

本事例では，認知総合尺度と習得総合尺度間のディスクレパンシーより，新奇な課題を自分なりに推理・思考して解決することが，既存の知識や方略を活用して回答することに比べ苦手であることが示唆された。また，じっくり推理・検討することの苦手さは，衝動性の高さとも相まって，物事のとらえ方が一面的で自分本位になり全体像から判断することの困難さにつながっていると考えられる。コンサルテーションで提案された状況を図示することは，本児の状況理解と判断の助けになったと思われる。

さらにその時々で発想を切り替えながら柔軟に課題解決することの弱さは，本児の対人トラブルの原因ともつながる面がある。知識としてのルールやパターンの理解は本児の得意とするところであるが，対人コミュニケーションにおいては，ルールやパターンだけでは対処することが難しい非言語的なサインを適切に理解して相手の心情をとらえることが求められる。今後は，集団生活の中で試行錯誤的に対人スキルを身につけるのではなく，ソーシャルスキルトレーニングなどを取り入れて体系的に対人スキルやセルフコントロールを身につけていくとよいであろう。しかし，通常の学級の中での配慮指導だけでは限界もあり，今後，どのような場で誰がソーシャルスキルの指導を行うかを検討する必要がある。

現在，主訴は行動面が中心であるが，学年が上がるにつれ前述の特徴から学習面でのつまずきも生じてくる可能性がある。本児は，中学受験のための勉強も始めており，学校外での学習ではすでに難しさが生じていると思われる。転塾などの対応はすでにとっているが，今後は，上記の支援の方針を念頭に置きつつ，本児の心理的ストレスの軽減と本児に合った学習方略の獲得に努める必要がある。

倫理的配慮

　本児の保護者に対し，事前に検査を活用することにより期待される支援効果について説明を行い，検査実施，事例発表や出版物への掲載の了解を得た。

文　献

繁桝算男・大六一志・星野崇宏・立脇洋介・上野一彦（2011）　WISCの最新データに基づく発達的変化の分析，「日本テスト学会第9回大会発表論文集」。

表3.1　WISC-Ⅳの結果

合成得点	評価点合計	合成得点	パーセンタイル	90%信頼区間	記述分類
全検査（FSIQ）	114	111	77	105-116	平均〜平均の上
言語理解（VCI）	47	133	99	123-137	高い〜非常に高い
知覚推理（PRI）	32	104	61	96-111	平均〜平均の上
ワーキングメモリー（WMI）	18	94	34	88-101	平均の下〜平均
処理速度（PSI）	17	91	27	84-100	平均の下〜平均

感情のコントロールに困難を示す基礎学力の高い小学4年生　127

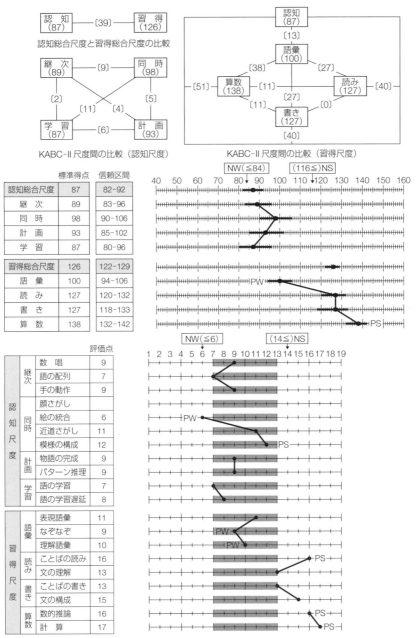

図 3.1　日本版 KABC-II 検査結果（カウフマンモデル）

事例 3

KABC-II 尺度間の比較（CHC 尺度）

	長期記憶と検索	短期記憶	視覚処理	流動性推理	結晶性能力	量的知識	読み書き
長期記憶と検索							
短期記憶	=						
視覚処理	>	>					
流動性推理	=	=	<				
結晶性能力	>	>	=	=			
量的知識	>	>	>	>	>		
読み書き	>	>	>	>	>	=	

	標準得点	信頼区間
CHC 総合尺度	110	105–114
長期記憶と検索	87	80–96
短期記憶	89	83–96
視覚処理	109	100–117
流動性推理	93	85–102
結晶性能力	100	94–106
量的知識	138	132–142
読み書き	133	127–138

		評価点
長期記憶と検索	語の学習	7
	語の学習遅延	8
短期記憶	数唱	9
	語の配列	7
	手の動作	9
視覚処理	顔さがし	
	近道さがし	11
	模様の構成	12
流動性推理	物語の完成	9
	パターン推理	9
結晶性能力	表現語彙	11
	なぞなぞ	9
	理解語彙	10
量的知識	数的推論	16
	計算	17
読み書き	ことばの読み	16
	ことばの書き	13
	文の理解	13
	文の構成	15

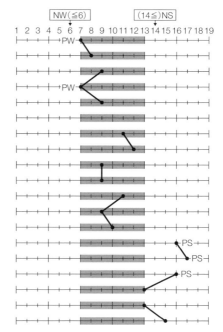

図 3.2 日本版 KABC-II 検査結果（CHC モデル）

事例 4

知的レベルが境界域にあり教科学習が困難な小学4年生

東原文子（聖徳大学）

対象児

A君，男子。小学校通常学級に在籍し，毎日，国語や算数の時間は個別指導を通級指導教室にて受けている小学校4年生。

主訴（相談内容）

両親より：主に国語・算数などの学習面の遅れに対する効果的な指導法を探るため検査を希望。

概要

全般的知的発達レベルが境界域にある学習困難児について，KABC-Ⅱ結果をカウフマンモデルとCHCモデルの両方で解釈した。カウフマンモデルでは，認知総合尺度と習得総合尺度の間に有意差はなかった。学習尺度が他の3尺度より有意に高かった。CHC尺度では「長期記憶と検索」が「短期記憶」より非常に高く，両者の間に「結晶性能力」が位置するという状況となっており，そのことに配慮した指導法を試みた。

1. 背景となる情報

（1）生育歴および現在までの経過（母親からの情報と，相談室での観察から）

3歳児健診で言葉の遅れ，構音の遅れを指摘された。4歳で幼稚園に入園。設定活動のときや，数や文字の学習では，机の下にもぐってやろうとしないことがあった。就学前には幼児ことばの相談室に通っており，就学に向けて数や文字の指導を受けていた。就学後学習が困難であったため，小学校1年生の夏に発達障害者支援センターで心理検査（WISC-Ⅲ）を受けた。このセンターで言葉の遅れ，手先の不器用さ，落ち着きのなさなどを指摘されたが診断名はついていない。兄が相談室で教育相談を受けていたため，両親の依頼により，兄とは別室で，A君も

小学校1年生末から月2回程度，筆者や他の複数のスタッフによる指導を受けることとなった（鈴木・原田・本田・永田・東原，2011）。

小学校入学後は特殊表記（特に拗音）の読み書き，漢字の読み書きや計算が難しかった。2年生の頃は教科書を音読するよう促してもやろうとしなかった。漢字は，読めても書けない，という字が多かった。視写は正しくできたが，見本がない状態だと，線が1本多いなど，細部を誤って書いてしまうものがいくつか見受けられた。算数は，初期の計算から困難が続いていたが，習い始めたそろばんの成果か，3年の末までには計算は学年相当に追いついた。また，低学年の頃は，学習時は全体的に不安が高い様子で，一見して難しいと判断した問題にはかたくなに取り組もうとしなかった。誤りを指摘された場合も即座に課題から逸脱した行動（席から離れる，「頭が痛い」と訴える）をとることが多かった。

対人コミュニケーションは良好である。虫探しの絵本など，「探す」という要素のある遊びを好み，特にカルタ遊びが得意である。カードゲームのキャラクターは長いカタカナでも覚えている。苦手な学習もカルタ形式なら積極的に取り組む。しかし，相談室での指導の初期の頃，たとえば「イ」と「木」のように漢字を部品に分けたカードを用いたパズル学習は，嫌がって離席してしまった。そこで，「い（イ）っしょに木のそばで休みましょう」と指導者が言うのに合わせ，エンターキーを押すと，その都度漢字の部品が足されていき，最終的に完成するようなコンピューター画面を見る課題に変えたところ取り組めるようになった。

(2) 家庭環境

父親（自営業），母親，4歳年上の兄（特別支援学校在籍），A君，4歳年下の弟の5人家族。母親は，A君について支援の必要性を強く感じており，最初から通級などの特別支援を希望していた。また，幼稚園に支援員として働きに出るなど，特別支援教育に関心が高い。

(3) 現在の様子

学習中に離席することはなくなり，落ち着いて取り組めるようになった。文章の音読はスムーズにできるが，特殊表記になると，読みも書きもつまずくことがある。書き誤っても，読み直すことで誤りに気づいて修正できる。算数は，4年

生になってからまた少しずつ級友に遅れを取り始めている。また，読み書きの苦手意識が強いため，算数の文章題や国語の長文読解や作文は，通級指導でも本格的には取り組んでいない。相談室では，筆者が，月1回，1学年下の漢字の指導を個別に行っている。

2. アセスメントリスト

・WISC-Ⅳ（9歳3ヵ月）
・KABC-Ⅱ（9歳6ヵ月）

3. KABC-Ⅱ検査結果と解釈

(1) 検査場面での行動観察
(a) 検査時の様子（検査入室から退室までの行動）
　すでに2年以上指導していたので，入室後すぐに検査を始めた。いずれの下位検査も熱心に集中して行うことができた。認知検査と習得検査の間に30分間休憩をはさみ，すべて1日（検査の実時間は2時間程度）で終了した。
(b) 各下位検査における行動（一部を示す）
M1［語の学習］：選択場面で「へんなやつがいっぱいいるぞ」と興味を示した。絵の名前を言いながら指さし，最初のうち衝動的に指さしては，「やっぱりこっち」と変更することもあったが，だんだんよく考えてから指さすようになった。「洋服でわかる」などと言語化方略も使った。最後の問題までいき，1点が6件，0点が5件だった。誤っても正解を聞くことで学んでいく様子が感じられた。
M4［数唱］：4個の問題までは完答。5個の問題は1問だけできた。誤答は，問題にまったく含まれていない要素が混在した。
M5［絵の統合］：問題14まで正答。問題15から誤り始め，問題20からDK（Don't know，「わからない」という反応）。簡単な問題は瞬時にイメージができA君の得意分野と思われたが，難度が高くなると，空白部が多く，わずかに残った部分の特徴をくみとるということが逆にA君の苦手分野であると感じられた。
M6［語の学習遅延］：自信のあるものは，即答した。
M8［模様の構成］：境界線のある問題までは数秒で正答。問題14以降は，著しく構成できていない。

M9 [語の配列]：絵の名称を言いながら指さしていた。4語の問題が1問のみしかできず，色の妨害刺激の問題までいかないうちに終了した。
M10 [パターン推理]：まったく言語化することなく，あまりじっくり考えず選んでいた。自信なさそうに指さしていた。姿勢が少し崩れ，あまり興味がない様子。
M11 [手の動作]：ていねいに無言で取り組んだ。2個の問題で誤るものもあり，問題7以降要素は合っているが順序を誤った。
A2 [数的推論]：絵の上で物を操作しようとし計算を用いないため誤るものがあった。文章を考慮せずに絵に惑わされたと思われる誤答が見られた。
A3 [なぞなぞ]：ヒントの一部のみで答えたと思われるものが見られた。
A4 [計算]：そろばんをイメージして指を動かしながらやっていた。加算・乗算の筆算はできたが，減算の筆算は誤り，除算の筆算は無答だった。
A5 [ことばの読み]：正答に関係があって送りがなが同じであるような他のことばにおき換わった誤答が3回あった。
A6 [ことばの書き]：不器用さの見られる字であったが，はねるところをきちんと書いていた。小学校3年生の漢字がほとんど書けていなかった。
A7 [文の理解]：音読しながら取り組む。動作化自体は笑顔でやれたが，読めない部分が出てくると，あきらめてDKを出すようになった。
A8 [文の構成]：基点ルールを満たさなかったので，補助問題を実施した。問題1，問題2は正答したが，問題3，問題4は，絵の名称は書けるものの文は作れなかった。すべての下位検査で最も困難な課題であると感じられた。

(c) 行動観察チェックリストの結果

認知検査では，ほとんどの下位検査において，《衝動的に誤った反応をしてしまう》行動が見られた。また，[語の学習]のみ，《方略やアイデアなどを言語化する》行動が見られた。一方，習得検査では，ほとんどの下位検査において，《確信がもてない場面で反応をためらう》状態であった。

(2) カウフマンモデルによる検査結果（図4.1）と解釈

(a) 認知総合尺度と習得総合尺度

認知総合尺度は76（90％信頼区間71-82）で「低い」〜「平均の下」に位置す

る。習得総合尺度は 75（90％信頼区間 72-79）で「低い」に位置する。いずれも同一集団の平均 100 より 1 標準偏差以上低いが 2 標準偏差は離れていない，いわゆる「境界域」に位置する値と考えられる。認知総合尺度と習得総合尺度の間には有意差はなかった。しかし後述するように認知尺度間にアンバランスさが認められるため，認知総合尺度の解釈は慎重を要する。

(b) 認知尺度間の比較

学習尺度 105（90％信頼区間 97-113），計画尺度 78（90％信頼区間 71-88），同時尺度 77（90％信頼区間 70-87），継次尺度 68（90％信頼区間 63-75）であった。認知尺度間の比較では，学習尺度が他の 3 尺度より有意に高く，他の 3 尺度間には有意差は見られなかった。個人間差においては，学習尺度以外の 3 尺度がすべて NW で，同年齢集団の平均的な子どもより有意に低いという結果であった。個人内差においては，学習尺度は認知尺度の標準得点平均 82 よりも有意に高い PS で，しかもその平均との差 23 は，「まれな差」（10％）であった。継次尺度は PW であった。

(c) 認知検査間の比較

認知尺度の下位検査の評価点プロフィールにおける個人間差では，NS はなかった。NW は，［語の配列］［手の動作］［模様の構成］［パターン推理］であった。全体の評価点平均は 7 であった。その値に比べると，個人内差としては，［語の学習］が有意に高く（PS），［模様の構成］［手の動作］が有意に低かった（PW）。

(d) 習得尺度間の比較

語彙尺度 79，読み尺度 79，算数尺度 77，書き尺度 76 であった。習得尺度間の比較では，いずれも有意差は見られなかった。個人間差については，4 尺度すべてが NW で，同年齢集団の平均的な子どもより有意に低いという結果であった。個人内差については，習得尺度の標準得点平均 78 より有意に高い（PS）尺度や有意に低い（PW）尺度はなかった。

(e) 習得検査間の比較

習得検査の評価点はすべて 8 以下で，NS はなく，NW は，［なぞなぞ］［ことばの読み］［文の構成］［数的推論］であった。習得検査の中では，評価点平均が 6 であり，それに対して有意差の見られた（PS，PW）下位検査はなかった。

書き尺度の中では，［ことばの書き］8 は平均範囲であるが，［文の構成］4 が

NW で,しかも同一年齢集団の平均水準より 2 標準偏差も低い。漢字の書字に関しては学習の効果も出ていると考えられる。一方,文を作ることに関しては不得意であるが,これは経験不足も影響していよう。

(f) 認知総合尺度と各習得尺度,算数尺度検査の比較

認知総合尺度と習得 4 尺度との比較では,いずれも有意差がなかった。また,認知総合尺度と算数尺度 2 検査との比較でも,いずれも有意差がなかった。

以上のことから,習得尺度の標準得点は低めながら安定しており,認知総合尺度に見合った値であると考えられる。

(g) 選択ステップ

①ステップ 1「言語能力」と「非言語能力」の比較

「言語能力」の標準得点 79,「非言語能力」の標準得点 68 で,「言語能力」が有意に高かった。

②ステップ 2「問題解決能力」と「記憶・学習能力」の比較

「問題解決能力」の標準得点 75,「記憶・学習能力」の標準得点 87 で,「記憶・学習能力」が有意に高かった。

③ステップ 3「有意味刺激の視覚認知」と「抽象刺激の視覚認知」の比較

「有意味刺激の視覚認知」の標準得点 96,「抽象刺激の視覚認知」の標準得点 72 で,「有意味刺激の視覚認知」が有意に高かった。

④ステップ 4「言語反応」と「指さし反応」の比較

「言語反応」の標準得点 77,「指さし反応」の標準得点 86 で,その間に有意差はなかった。

(3) CHC モデルによる検査結果(図 4.2)と解釈

(a) CHC 総合尺度

CHC 総合尺度は 73(90%信頼区間 69-78)であり,「非常に低い」~「低い」に位置する。

(b) CHC 尺度間の比較

長期記憶と検索 105(90%信頼区間 97-113),結晶性能力 79(90%信頼区間 74-79),流動性推理 78(90%信頼区間 71-88),量的知識 77(90%信頼区間 72-83),読み書き 75(90%信頼区間 70-81),視覚処理 74(90%信頼区間 67-85),短期記

憶68（90％信頼区間63-75）であった。CHC尺度間の比較では，長期記憶と検索尺度が他のすべての尺度より有意に高く，また，短期記憶尺度が結晶性能力尺度より有意に低かった。個人間差については，NSはなく，長期記憶と検索尺度以外はすべてNWであった。個人内差については，長期記憶と検索尺度がCHC尺度の標準得点平均79よりも有意に高いPSで，しかもその平均との差26は，「まれな差」（＜10％）であった。短期記憶尺度はPWであった。

4. その他の検査結果と解釈

(1) WISC-IVの結果（表4.1）と解釈

4年生の4月に，筆者が実施した（基本検査と「算数」「絵の抹消」）。全検査IQは83（90％信頼区間79-89）であり，「低い（境界域）」〜「平均の下」に位置する。各指標得点は，言語理解97（90％信頼区間90-104），知覚推理76（90％信頼区間71-86），ワーキングメモリー79（90％信頼区間74-88），処理速度91（90％信頼区間84-100）で，指標間の有意差は，言語理解≒処理速度＞ワーキングメモリー≒知覚推理であり，言語理解と処理速度が，ワーキングメモリーと知覚推理に比して有意に高かった。

下位検査においては，知覚推理の下位検査のうち「絵の概念」9がPRI平均6.3より有意に高く，A君の中で弱いと見られる知覚推理の中でも，有意味な視覚刺激を扱うものならば良好であると考えられる。「行列推理」5は，具体物の絵を用いた課題と抽象的な図形を用いた課題の両方が含まれ，特に，図形の課題のときに，ミスが続いた。処理速度指標の補助問題である「絵の抹消」12が，同じ処理速度の「符号」7よりも有意に高く，実施した12検査のうちで最も評価点が高く，A君も得意げに，特に不規則配置では思いきりスピードを上げてやっている様子だった。

5. 総合解釈と指導方針

(1) カウフマンモデルによる解釈

まず，認知総合尺度が76，習得総合尺度が75と，いずれも「境界域」に位置する値と考えられる。このことは，WISC-IVの全検査IQが83であることや，学校での読み書きや算数の学習が学年相当より遅れ気味であることと一致する。学

習尺度以外はすべての尺度において，NW となっており，特に継次尺度の標準得点 68 は同一年齢集団の平均より 2 標準偏差以上低いという厳しい認知特性であるが，習得尺度の標準得点はいずれも安定して A 君の習得尺度の標準得点平均 78 近辺にある。通常学級のみでは苦戦を強いられたため，個別指導を導入することで本人のペースでじっくり学習してきた成果であると考えられる。

継次，同時，計画尺度間に有意差がない中でも継次は PW であった。したがって継次処理が弱いことは，A 君の特徴として見てよいだろう。特に［手の動作］の行動観察から，順序を正確に追うことの困難さが確認され，初期の読み書き計算につまずいていたことと関連していると考えられる。また，［手の動作］が PW であったことと，WISC-IV の処理速度指標で「絵の抹消」が「符号」より有意に高かったことや普段の様子から，「書く」（運動系列の継次処理）という作業よりも「探す」（視覚刺激の同時処理）という作業のほうがよいのではないかと見られる。一方，同時処理では，［絵の統合］8 と［近道さがし］8 は良好であるが，［模様の構成］4 は低く，NW となっている。WISC-IV でも「積木模様」が評価点 5 で，「積木模様」も［模様の構成］も分割線が明確でない問題について，ピースの組み立てが困難であった。構成課題の困難は，漢字を部品に分けたパズルの学習を嫌がったことからも考えられる。このように同時尺度の中には全体像を知覚的にとらえる課題と，全体を部分に分解したり逆に部分を組み立てて全体を構成したりする課題の両方があるため，A 君の同時尺度も安定していない。

これらのことからルリアのブロック 2 における情報の符号化は，A 君の場合，課題内容にかなり左右されると考えられる。一方，認知尺度の中で際立って強い学習尺度の標準得点は 105 であり，他の 3 尺度より有意に高い。NS ではないものの，A 君の認知尺度平均 82 より有意に強い PS である。しかもまれな差（< 10%）が認められる。このことから，情報がうまく取り込めれば，新しいものごとを学習していける可能性はあると考えられるが，情報の入力・出力形式への充分な配慮や，同時処理的な学習でも視覚刺激を自分で分解することの弱さへの配慮が必要であると考えられる。さらに，計画尺度においては，よく似た紛らわしい選択肢を熟考せずに選び点を落とすということがよく見られた。こういった選択形式は本人が好む（カルタが大好き）スタイルであるが，誤りの起こりにくい選択肢から始めるなど，選択肢にも配慮が必要であろう。さらに，「すばやく選択

する」場面だけでなく「落ち着いて考える」姿勢も育てることが重要である。

　また，クラスター分析の結果，A君は「言語能力」が「非言語能力」より高く，「有意味刺激の視覚認知」が「抽象刺激の視覚認知」よりも高かった。これらの結果は，WISC-IVで言語理解指標が知覚推理指標よりも高かったこと，A君の中で弱いと見られる知覚推理の中でも，有意味な視覚刺激を扱うものならば良好であると考えられたことと一致する。

(2) CHCモデルによる解釈

　CHC総合尺度は73で，このことからもA君の知的レベルは「境界域」に位置すると考えられる。CHC尺度の標準得点プロフィールでは，長期記憶と検索尺度/Glrが他のすべての尺度よりも有意に強く，また，標準得点平均79よりも有意に高く，PSであり，しかもまれな差（<10％）であった。逆に短期記憶尺度/GsmはPWであった。つまり，長期記憶と検索尺度が短期記憶尺度より非常に高く，その間に結晶性能力尺度が位置するという状況となっている。

　まず，短期記憶尺度についてであるが，記憶容量について検討してみる。［数唱］では5項目問題が1度だけでき，［語の配列］では4項目問題が不安定で，妨害刺激問題まで行かなかった。また，WISC-IVの「数唱」でも5項目問題は答えられなかった。このことから，A君は数秒間情報を保持して使うということが困難であることがいえる。しかし，［語の学習］12および約20分後の［語の学習遅延］10は好成績であった。まるで，カードゲームをするときのように，A君はいきいきと取り組んだ。このことは，短期記憶に難のあるA君が好きなカードゲームのキャラクターの名前をしっかり覚えていることにも関係があるであろう。

　このように考えると，耳から聴いたいくつもの音を，一瞬記憶して，作業をする学習は困難だが，音を聴きながら視覚刺激を操作するならば，短期記憶の負荷が軽減されるので楽になると思われる。これが，カルタ学習や，そろばん学習がうまくいっていることと関係があると考えられる。クラスター分析で「記憶・学習能力」が「問題解決能力」より高かったことも考え合わせると，短期記憶の弱いA君であるが，問題解決的な課題よりも，記憶を中心とした課題のほうがよい可能性もあるため，記憶の仕方そのものへの工夫が重要となろう。

　そして，前述したように，長期記憶と検索尺度と短期記憶尺度の間に結晶性能

力尺度が位置している。したがって，短期記憶の乏しさのために忘却しがちなところを，初期学習で十分に繰り返し再生や再認学習をしたり，刺激をいくつかまとめたり（チャンキング），精緻化（語呂合せ文などで意味づけをする）したりすることにより，長期記憶に定着するところまで学習すれば，検索して課題解決に生かすことの可能性があると考えられる。

(3) 指導方針

以上のことから，A君に対する指導方針として，以下のことが考えられる。

「意味のある視覚刺激を用いた同時処理的な課題（関係性把握を重視する）を用意し，課題解決の方略を最初は指導者側から提案し，同じ方法を繰り返して定着を図る」ということを原則とし，また，「書く」よりも「探す」を中心とした指導として，具体的には以下のようにする。

①短期記憶の弱さに配慮して，一度情報を記憶してから活動するのではなく，音声を聴きながら活動する学習，語呂合せなどの意味づけによる学習を行う。

②楽しく学習に取り組み，誤ったらすぐに修正して正答を確認することを繰り返し行う。

③基本的には同時処理であるが，自分で部品に分ける学習ではなく，全体の中から，「意味のある部品」を探し出す（あるいはなぞるなどの確認操作をする）学習を行う。

④コンピューター教材などで学習スピードを制御し，あわてずじっくり考える姿勢も少しずつ育てる。

6. 指導経過

(1) 指導開始時の状態

4年生の8月の段階で3年生の漢字がほとんど書けない状態であった。そこで，3年生の漢字の書字を指導した。A君が有意味刺激の視覚認知に強いことを利用し，「町の中」など，テーマごとに仲間の言葉が挿絵とともに1ページに収まっている（漢字8個），文英堂の『トコトン書き込みドリル』を指導前テスト，および，指導後1ヵ月ごとに定着をみる確認テストに用いた。どのページも，指導前テストでは8問中半分以下しか書いておらず，そのうち1～2問程度しか正答が

なかった。誤答は，「起」の「己」が「頁」(既習の「題」と混乱している可能性がある)，「君」の「口」が「日」のように部品がおき換わる誤り，線が1本多いなど部品が正確でない誤りであった。「予」など，まったく書けないものもある状況であった。

(2) 指導手続き

　タッチスクリーンつきのパソコンで，マイクロソフト社のプレゼンソフト「パワーポイント」で白抜き字体漢字（9cm四方に入る大きさ）を画面に呈示するだけの簡易な教材で，以下の手順で小学校4年の8月から3月まで，月1回，全8回のセッションで，ドリルの10ページ分を指導した。

・齋藤・東原（2010）の対象児にも用いた，受験研究社『自由自在漢字辞典』の語呂合せ文を，筆者が読む声に合わせて，A君がタッチスクリーン上の漢字の該当の部品の部分を指でなぞる（色が変わる）（前述の方針の①③④）。
　（例：「石のつぶ，二本のハシでつまむ研究」という言葉を聞きながら，スクリーン上の「研」という漢字の「石」「二」「ハ」の部分を探してなぞっていく）
・その後カード（7.5cm四方）にすぐ同じ漢字を書く。
・そのカードを並べカルタとして遊ぶ（方針の②）。その際，語呂合せ文を聞きながら取る。語呂合せ文を手がかりとする習慣をつけるためである（方針の①）。
・前回学習したものも繰り返しカルタの中に含ませていく（方針の②）。

　あるページで1回学習したあと，1ヵ月後から確認テストを実施した。確認テストでは，A君が独力で正答できなければ，筆者による語呂合せ文読み上げヒントを聴いて書き，それでもできなければ手本の漢字を視写することとした。そのうち独力での正答が8問中6問以上に達したところで確認テストを終了することとし，それまではそのページは教材での学習をせず毎回確認テストのみ実施した。1回のセッションでは，漢字学習にかける時間は30分程度とし，その範囲で1～3ページの学習や確認テストを進めていった。

(3) 指導後の状態

　図4.3は，A君にとって難しく，終了までに3回の確認テストを要した3ページ分24問の結果を総和し，指導前テストと確認テストの推移を示したものである

(他のページは 1～2 回の確認テストで合格している)。これを見ると，指導前は 24 問中 3 問のみであった独力正答数が，指導 1 ヵ月～3 ヵ月後の確認テストでは 12～19 問と，上昇している。つまり，学習後 1 ヵ月たっても半数は維持できているということである。また，確認テストの期間は教材での学習を行っていないが，独力で正答できない場合に語呂合せヒントで書くということをし続けた結果，独力での正答が増えている。そして，その語呂合せヒントも，ほとんどの場合，冒頭部分を聞くだけで A 君が漢字を想起できていた。

7. まとめと今後の課題

　この「語呂合せを用いた漢字の書字とカルタ形式の学習」は，A 君の短期記憶の乏しさや，抽象的な視覚刺激を扱うことの弱さに配慮しながら，言語理解のよさ，有意味な視覚刺激の視覚認知のよさ，反復学習による定着の可能性を重視した学習となったと考えられる。

　永田・東原 (2015) は，小学生のときに高機能広汎性発達障害と診断された，中学校特別支援学級 2 年男子生徒を対象に，「サイコロトーク」形式による会話指導を行った。その生徒も，A 君と同様，日本版 KABC-II の学習尺度が高いことがわかったため，繰り返しの経験から学習する力が高いと考えられた。そこで他者の話を手本とすることができ，繰り返し順番が回ってくる「サイコロトーク」形式を用いたところ，非常に効果があった。このように，カウフマンモデルの「学習尺度」(CHC モデルの「長期記憶と検索尺度」) の高い児童生徒においては，その児童生徒の取り組みやすい方法で繰り返すことで定着が見込まれると考えられる。

　A 君は，単語レベルの読み書きで苦労していたため，長文読解，作文，算数文章題といった課題になかなか取り組めなかった。[文の構成][数的推論]では特に，それらの学習不足も影響しているであろう。今後の課題として，せっかく定着してきた漢字の書字や計算のスキルを生かしてこれらの課題に取り組むことが重要であろう。

倫理的配慮

　A 君の両親に対し，事前に，検査結果を利用することにより期待される効果に

ついて説明を行い，検査実施，事例発表や出版物への掲載の了解を得た。

文　献

文英堂編集部（2002）「トコトン書きこみドリル小学3年の漢字」，文英堂。

永田真吾・東原文子（2015）　日本版 KABC-Ⅱ の学習尺度が高い場合の指導法の検討（2）—記憶系の良好な ASD 傾向の中学生に対する「サイコロトーク」形式の会話指導—，日本特殊教育学会第53回大会ポスター発表，P23-25。

齋藤大地・東原文子（2010）　同時処理優位の小学校4年 ADHD 男児に対する漢字指導，K-ABC アセスメント研究，12，11-18。

鈴木章裕・原田敦子・本田鮎美・永田真吾・東原文子（2011）　継次処理が弱く学習回避のみられる小2男児へのコンピュータを活用した教科指導，K-ABC アセスメント研究，13，9-19。

小学教育研究会編著（1997）「小学自由自在漢字辞典1～6年用」，受験研究社。

事例 4

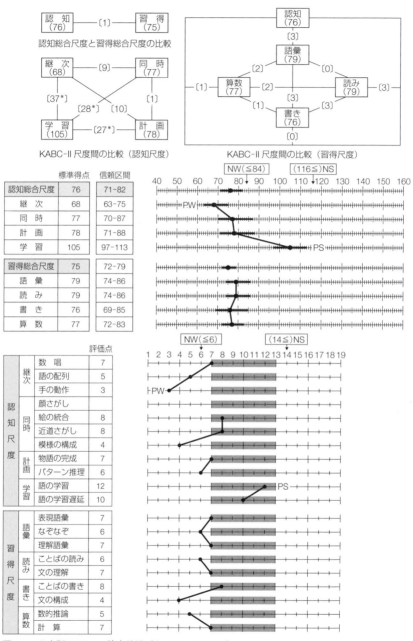

図 4.1 日本版 KABC-II 検査結果（カウフマンモデル）

知的レベルが境界域にあり教科学習が困難な小学4年生   143

KABC-II 尺度間の比較（CHC 尺度）

	長期記憶と検索	短期記憶	視覚処理	流動性推理	結晶性能力	量的知識	読み書き
長期記憶と検索							
短期記憶	<						
視覚処理	<	=					
流動性推理	<	=	=				
結晶性能力	<	>	=	=			
量的知識	<	=	=	=	=		
読み書き	<	=	=	=	=	=	

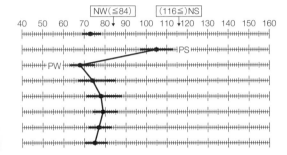

	標準得点	信頼区間
CHC 総合尺度	73	69-78
長期記憶と検索	105	97-113
短期記憶	68	63-75
視覚処理	74	67-85
流動性推理	78	71-88
結晶性能力	79	74-86
量的知識	77	72-83
読み書き	75	70-81

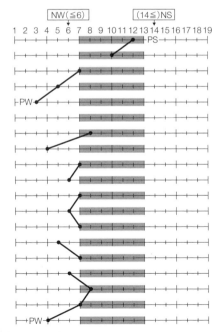

		評価点
長期記憶と検索	語の学習	12
	語の学習遅延	10
短期記憶	数唱	7
	語の配列	5
	手の動作	3
視覚処理	顔さがし	
	近道さがし	8
	模様の構成	4
流動性推理	物語の完成	7
	パターン推理	6
結晶性能力	表現語彙	7
	なぞなぞ	6
	理解語彙	7
量的知識	数的推論	5
	計算	7
読み書き	ことばの読み	6
	ことばの書き	8
	文の理解	7
	文の構成	4

図 4.2　日本版 KABC-II 検査結果（CHC モデル）

表 4.1　WISC-IV（9歳3ヵ月時）の結果

	FSIQ	VCI	PRI	WMI	PSI
合成得点	83	97	76	79	91
90%信頼区間	79-89	90-104	71-86	74-88	84-100

下位検査	類似	単語	理解	積木模様	絵の概念	行列推理	数唱	語音整列	（算数）	符号	記号探し	（絵の抹消）
評価点	8	11	10	5	9	5	6	7	10	7	10	12

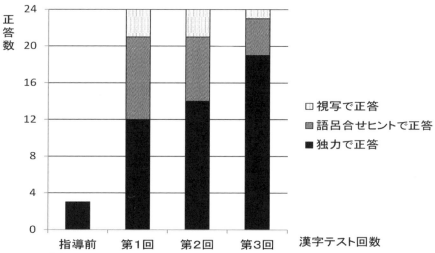

図 4.3　指導前テストと確認テスト（3回分）の正答数の推移

事例 5

ADHDとASDを合わせもつ小学5年生の
ソーシャルスキル指導

村山美沙姫（寒河江市立南部小学校）
三浦光哉（山形大学）
阿部由紀（山形県鶴岡市教育相談センター）
富樫智枝（山形県鶴岡市教育相談センター）

対象児

　小学校の通常学級に在籍するADHDとASDを合わせもつ5年生男児。

主訴（相談内容）

　母親より：自己コントロールができるようになってほしい。場に合わせた行動をとり高学年だという意識をもってほしい。

概　要

　対象児は，対人関係において課題が多く，自分の考えがあると注意を受けてもやめることができないといった自己コントロールの難しさや自分の気持ちや考えを表現することの苦手さを抱えていた。そこで，対象児の認知特性を知るためにKABC-IIとWISC-IVを実施したところ，学習尺度が他の3尺度に比べて高く，情報を効率よく取り込み保持する力が高かった。しかし，計画尺度の低さから方略を考えて結果をモニターするような力が弱く，社会文脈を読みとる場面で弱さを抱えると考えられた。そのため，SSTで身につけた対人関係スキルが，実際場面で行動できる（般化）ことを重視し，得意な継次処理と対連合学習を取り入れ指導を行った。その結果，Conners3の教師と保護者の結果においてほぼすべての項目で改善が見られ，日常生活や学校生活の中で般化する様子も見られた。

1．背景となる情報

（1）生育歴および現在までの経過

　　出生時は普通分娩で問題はなかった。1歳6ヵ月健診では，異常は見られな

かった。
　しかしその後癇癪（かんしゃく）がひどく，言葉の遅れがあり，二語文が出なかった。3歳10ヵ月に，療育センターで「広汎性発達障害」と診断された。母子通園には，週2回年少から年中まで通った。年長では，民間の療育施設に週2回通った。就学時健診では，特に異常はなかった。小学校は，通常学級に在籍し，落ち着かないときや給食時のみ支援学級に通った。2年生になるときに教育相談を受け，パニックになるときには，支援員の教師が対応するようになった。親の会には，年中から小学2年生までは入り，2ヵ月に1回遊戯プログラム（1対1）を受けた。3年生になってからは，1年に計8回（3人の子ども）の遊戯プログラムを受けた。その後，4年生からLD親の会に入会し大学研究室へ通っている。

(2) 家庭環境
　家族構成は，父，母，妹，対象児の4人家族。

(3) 学校や家庭での現在の様子
　学習面では，学校のテストではほとんどの教科で高得点をとり，覚えることが得意であるため言葉を多く知っている。しかし，字を書くことやマスの中に収めることは苦手である。また，運動も苦手で，手の不器用さも見受けられる。対人関係では，4年次に大学研究室に通い始めた当初は，鉛筆が折れただけでパニックになったり，「どうして僕は頭がいいのに大学に来て勉強しなきゃいけないんだ」と取り乱したこともあった。5年生になると，活動時間中は落ち着いて取り組むようになったが，他者とコミュニケーションをとろうとする姿は少なく，一人でいることを好んだ。会話の中では，簡単な質問にはすぐ答えるが，自分の気持ちを表現するには時間がかかる。また，ランドセルが重いことが許せず宿題を家に置いて行くなど，こだわりが強く自分のルールをもっている。柔軟性の乏しさや人の行動理解の難しさから似た場面での応用が難しいことがある。

2. アセスメントリスト

・KABC-Ⅱ（10歳7ヵ月）
・WISC-Ⅳ（10歳8ヵ月）

3. KABC-II の結果と解釈

(1) 検査時の様子

　対象児は，これまでも別の検査を受けていたので表面的には特に緊張した様子はなかった。検査の前半は意欲的に取り組み集中力も高かった。

M1 [語の学習]：訂正されると，悔しがるものの落ち込む様子はなかった。
M6 [語の学習遅延]：興味を示し反応がすばやかった。
M4 [数唱]：教示中に声を出して覚える様子があり7桁まで正答した。
M9 [語の配列]：妨害刺激に手こずり「わからない」と言うことを嫌がった。
習得検査では，得意な計算は解答が速く集中していた。
A8 [文の構成]：疲れと問題の苦手さから少し泣いた。
A9 [理解語彙]：注意が維持できずにいた。

(2) カウフマンモデルによる検査結果（図 5.1）

(a) 認知総合尺度と習得総合尺度

　認知総合尺度は 105（90％信頼区間 100-110），習得総合尺度の標準得点は 98（90％信頼区間 94-102）で，両尺度とも「平均」の範囲であるが，認知総合尺度が習得総合尺度と比較して有意に高い結果となった。

(b) 認知尺度間の比較

　認知4尺度においては，継次尺度 117（90％信頼区間 110-123），同時尺度 84（90％信頼区間 77-93），計画尺度 90（90％信頼区間 82-99），学習尺度 129（90％信頼区間 120-135）であった。個人間差については，学習 NS，継次 NS で，同年齢の子どもより有意に高いという結果であった。一方，同時は NW で，有意に低い結果であった。個人内差については，認知尺度標準得点平均 105 と比較して有意差があったのは，学習 PS（5％のまれな差）継次 PS で有意に高く，同時 PW（5％のまれな差）計画 PW で，有意に低い結果であった。尺度間の有意差は，学習が他の3尺度よりも有意に高く，次の継次も計画や同時よりも高く，計画と同時には有意差がなかった（学習＞継次＞計画≒同時）。なお，同時は PW（5％未満のまれな差）であるため，対象児の困難性との関連性を慎重に見ていく。また，継次と計画は尺度内の評価点がアンバランスで解釈は慎重にしなければならな

い。

(c) 認知検査間の比較

個人間差では，［語の学習］16,［数唱］16,［語の配列］15,［語の学習遅延］14 が NS,［物語の完成］6 が NW であった。認知検査評価点平均 11 の値と比べると，個人内差では，［語の学習］16,［数唱］16,［語の配列］15 が PS,［絵の統合］8,［近道さがし］8,［模様の構成］7,［手の動作］7,［物語の完成］6 が PW であった。継次処理の中では，単純な聴覚情報を扱う［数唱］16，聴覚と視覚を組み合わせる［語の配列］15 は高いが，空間的な視覚情報を扱う［手の動作］7 は低かった。計画尺度では，抽象的な操作を必要とする［パターン推理］11 は平均域であるが，社会的な文脈の読み取りである［物語の完成］6 は低かった。

(d) 習得尺度間の比較

習得 4 尺度では，語彙尺度 94（90％信頼区間 88-100），読み尺度 101（90％信頼区間 95-107），書き尺度 79（90％信頼区間 72-88），算数尺度 125（90％信頼区間 119-130）であった。個人間差，個人内差は，習得尺度標準得点平均 100 で，両者とも，算数 NS, PS（1％のまれな差）で，書き NW, PW（1％のまれな差）であった。尺度間の有意差は，算数が他の 3 尺度よりも有意に高く，書きが他の 3 尺度よりも有意に低い結果であった（算数＞読み＝語彙＞書き）。しかし，読みは尺度内の評価点がアンバランスで解釈は慎重にしなければならない。

(e) 習得検査間の比較

個人間差では，［計算］16 が NS,［ことばの書き］6 が NW であった。個人内差については，評価点平均は 10 で［計算］16,［数的推論］12,［ことばの読み］13 が PS,［文の理解］8,［文の構成］7,［ことばの書き］6 が PW であった。また，読み尺度の中では，［ことばの読み］13 は高いが，［文の理解］8 は低かった。文字や熟語の読みは問題ないが，文や文章の理解の困難性が示唆された。

(f) 認知総合尺度と各習得尺度，算数下位検査の比較

認知総合尺度と習得 4 尺度（語彙，読み，書き，算数）との比較では，算数が認知と比較して高く，語彙，書きが認知と比較して低く，読みは差がなかった。また，算数尺度の中では，［計算］が認知と比較して高く［数的推論］は差がなかった。

(g) 選択ステップ
①ステップ1「言語能力」と「非言語能力」
　「言語能力」の標準得点94,「非言語能力」の標準得点83,で「言語能力」が有意に高かった。
②ステップ2「問題解決能力」と「記憶・学習能力」
　「問題解決能力」の標準得点85,「記憶・学習能力」の標準得点139で,「記憶・学習能力」が有意に高かった。(10%のまれな差)
③ステップ3「有意味刺激の視覚認知」と「抽象刺激の視覚認知」
　「有意味刺激の視覚認知」が下位検査の評価点の幅が大きく,「抽象刺激の視覚認知」とのクラスター分析を行うことはできなかった。
④ステップ4「言語反応」と「指さし反応」
　「言語反応」の標準得点109,「指さし反応」の標準得点123で「指さし反応」が有意に高かった。

(3) CHCモデルによる検査結果
(a) **CHC総合尺度**
　CHC総合尺度103(90%信頼区間99-107)で「平均」の範囲。
(b) **CHC尺度間の比較**
　CHCの7尺度においては,長期記憶と検索129(90%信頼区間120-135),量的知識125(90%信頼区間119-130),短期記憶117(90%信頼区間110-123),結晶性能力94(90%信頼区間88-100),流動性推理90(90%信頼区間82-99),読み書き88(90%信頼区間83-94),視覚処理84(90%信頼区間76-94)であった。個人間差では,長期記憶と検索,量的知識NS,短期記憶NS,視覚処理NWであった。個人内差では,CHC標準得点平均104と比較して,長期記憶と検索,量的知識PS(5%未満のまれな差),短期記憶がPS,結晶性能力,流動性推理PW,読み書き,視覚処理PW(10%未満のまれな差)であった。CHC尺度間の比較においては7尺度の相互関係は21通りあるが,その中の13通りに有意な差が見られた。長期記憶と検索は量的知識を除く5尺度に対して有意に高かった。その他の特徴的な関係は,長期記憶と検索＞短期記憶,結晶性能力≒流動性推理,量的知識＞読み書きであった。

4. その他の検査結果と解釈

　WISC-IVの全検査IQ（FSIQ）は88（90％信頼区間83-94）で，全般的な知的水準は「平均の下」〜「平均」の範囲と推定されるが，4つの指標得点のうち最も高い言語理解指標（VCI）103と最も低い知覚推理指標（PRI）80間の差が23であり，1.5 SDを上回るためFSIQの数値だけから対象児の全般的な知的水準を判断することは控える。4つの指標得点は，VCI 103（90％信頼区間96-110）「平均」〜「平均の上」，ワーキングメモリー指標（WMI）94（90％信頼区間88-101）「平均の下」〜「平均」，処理速度指標（PSI）81（90％信頼区間76-91）「低い」〜「平均」，PRI 80（90％信頼区間75-89）「低い」〜「平均の下」であった。指標得点間のディスクレパンシーは，VCIがPRIとPSIと比較して5％水準で有意に高く，WMIはPRIとPSIと15％水準で有意に高い結果となった。ただし，VCIは，下位検査の評価点間に大きな差が見られたため，解釈は慎重にしなければならない。VCIの中では，VCI 3検査平均10.7よりも「単語」13が有意に高く，「類似」7は有意に低かった。このことから，言語的な知識は高いが，柔軟に法則性を見つける力は弱い可能性があり，対象児の日常での様子からも支持される。指標間の関係からVCIやWMIよりPRIが低いことから，視覚より聴覚言語の指示のほうが入りやすいと考えられた。さらに，PRIの低さから視覚や空間認知の弱さ，暗黙の常識やルールの理解の困難さ，PSIの低さから書字の困難さも予測された。これらは，検査中の行動観察，日常の様子（授業，諸活動，家庭）からも支持される。また，「理解」12と「絵の概念」8の差から明示的な社会知識はあるが，複数の絵に共通する概念やルールを導き出すことが苦手であると考えられ，これも日常の課題から示唆された。なお，KABC-IIの「数唱」16とWISC-IVの「数唱」8に大きな乖離が見られた。これは，対象児のモチベーションとワーキングメモリーに関係すると考える。前者については，KABC-IIでは初めに得意な記憶に関連する「語の学習」に取り組んだ後「数唱」があった。しかし，WISC-IVでは，「積木模様」で対象児が得意ではない検査からスタートしたことでWISC-IVの「数唱」では，気持ちが上がらないまま取り組み，点数の伸びに繋がらなかったと考える。また，後者については，WISC-IVのWMIの「数唱」「語音数列」はいずれも，KABC-IIの「数唱」より単純ではないため，対象児は「聴覚刺激の単純

な記憶再生が強いが聴覚刺激の操作や処理を必要とするワーキングメモリーが弱い」という仮説を導き出すことができよう。そして，そのことは「単純なことを覚えることが得意」という背景情報と一致している。

5. 総合解釈と指導方針

(1) 総合解釈
　それぞれの検査結果を総合的に解釈すると，対象児の全般的な知的水準は，平均域と推定された。認知と習得に有意な差（7ポイント）が見られたが，文章読解，文字や熟語，文を書くことの困難性が影響されたと考えられる。認知4尺度においては，継次処理の中で，空間的な視覚情報処理の弱さはあるものの，継次処理が同時処理より得意であり，さらに学習尺度が高いことから，得意とする継次処理を支える情報を効率よく取り込み保持する力が十分あると見られる。しかし，継次＞計画から，特に社会的な文脈を読み取る場合は，情報活用するために方略を考え，結果をモニターするような力が弱いため十分生かせないことが考えられた。これらの結果は，クラスター分析の「記憶・学習能力」が「問題解決能力」よりも非常に高かったことと一致する。また，「言語能力」が「非言語能力」より高く，「指さし反応」が「言語反応」より高かった。これらの結果は，WISC-IVでVCIやWMIよりPRIが低く，視覚よりも聴覚指示が入りやすいこと，YES・NOで明確な答があるものには応じられるが，5W1Hのように考えて答を出すことの弱さと一致する。また，同時処理の弱さについては，視覚処理，知覚推理の弱さに関連しており，視覚情報に対しての配慮や支援が必要になってくると考えられた。

(2) 指導方針
　SSTで身につけた対人関係スキルが，実際場面で行動できる（般化）方策として継次処理が得意なことと情報を効率よく取り込み保持する力が十分あることを活用して，次の指導方針を定めた。
①段階的に順序正しく情報を処理する課題を用意する（継次処理型指導方略）
②最初は支援者が問題解決の方略を教え，遂行結果の正誤を即時にフィードバックする（対連合学習）

③課題を繰り返し行い，定着を促す。

　また，指導では，継次処理尺度の中でも聴覚的記憶が得意であることからソーシャルストーリーを用いる。ソーシャルストーリーでは，対象児が書いた反応に対し，指導者が答えていく筆談形式をとり，上記の②にあるように即時的に修正していく。同時処理の弱さ，空間認知の弱さに対しては，配慮して支援する。なお，読み書きの困難性に対しては，改めて取り上げ指導することが必要であるが，ソーシャルストーリーの指導の中で配慮し支援していく。

(3) 指導計画

　表 5.1 には，総合解釈と指導方針に基づき，対象児の指導計画（指導目標，指導期間，指導回数・時間，指導段階，指導項目）を示した。

6. 指導の経過と結果

(1) 指導目標①について

　A1～A3 の指導項目は全 5 回行った。評価日を設定し，チェックリストを用いて評価した。評価日にはすべて通過することができた。ここでは，対象児の担任に協力していただき，実際の問題場面について聞きとり，それをもとにソーシャルストーリーを作成した。

　初回は，「みんなで遊ぶときの断り方」の場面ではっきりと「遊びたくない」と伝え，相手の気持ちを考えて返答することが少なかった。しかし，5 回目の「係の仕事」の場面では相手への励ましの言葉が出るようになった。また，ロールプレイでは，初めは目を合わせることが難しく書いたものを見て話すことが多かった。しかし，指導を繰り返すと目を見て話すことができるようになり断る場面では申し訳ないという気持ちを伝えるため口調に気をつけながら話していた。

　B1～B3 の指導項目は全 10 回行い，小学校 4 年生の男児とペア指導をした。評価日には 81％ だったがやり直しを行うと 100％ となり通過した。ここでは，会話や買いもの・調理学習，ブロックを使って説明する，または説明を聞く学習を行い，ビデオでの振り返りをした。

　ブロックの学習では，組み立てる役と説明する役に分かれて活動した。この学習は，何色のどんな形のブロックをどの位置に置くのかをわかりやすく伝えたり，

相手の説明を正しく聞いたりする。初回は，青と黄色の長方形のブロックを2個ずつ使用したが，組み合わせるブロックが簡単であったため説明は時間をかけずにできた。2回目からは赤のブロックを追加した。組み立てる役では説明を最後まで聞き作ることができた。しかし，説明する役ではなかなか言葉が出なかったり相手に伝わらないことが多かった。そのため，「もうだめだ」とため息をついたり，いら立ってしまうことがあった。相手に伝わらない状態が続くと，お互いに勘違いが生まれ，きつい言い方になることがあった。指導では，ビデオを見てどこで勘違いをしたのか，どんな表現がよかったのかを振り返った。活動を繰り返すうちに，伝わらないことがあっても教師の励ましやヒントがあると切り替えて説明することができていた。評価日には，「落ち着け，落ち着け」と自分に言い聞かせたり優しく相手に説明したりする様子が見られた。

(2) 指導目標②について

指導項目Cでは，食堂で1回，飲食店で2回の指導を行った。1つの活動で，C1（場の認知）→ C2（場面解釈）→ C3（ロールプレイ）→ C4（振り返り）→ C5（活動）→ C6（活動の振り返り）を行った。評価日では，C1は100%，C2～C4は88%，C5とC6は100%で通過した。

食堂1では，「食事の遅い友達に対する対応」についてのソーシャルストーリーを読んで考えたが，対象児は「なるべく急いでね」と自分のことだけを考えた言い方だった。その後のロールプレイとビデオでの振り返りから，急かすことはよくないことに気づき，待つことや優しく伝えることが大切であると振り返っていた。実際に食堂に行くと，落ち着いて行動することができたが，食べものを選択することに時間がかかったり教師に断らず水を取りに行ったりすることがあった。

飲食店1では，「注文がうまく伝えることができない友達への対応」を考えた。ここでは「落ち着いて言えば大丈夫だよ」とアドバイスすることができていた。ロールプレイでも指導者の目を見て話すことができた。実際に飲食店1に行くと，今回も食べものを選択することに時間がかかってしまった。そこで，2人の指導者が決まったことを伝えると場面を理解し，すぐに選ぶことができた。しかし，注文するときは緊張から目線が下がっていた。

飲食店2では「メニューを決めることができない友達への対応」を考えた。飲食店1で周囲を見て早く考えることが大切であることを学んだため，初めは「早くして」と伝えるだけだった。対象児に決まらないときはどうしているかを聞くと「まわりに迷惑にならないように急いで決めている」と答えていた。対象児の中で，周囲へ迷惑をかけないための行動はとらえられているが，相手の気持ちを考えて話すことは難しいようだった。しかし，ロールプレイと振り返りから，対象児が「早くして」と何回も言っていることに気づくことができた。そこから，相手が悲しい気持ちになることや優しい言い方で伝えることで嫌な思いをさせずに伝えることができると考えていた。実際に飲食店2に行くと，これまでの反省を生かし行動することができていた。食べものを選択するときには時間がかからなくなり注文するときは，店員さんの目を見て話すことができていた。

(3) Conners3 による評価について

「Conners3」とは，6～18歳の児童・生徒を対象とした，ADHD および ADHD と関係性の高い症状を評価する検査である。T-スコアとは，標準得点であり，項目ごとに T-スコア≧60 となると支援を要する。本人，保護者，教師の結果を図 5.2～5.4 に示す。

保護者と教師の結果からは，ほぼすべての項目で改善が見られた。保護者からの結果では，「学習の問題」「実行機能」「攻撃性」「ADHD 不注意」「素行障害」「反抗挑戦性障害」において T＜60 となった。「攻撃性」では大きな改善が見られた。教師からの結果では，「不注意」「多動性/衝動性」「学習の問題」「ADHD 不注意」「ADHD 多動性/衝動性」において T＜60 となった。本人の結果では，「学習の問題」以外は点数が上がってしまった。しかし教師と保護者の評価では改善が見られていることから，対象児は周囲を見ることができるようになったことで自己理解が進み，T-スコアが上がってしまったのではないかと考える。

7. 考察と課題

本実践では，KABC-II と WISC-IV の結果から対象児が得意とする継次処理や対連合学習を生かしてソーシャルスキルトレーニングを行った。その結果，Conners3 の教師と保護者の結果においてほぼすべての項目で改善が見られた。こ

のことから，対象児の認知特性を活用した指導は有効であると考える。その要因として，毎回の指導で振り返りを行いフィードバックしたことが大きいと考えられる。対象児は［語の学習］検査がよく，誤りをすぐに修正してもらえる環境を作ったことで対人関係スキルの知識量を伸ばしていくことができたと考える。

　今回の指導では，Conners3 より全体的に大きな改善が見え，一定の対人関係スキルは上がったと考える。しかし，「友人関係」にはあまり改善が見られなかった。対象児は，ペア指導で活動中には話すが，休憩時間になると一人でいることが多く，ペアの児童と話そうとすることは少なかった。このことから，対人関係スキルを伸ばすだけではなく，友人関係を築くことの必要感や充実感を与えることが今後の課題だと考える。

倫理的配慮

　対象児の両親に対し，事前に，検査結果を利用することにより期待される効果について説明を行い，検査実施，事例発表や出版物への掲載の了解を得た。

文　献

Keith Conners, C. 著，田中康雄監訳（2013）「Conners3 日本語版マニュアル」，金子書房。

東原文子(2013)　記憶課題は強いが学業困難の著しい一男児への映像教材による説明文指導―新しく KABC-II の解釈に加え既に行ったアセスメントと指導を振り返って―，K-ABC アセスメント研究，15，19-30。

東原文子（2014）　KABC-II の結果に基づく具体的指導，日本 K-ABC アセスメント学会第 17 回大会発表抄録集，11-12。

上野一彦・松田修・小林玄・木下智子（2015）「日本版 WISC-IV による発達障害のアセスメント」，日本文化科学社。

156　事例 5

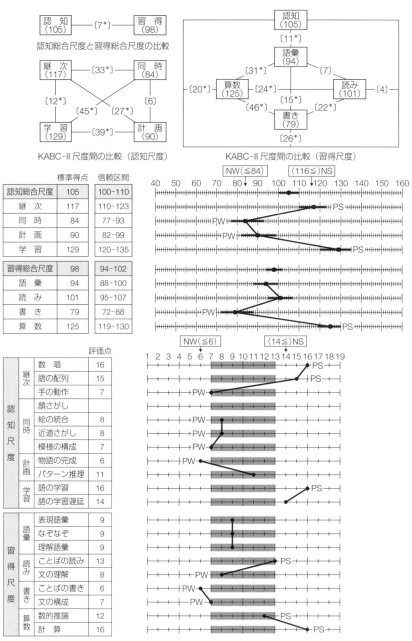

図 5.1　日本版 KABC-II 検査結果（カウフマンモデル）

ADHD と ASD を合わせもつ小学 5 年生のソーシャルスキル指導

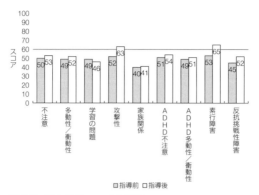

図 5.2 本人の Conners3 の評価

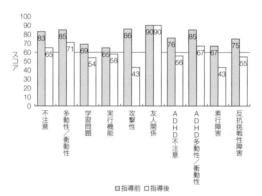

図 5.3 保護者の Conners3 の評価

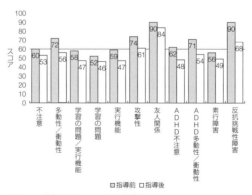

図 5.4 教師の Conners3 の評価

表 5.1 対象児の個別の指導計画

指導目標	①人との円滑な関わり方(相手の気持ちを考えた関わり方)を身につけることができる。 ②場面(社会的な場面)に応じて適切な行動をとることができる。(自己コントロール)		
指導期間	20XX年4月～ 20XX年12月(9ヵ月間)	指導回数・指導時間	月3～4回(合計21回) 1指導時間:60分
指導項目　指導段階	①人との円滑な関わり方を身につけることができる。 　A. 実際の場面(学校・家庭)について書かれた文章を読みとり,状況に応じて行動を考えることができる。 　　A1:ストーリーを読んで,どんな場面かをとらえ,状況に合わせた行動を考えることができる。 　　A2:ロールプレイをすることができる。 　　A3:録画したビデオを見て,自分の行動を振り返ることができる。 　B. 友達の話を聞いたり,自分の意見をしっかり伝えることができる。 　　B1:ロールプレイを通して友達の話を聞いたり相手のことを考えながら自分の意見を伝えることができる。 　　B2:簡単なゲームを通して,感情をコントロールしながら相手の気持ちを考えて関わることができる。 　　B3:録画したビデオを見て,行動を振り返り,良い点や改善点について友達と話し合うことができる。 ②場面に応じて,適切な行動をとることができる。 　C. 公共の施設等に社会的な場面で,適切な行動をとることができる。 　　C1:公共の施設での適切な行動を理解することができる。 　　C2:ストーリーを読んで,どんな場面かとらえ,状況に合わせた行動や声のかけ方を考えることができる。 　　C3:ロールプレイをすることができる。 　　C4:録画したビデオを見て,自分の行動を振り返ることができる。 　　C5:実際場面で適切な行動をとることができる。 　　C6:実際場面のビデオを見て,自分の行動を振り返ることができる。		

事例 6

計画尺度が高いが学習に生かすことが難しい
小学5年生への漢字指導

山内まどか（川崎市総合教育センター）

対象児
　Aさん，男児，小学校5年生。
　小学校通常学級に在籍し，月約2回，通級指導教室に通っている。
主訴（相談内容）
　保護者より：漢字が覚えられない。
　Aさんより：漢字が覚えられない。文を読んでも意味がわからない。
概　要
　Aさんの主訴に対してどのような指導方針を立てるため通級指導教室でKABC-Ⅱを実施した。検査結果から全体的知的発達レベルは「平均」の範囲に位置し学習尺度は低いものの計画尺度が高いということがわかった。また，継次尺度と同時尺度には有意な差は見られないが，下位検査の様子や背景情報から同時処理優位と考えられた。しかし，それらの強い力は学習の中で生かされていなかった。特に漢字の習得にとても苦戦していた。行動観察からは刺激に過敏に反応してしまう衝動性や注意の持続の問題があり，もっている力を生かしきれない一因と推測された。そこでAさんの学習尺度の低さに配慮しながら，計画尺度や同時尺度の高さを生かした漢字指導を実施した。

1. 背景となる情報

(1) 生育歴および現在までの経過
　Aさんは身体的発達，乳児期の人との関わり（人見知り・後追い・指さしなど）には問題がなかった。言語発達（始語・二語文）は遅く，幼児期になって話すようになっても知っている言葉を思い出せなかったり話の順番や内容がずれていったりすることが多かった。また，保護者は落ち着きがないことが気になっていた。

しかし，ブロックや工作では集中して取り組み説明書を見なくても作ることができた。

　小学校入学後，読み書きの遅れが心配された。だんだんと学習に意欲がなくなり授業中は寝てしまうことが増えた。宿題はとても嫌がり取り組ませるのに保護者は苦労した。中学年になるとささいなことで行動のコントロールができなくなり，4年生のときに医療機関を受診した。しかし投薬が必要なほどではないということで様子を見てきた。同時期，特別支援教育コーディネーターより校内の取り出し指導と本通級指導教室を利用することを提案された。保護者はすぐに希望し4年生の1月から取り出し指導，5年生の4月から通級指導を開始した。Aさんは「取り出しは静かだから勉強ができる」と嬉しそうに話していた。通級も楽しみにしている様子で元気に通っていたが，通級時に母親との待ち合わせ場所を忘れてパニックになることが数回あった。

(2) 家庭環境

　両親と弟（2歳下）の4人家族である。保護者は読み書きに対して苦手意識が強く意欲をなくしていることを心配していた。母親は常勤の仕事をやりくりしながら熱心に通級に付き添った。父親はAさんにとってあこがれであり「お父さんのように物を作ることが上手な人間になりたい」と言っていた。Aさんは生活の中で落ち着きのなさはあるものの，よく気がつくタイプであると保護者は話していた。

(3) 現在の様子（学校での様子・通級での様子）

　学校の学習面では読み書きが苦手で，漢字は1回覚えても短時間で忘れてしまうことが多い。音楽では表情豊かに歌い楽譜も読めるが，鍵盤ハーモニカの暗譜はかなり苦戦している。一方，算数や理科，社会など図や写真を関連させて考える課題や文の量が少ないものは理解している。特に算数は得意教科である。また，図工ではアイデアあふれる作品を上手に仕上げることができる。行動面では注意集中の苦手さがある。話は衝動的に唐突に始まり，まとまりがなく伝わりにくい。また，Aさんとしては頑張っているのだが本質からずれた言動になったり，並び順が覚えられずパニックになったりすることがある。しかし，素直でかわいがら

れるタイプで友達関係はよい。係活動は段取りよくこなすことができる。

　通級では机上のものに衝動的に触ったり，集中が途切れたりする様子が見られる。また，楽しそうに話すが話しているうちに直前の内容につられ，話が本質からずれていくことがある。

2. アセスメントリスト

・日本版 KABC-II（10歳4ヵ月）
・日本版 WISC-IV（10歳4ヵ月）
・絵画語彙発達検査（10歳2ヵ月）
・単語速読検査（10歳2ヵ月）
・小学生の読み書きスクリーニング検査（10歳2ヵ月）

3. KABC-II 検査結果と解釈

(1) 検査場面での行動観察

(a) 検査時の様子（検査入室から退室までの行動）

　担当者と面識があることや，事前に「Aさんのよいところを見つける検査」と伝えてあったことから安心して意欲的に取り組んだ。Aさんの集中の苦手さに配慮し認知検査後1週間空けて習得検査を行った。

(b) 各下位検査における行動

M1［語の学習］：集中して取り組んだ。新出の絵の名前はそのページでは記憶することができたが，次のページで誤答になることが多かった。

M3［物語の完成］：物語を言語化しながら取り組んだ。しかし，途中で衝動的に誤ったカードを置く様子が見られた。

M4［数唱］：集中して聞き5桁までできた。誤答でも順番は違うものの5つの要素は記憶することができた。

M5［絵の統合］：図全体をとらえてはいたが，よく考えずに直感的に答えるという解答があった。また「見たことがある」と言いながらもまったく違う答を言う様子が見られた。

M6［語の学習遅延］：25分後に実施した。悩みながらじっくり考え答えたが忘れているものが多かった。

M7［近道さがし］：いろいろな行き方を言語化しながら取り組んだ。途中から急に集中が途切れ誤答が続いた。
M8［模様の構成］：手元を見ずに構成した。まわりから構成することが多かった。最後は集中が続かずすぐにあきらめた。
M9［語の配列］：途中から集中が途切れ順番を誤り誤答となった。
M10［パターン推理］：「前から考えてわからないときは後ろから考える」と方略を言語化した。途中であきらめることなく集中して考えた。
M11［手の動作］：動作を言語化しながら覚えていた。要素が1つ抜けたり順番を間違えたりした。
A1［表現語彙］：物の用途や分類カテゴリーは合っているが，正しい名称ではない解答があった。
A2［数的推論］：衝動的な誤りや注意が維持できないことがあった。自分の考えを言語化しながら取り組んだ。正答は図形や立体に関するものが多かった。
A3［なぞなぞ］：動作化して考えたがヒントの一部に反応したり名称が出てこなかったりした。
A4［計算］：黙って集中して取り組んだ。
A5［ことばの読み］：途中からは集中が続かずよく考えずに答えた。
A6［ことばの書き］：開始問題が誤答のため前の問題へ戻った。2年生程度の漢字の誤りがあった。集中が維持できなかった。
A7［文の理解］：文に書かれている状況を言語化しながら考えた。目をこすりながら頑張ったが文が長くなると集中が途切れた。
A8［文の構成］：文字の写し間違いや，助詞の誤りがあった。
A9［理解語彙］：生活の中で経験していることは答えられたが馴染みがないものは誤答だった。

(c) 行動観察チェックリストの結果

　［物語の完成］［近道さがし］［パターン推理］［手の動作］［数的推論］［なぞなぞ］［文の理解］で，《方略やアイデアなどを言語化する》行動が見られた。《注意が維持できない》ものが［近道さがし］［模様の構成］［語の配列］［数的推論］［ことばの読み］［ことばの書き］［文の理解］であった。

(2) カウフマンモデルによる検査結果と解釈
(a) 認知総合尺度と習得総合尺度

　認知総合尺度99（90％信頼区間94-104）で「平均」の範囲，習得総合尺度89（90％信頼区間85-93）で「平均の下」〜「平均」の範囲に位置する。認知総合尺度は習得総合尺度に対して有意に高い結果である。しかし，後述するように認知尺度，習得尺度ともに各尺度間にアンバランスがあるため総合尺度の解釈は慎重を要する。

(b) 認知尺度間の比較

　継次尺度96（90％信頼区間90-102），同時尺度107（90％信頼区間98-115），計画尺度112（90％信頼区間103-120），学習尺度87（90％信頼区間80-96）であった。認知尺度間の比較は計画尺度が継次尺度と学習尺度に対して有意に高く，同時尺度は学習尺度に対して有意に高い結果だった。個人間差ではNS，NWともになかった。個人内差においては標準得点平均が101であり計画尺度がPSで学習尺度がPWであった。

(c) 認知検査間の比較

　認知尺度の下位検査の評価点プロフィールにおける個人間差は［近道さがし］［パターン推理］がNSで［語の学習遅延］がNWであった。

　全体の評価点平均は10で個人内差は［近道さがし］と［パターン推理］が有意に高くPSであり［語の遅延学習］が有意に低くPWであった。

(d) 習得尺度間の比較

　語彙尺度90（90％信頼区間84-96），読み尺度79（90％信頼区間74-86），書き尺度79（90％信頼区間72-88），算数尺度121（90％信頼区間115-126）であり尺度間の比較は算数尺度が他の3つの尺度と比較して有意に高く，語彙尺度は読み尺度と書き尺度と比較して有意に高かった。個人間差においては算数尺度がNS，読み尺度と書き尺度はNWであった。個人内差においては習得尺度の標準得点平均が92であり算数尺度が有意に高くPS，読み尺度と書き尺度が有意に低くPWという結果であった。特に算数尺度は習得尺度平均との差が29であり「まれな差」（＜1％），読み尺度は差が13であり「まれな差」（＜5％）であった。

(e) 習得検査間の比較

　習得検査の個人間差は［計算］がNS，［ことばの読み］［ことばの書き］がNW

であった。評価点平均は9で個人内差は［数的推論］［計算］がPS,［ことばの読み］［ことばの書き］がPWであった。
(f) 認知総合尺度と各習得尺度，算数尺度検査の比較
　算数尺度は認知総合尺度と比較して有意に高く，語彙尺度，読み尺度，書き尺度は有意に低かった。認知総合尺度と算数尺度検査の比較では［計算］が有意に高い結果であった。

(3) CHC モデルによる検査結果と解釈
(a) CHC 総合尺度
　CHC 総合尺度 93（90%信頼区間 89-98）であり「平均の下」～「平均」の範囲に位置する。
(b) CHC 尺度間の比較
　長期記憶と検索尺度 87（90%信頼区間 80-96），短期記憶尺度 96（90%信頼区間 90-102），視覚処理尺度 113（90%信頼区間 103-121），流動性推理尺度 112（90%信頼区間 103-120），結晶性能力尺度 90（90%信頼区間 84-96），量的知識尺度 121（90%信頼区間 115-126），読み書き尺度 76（90%信頼区間 71-82）であった。各尺度の個人間差では量的知識尺度が NS，読み書き尺度が NW であった。CHC 標準得点平均は 99 であり個人内差は視覚処理尺度，流動性推理尺度，量的知識尺度が PS，長期記憶と検索尺度，結晶性能力尺度，読み書き尺度が PW であった。特に量的知識尺度は CHC 総合尺度と比較してその差が 22 で「まれな差」（<5%），読み書き尺度は 23 の差で「まれな差」（<1%）であった。
　尺度間を比較すると量的知識尺度は長期記憶と検索尺度，短期記憶尺度，結晶性能力尺度，読み書き尺度と比較して有意に高く，視覚処理尺度と流動性推理尺度がそれぞれ長期記憶と検索尺度と短期記憶尺度と結晶性能力尺度に対して有意に高い結果であった。読み書き尺度は短期記憶尺度，視覚処理尺度，流動性推理尺度，結晶性能力尺度，量的知識尺度に対して有意に低い結果であった。

4. その他の検査結果と解釈

(1) WISC-IV の結果と解釈（10 歳 4 ヵ月実施）
　全検査 IQ は 95（90%信頼区間 90-101）で「平均」の範囲に位置するが，指標

得点間に有意な差があることから解釈は慎重に行う必要がある。
　言語理解指標97（90％信頼区間90-104），知覚推理指標109（90％信頼区間101-115），ワーキングメモリー指標79（90％信頼区間74-88），処理速度指標94（90％信頼区間87-103）であった。指標間を比較すると知覚推理指標は言語理解指標，ワーキングメモリー指標，処理速度指標に対して有意に高い結果であり，ワーキングメモリー指標は知覚推理指標の他に言語理解指標，処理速度指標に対しても有意に低い結果であった。
　言語理解下位検査の「類似」ではAさんが日常的に経験しているものについても誤答であった。知覚推理下位検査の「積木模様」は評価点が全評価点平均と比較して有意に高かった。またKABC-Ⅱの［模様の構成］と同様にまわりから組み立てていく様子が見られた。一方「絵の概念」では物事を表層的にしかとらえていない解答があった。ワーキングメモリー下位検査の「数唱」は順唱ではKABC-Ⅱと同様に5桁まで記憶することができた。しかし，逆唱では順番の誤りが多かった。「語音整列」の評価点は評価点平均と比較して有意に低く，その誤り方は順番の間違いとともにひらがなの聞き誤りであった。処理速度下位検査の「記号探し」では衝動的に誤った解答をする様子が見られた。

(2) 絵画語彙発達検査（10歳2ヵ月実施）
　　評価点11であり，年齢相応であった。

(3) 単語速読検査：特異的発達障害　診断・治療のための実践ガイドライン　診断と治療社（10歳2か月実施）
　　有意味単語，無意味単語ともに同年齢平均より読み終わるのに時間がかかった。有意味単語では，はじめは意味のある単語と気づかずに1音ずつ拾い読みだったが途中で気がつきスピーディに読むことができた。無意味単語では1文字ずつ拾い読みだった。

(4) 小学生の読み書きスクリーニング検査：インテルナ出版（10歳2ヵ月実施）
　　漢字の読みは2,3年用，4年生用ともに18/20が正答だった。漢字の書きは2,3年用が12/20，4年用が5/20が正答だった。どちらも5年生用は「できない」と言って拒否した。

(5) その他の情報

3音節単語の逆唱では頭の中で音を操作することが難しく指を使って答えた。基礎的漢字の読み書き（「LD児の漢字学習とその支援」北大路書房）は読みが95%、書きが90%の正答だった。

5. 総合解釈と指導方針

(1) カウフマンモデルによる解釈

KABC-IIの認知総合尺度と比較すると、習得総合尺度は有意に低い結果であった。このことから、Aさんは自分がもつ力を学習の中で生かしきれていないと考えられた。特に読み尺度や書き尺度が有意に低いことは学校情報と一致していた。

認知検査の中で計画尺度が一番高い結果であった。この計画能力は7項目の下位検査で自分なりの方略を言語化したり動作化したりしながら解答しようとしていたことやWISC-IVの「行列推理」の評価点が12であること、また学校生活で先を見通しながら係の仕事を段取りよくできることなどから強い力と推測された。しかしKABC-IIやWISC-IVの下位検査の中で衝動的に誤る様子や注意の持続の苦手さが随所に見られた。Aさんは刺激に過敏に反応してしまうため必要な情報とそうでないものを適切に取捨選択することが苦手であり、このことが計画尺度の高さを学習に生かしきれないことの一因ではないかと考えられた。同時尺度と継次尺度間には有意な差はなかった。しかし［絵の統合］は誤答であっても図全体はとらえていたこと、KABC-IIの［模様の構成］やWISC-IVの「積木模様」では全体の形をとらえまわりから構成する様子が見られたこと、［数的推論］で図形や立体に関する問題がよくできたことなどから同時処理能力は強い力であると推測された。これは学習の中で図や写真と関連させて考えることができるという学校情報や、ブロックや工作は説明書がなくても作ることができるという家庭の情報からも支持される。一方、継次処理能力はKABC-IIの［語の配列］［手の動作］やWISC-IVの「逆唱」で順番の誤りがあったこと、学校で並ぶ順が覚えられないことなどから弱い力であると考えられた。

学習尺度は計画尺度や同時尺度と比較して有意に低かった。下位検査の評価点からも25分後にはかなり忘れてしまうということや、学校で学んだことを短時間で忘れてしまうというエピソードなどから弱い力であるといえる。

習得尺度の中で算数尺度は一番高い結果であった。認知総合尺度と比較しても有意に高いことから，Aさんは自分のもつ力を十分に生かして算数の学習をしていると言える。

語彙尺度は認知総合尺度や読み尺度，書き尺度と比較して有意に高かった。しかし，複数の絵から言葉を再認する［理解語彙］は絵画語彙発達検査の結果とほぼ同様であり年齢相応の力をもっているものの，［表現語彙］や［なぞなぞ］の答え方からは正確な言語表現の苦手さや語想起，言語的統合の弱さがあると考えられた。

読み尺度と書き尺度は認知総合尺度と比較しても有意に低い結果であった。しかし読み尺度の［ことばの読み］と［文の理解］の間には有意な差があり，［文の理解］はAさんの平均評価点と同じであった。これは，漢字は読めないものの語をまとまりとして意識し，その前後から推測するという同時処理の力を生かして理解できたものと推測された。書き尺度の下位検査では2年生で学習する漢字の間違いや助詞の誤り，文字の写し間違いがあった。しかし「身近で具体的な物や，動作に関連し象形文字を反映した基礎的漢字（小池「LD児の漢字学習とその支援」）」の読み書きは90～95％できた。これらもやはり同時処理の強さをもつAさんにとって学びやすく定着につながったものと考えられた。

(2) CHCモデルによる解釈

CHC総合尺度は93でありWISC-Ⅳの全検査IQが95であることから，Aさんの知的発達レベルは「平均」の範囲に位置する。

長期記憶と検索尺度と短期記憶尺度は，視覚処理尺度および流動性推理尺度，量的知識尺度と比較して有意に低かった。また，短期記憶尺度は「平均」の範囲に位置するがWISC-Ⅳのワーキングメモリー指標の結果や3音節単語の逆唱に苦戦することなどからワーキングメモリーの弱さがあると考えられた。これは話が直前の内容に引きずられてずれていくことなどとも一致する。一方で視覚処理尺度は［数的推論］の図形や立体の問題がよくできたことやWISC-Ⅳの「積木模様」の評価点の高さ，工作が上手という学校情報から強い力であると考えられた。このように，Aさんは入力された情報の「記憶・処理」の段階で視覚処理の力はもっているものの記憶の力は弱いといえる。さらに，高次の能力である流動

性推理はWISC-IVの「行列推理」の評価点が12であることからもAさんの強い力といえるが，結晶性能力はPWと弱い力である。習得段階においても，読み書き尺度と量的知識尺度を比較すると読み書き尺度が有意に低い。指導では情報の入力・処理の段階から習得段階までそれぞれの尺度で有意な差があることに対しての配慮が必要である。

(3) 指導方針

　Aさんは継次処理能力の弱さ，複数の感覚刺激を処理記憶し運動的手がかりを用いて表現していくというような複雑な作業に弱さがある。漢字の読み書きの問題は，継次処理やワーキングメモリーの弱さが一因となる音韻意識の弱さと，語音弁別やデコーディングの力の弱さが大きな要因である。

　またプランニングの力をもっているものの，その力が学習の中で生かされない。その理由として，衝動性や注意集中の苦手さのために得た情報を吟味することなく誤った方略を身につけてしまうためと考えられた。一方で同時処理能力の高さは支援の中で生かせる力である。それらを踏まえて以下の指導方針を立て漢字指導に取り組むことにした。

○プランニングの力を生かすために，学習の方略を言語化し振り返りをする。
○同時処理能力の強さを生かし熟語の意味と読みを結びつける。また，漢字の「なりたち」を絵で表しその書き方を理解できるようにする。
○刺激に過敏であることや注意の持続の苦手さに対して，学習量や課題遂行時間に配慮するとともにシンプルな教材を工夫する。
○学習尺度の低さに対して短い時間での振り返りを行う。

6. 指導経過

(1) 指導開始時の状態

　Aさんは漢字に対する苦手意識がとても強かった。主な間違え方は一度学習しても時間がたつとまったく書けなくなってしまったり，何となく合っているが線が足りなかったり偏の誤りがあったりするというものだった。そこでAさんに「どのような覚え方が合っているのか一緒に考えよう」と提案し以下の学習に取り組むことにした。

(2) 指導手続き

　月2回の通級指導の中で取り組んだ（全9回）。1回のセッションでAさんがイメージしやすい短文の中にある熟語の読みと，その熟語の中に含まれる単漢字の書きの指導を行った。9回の指導で学習した熟語は36個，その熟語に含まれる単漢字は18個である。また，家庭学習としてそれまでに通級で学習した漢字を2回ずつ練習することとした。2週間後の確認テストはその前の回の漢字の読み書きを行った。

　具体的手順は以下の通りである。

①Aさんがイメージしやすい文の中の新出熟語3個の読み方を教示し，その意味を電子辞書で調べる。その際「もしかしたらこんな意味かもしれない」と調べる前に予想を立てる。

②①で学習した熟語の中の単漢字を含み，しかもAさんが生活の中で聞いたことがある熟語を新たに3個提示し，電子辞書で読み方と意味を調べる。

③熟語を単漢字に切り離したものを再構成しながら熟語と単漢字の読み方を確認する。

④単漢字の「なりたち」の絵と「漢字カード」とマッチングさせ，その後に書く練習を2回行う。

⑤通級で学習したすべての漢字の書きを家庭で2回練習する。

⑥確認テストはその前のセッションで学習した漢字を熟語の穴埋め方式で行い確認する。

(3) 指導後の状態

　提示された文自体がイメージしやすいものであったことや熟語の意味を知ることでAさんはスムーズに読めるようになった。また，熟語を切り離して再構成する課題では単漢字に着目しながら構成することができた。その中で間違えて構成しても自分で修正する様子も見られた。8回目には学習したすべての単漢字および熟語を正しく読むことができた。

　書く学習では，はじめは市販の「漢字のなりたち」の絵と，漢字カードのマッチングに取り組んだ。しかし，これはAさんにとって視覚刺激が多すぎたため漢字の音（読み方）を文字（漢字）に変換したり記憶したりすることが難しかった。

そのため，自分で「なりたち」を考えて絵で表す方法に切り替えた。その際にどうしてそのような絵を考えたのか言語化させた。また指導の途中で偏や旁に着目して「もっとわかりやすい絵」を担当と一緒に話しながら考えた。そうすることでAさんは自分の絵を見ながら「『団』は人が集まっているという絵」「『件』には牛がいるんだよねぇ」と言語化しながらマッチングしたり書いたりする様子が見られた。全回を通して学習した漢字は次の回に正確に書くことができた。8回目の確認テストの正答は12/18（正答率67％）であり9回目は17/18（正答率88.9％）であった。その5週間後には家庭学習を行わなくても18/18の正答であった。

7. まとめと今後の課題

　漢字の読みは熟語の意味と関連させて記憶するという同時処理の力を生かした課題であり，この方略はAさんにとって記憶しやすく早い段階で定着した。また熟語の意味を調べる前に「もしかしたらこういう意味かもしれない」と考えさせることがAさんの衝動性を抑える一助となったと考えられた。

　漢字の書きについては強い力であるプランニング・同時処理の強さを生かした課題として取り組んだ。また，自分で「なりたち」の絵を考える課題に切り替えたことにより思ったことを言語化することが多くなった。このことはAさんがもつプランニングの力が生かしやすかったものと考えられた。

　書くことへの抵抗感や長期記憶と検索の弱さに配慮して家庭で少ない量を少ない回数で繰り返す学習を行ってきた。Aさん自身が「これくらいならできる」という気持ちをもつことができたことが学習の定着に大きく影響した。

　最終学習日にAさんは「漢字は覚えやすくなった。漢字を覚えるとき意味を考え『なりたち』を絵でまとめると覚えられる」と話した。このことは，自分なりの覚え方を意識し始めたものと考えられた。

　しかし，刺激に対して過敏に反応するため本質と非本質の区別がつきにくく誤った学び方をしてしまう可能性があることに対して今後も配慮が大切である。また，繰り返しの学習はどれくらいの量と頻度が適切なのかはさらに検討が必要である。

倫理的配慮

　Aさんの保護者に対し，事前に，検査結果を利用することにより期待される効果について説明を行い，検査実施，事例発表や出版物への掲載の了解を得た。

文　献

日本版 KABC-II 制作委員会（2013）「日本 KABC-II マニュアル」，丸善出版。

Kaufman, A. S., Lichtenberger, E. O., Fletcher-Janzen, E., & Kaufman, N. L. 著，藤田和弘・石隈利紀・服部環・青山真二・熊谷恵子・小野純平監修（2014）「エッセンシャルズ　KABC-II による心理アセスメントの要点」，丸善出版。

藤田和弘監修，熊谷恵子・青山真二編著（2000）「長所活用型指導で子どもが変わる Part 2」，図書文化。

小池敏英・雲井未歓・渡邉健治・上野一彦（2002）「LD 児の漢字学習とその支援」，北大路書房。

稲垣真澄編集代表（2010）「特異的発達障害　診断と治療のためのガイドライン」，診断と治療社。

日本版 K-ABC 著者監修，藤田和弘・青山真二・熊谷恵子編著（1998）「長所活用型指導で子どもが変わる」，図書文化。

表 6.1　WISC-IV 検査結果

		合成得点	パーセンタイル	信頼区間	記述分類
全検査 IQ	FSIQ	95	37	90-101	平均
言語理解	VCI	97	42	90-104	平均
視覚推理	PRI	109	73	101-115	平均〜平均の上
ワーキングメモリー	WMI	79	8	74-88	低い〜平均の下
処理速度	PSI	94	34	87-103	平均の下〜平均

各指標間差	
VCI＜PRI	VCI＞WMI
VCI＝PSI	PRI＞WMI
PRI＞PSI	WMI＜PSI

下位検査評価点

類似	単語	理解	積木模様	絵の概念	行列推理	数唱	語音整列	符号	記号探し
9	9	11	13	9	12	8	5	8	10

事例6

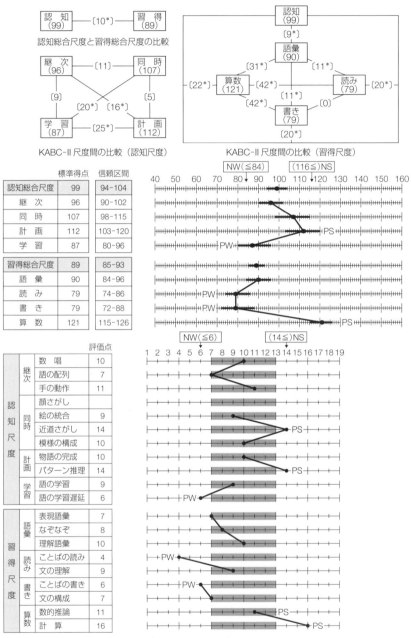

図 6.1 日本版 KABC-II 検査結果（カウフマンモデル）

計画尺度が高いが学習に生かすことが難しい小学5年生への漢字指導　　173

KABC-II尺度間の比較（CHC尺度）

	長期記憶と検索	短期記憶	視覚処理	流動性推理	結晶性能力	量的知識	読み書き
長期記憶と検索							
短期記憶	=						
視覚処理	>	>					
流動性推理	>	>	=				
結晶性能力	=	=	<	<			
量的知識	>	>	=	=	>		
読み書き	=	<	<	<	<	<	

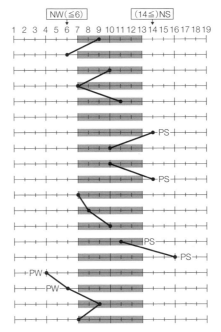

図6.2　日本版 KABC-II 検査結果（CHC モデル）

事例 7

高機能自閉症の中学 1 年生の学習支援に関する コンサルテーション
──KABC-Ⅱ と WISC-Ⅳ に基づく指導方法の検討──

岩山カイナ(大阪府立住之江支援学校)
青山眞二(北海道教育大学)

対象児

A君。中学校1年,支援学級在籍,男児(13歳,高機能自閉症の診断)。

主訴(相談内容)

学習を中心とした支援方法を提案すること。

家庭-学校,校内全体での連携体制を作ること。

概　要

A君は支援学級に在籍しているが授業や日常生活の大半を通常学級で過ごしている。目立つトラブルなどはなかったが,本人と家族は学習面からの自尊心の低さや周囲からの孤立感があり,二次障害の予防的視点からも早期の支援が必要であった。その他課題として,A君の在籍中学校には特別支援学級が設置されているものの,特別支援に関する教職員の意識にばらつきがあること,母親の抱える支援比重が高くなっていることなどが挙げられる。そのような状況の中で,筆者は特別支援学校の特別支援教育コーディネーターとしての立場からA君の支援に携わった。学校や保護者と連携しつつ支援内容を具体的に検討し,現在A君自身が一番頑張っているのに一番うまくいかないと感じている「英語」を中心とした学習面の支援から開始した。KABC-Ⅱ,WISC-Ⅳを実施し指導方法の検討を行い,学習方法と教材を提案した。さらに,校内体制の連携方法について話し合い,本人に孤立感をもたせないようにするためのフォロー対策も提案した。その結果,英語学習の中に楽しみを見つけ,テスト点数の上昇などからも自尊心の回復が見られた。また,校内での支援開始とともに本人の支援体制が構築され始めた。

高機能自閉症の中学1年生の学習支援に関するコンサルテーション　　　175

1．背景となる情報

(1) 生育歴および現在までの経過

3歳時，ことばの遅れ・こだわりが強いことに家族が気づき病院を受診し自閉症と診断を受けた。児童期には，人とのやりとりの苦手さや，予定変更の難しさなどがあった。現在は「高機能自閉症」の診断で精神障害者2級の手帳を有している。

(2) 家庭環境

父親・母親・妹との4人暮らし。母親が支援の主軸となっている。

(3) 学校や家庭での現在（指導開始前）の様子

A君は友達とのコミュニケーションや人間関係を築くことが不得意であるが，穏やかな性格で，周囲と大きなトラブルになることはなく，授業態度も真面目である。しかし，A君本人と家族は学習面からの自尊心の低さや周囲からの孤立感があり，授業観察時に見られたチックから失敗をすることに対する不安や緊張の高さも見られた。

家庭学習では長年にわたり書いて覚える復習に力を入れており，以前はテストの成績がよかった。しかし，中学校に入って成績は大きく下降傾向で特に英語が苦手である。

(4) 情報収集

(a) 行動観察

授業参観時「国語」で扱っていた物語の内容には興味がない様子（あまり理解していない）で，資料集の好きな百人一首のページを眺めていた。唐突に授業の脈絡とは関係のない質問をする場面も見られた。ノートテイクに関して，板書を写すことに必死な状況であり，内容理解に重きを置くことが難しいような印象であった。「英語」では，本人の発言した解答が間違えると突然まばたきが多くなり，肩をすくめるチックのような動作や，ひざを小刻みに動かす動作が見られた。間違えた部分は，［plain］と［train］の聞き違いによるものであった。周囲の

生徒のささいな声や小さな雑音がある中で，隣の席の生徒の耳打ちを何度も聞き返している様子も見られ，音韻の聞き取りに苦手さを抱えているかもしれないと予想した。その後母親より，幼少期「ぱ」と「ば」,「ぺ」と「べ」などの言葉の聞き取りが難しかったという情報が得られている。休み時間は，将棋を使って一人でドミノ倒しをして遊んでいた。運動面は，鉛筆の持ち方に特徴があり，重心が斜めに傾いたように見える歩き方をする。モチベーションの高いこだわりは，ドミノ・麻雀・数字である。百人一首は番号で暗記，学年の生徒の出席番号もすべて暗記しているが，顔と名前は一致していない。

テストの間違え方の特徴を分析すると，問題文の微妙な取り違いによるミスが散見された。単語のつづりはローマ字との混同や，音韻の似ている他の単語との混同が見られた。

(b) A君本人との面接

A君本人への面接は，緊張がほぐれてきた4回目の訪問時に行った。目的は，具体的に何に困っているのかということをA君自身の言葉から情報を受け取り，これまで漠然と自己否定的にとらえていた自身の問題整理をサポートすることである。A君は「ノートテイク・英語が，頑張っているけど難しい」と話していた。また，友達について質問すると「友達は欲しい。話したいが，友達が何をしているのかわからない。だから"(友達がいなくても)いいか"と思う」と話していた。A君の通う中学校では"A君よりもできない生徒はいる""A君は行動上何の問題もない"という周囲の認識もあり，本人が困っていることに対して支援の必要性の理解が不十分な状況である。

2. アセスメントリスト

・KABC-Ⅱ（13歳10ヵ月）
・WISC-Ⅳ（13歳10ヵ月）

3. KABC-Ⅱ検査結果と解釈

(1) 検査場面での行動観察

授業観察より本人の緊張や不安の高さがうかがえたため，あらかじめテストの目的や時間配分の目安をていねいに伝えた。「行動観察チェック表」からは，課題

に対する集中力の高さや反応に対する注意深さがうかがえた。

(a) 検査時の様子（検査入室から退室までの行動）

　本人の希望により，学校の時程に合わせてチャイムに従って休憩を取りながら実施した。検査は2日に分けて実施し，検査時間のみを合算すると所要時間は2時間45分ほどであった。緊張する様子は見られず，自分のペースを保ちながら意欲的に取り組んでいた。自分の解答について間違いがないかを可能な範囲で必ず確かめていた。検査当日は寒波により数年ぶりに雪が降っていた。本人が途中で外を気にする様子があったため，雪遊びに関する雑談を投げかけたところ，注意がそれた要因は雪で家がつぶれるのではないかという心配によるものであったことがわかった。雪は軽くかつすぐに止んでしまうので，家がつぶれる心配がないことを説明すると，再び検査に集中することができた。

(b) 各下位検査における行動

M1［語の学習］：はじめは緊張が見られたが，すぐに集中することができた。

M3［物語の完成］：自信はない様子であったが，どの課題もあまり迷うことなく終えていた。

M5［絵の統合］：ほとんどの解答は，時間をかけずにパッと見て解答していたが，難しくなると部分に注目して，「これは〜で‥‥ここは〜で‥‥」と一部を言語化しながら考える様子が見られた。

M6［語の学習遅延］：悩むことなく即答していた。

M7［近道さがし］：空中でとてもすばやく人差し指を動かしながらすべてのルートを数えてから解答していた。簡単な問題も難しい問題もすべて同じ方略を使って解答していた。

M8［模様の構成］：すべて図形の左側から順番に形を作っていた。難しくなっても，自分の方略を大きく変える様子は見られなかった。

M10［パターン推理］：自信をもってすべて即答していた。

A1［表現語彙］：「ちょっとわかりません」と残念そうに返答していた。

A2［数的推論］：計算の確かめをしながら集中して取り組んでいた。

A3［なぞなぞ］：ヒントの中に出てくる名詞の意味を取り違えて覚えているために，解答をミスする箇所が見られた。

A4［計算］：全解答において必ず計算の確かめを行っていた。間違わないように

解答しようとする姿勢が強く感じられた。
A5［ことばの読み］：漢字が苦手であることを本人も十分に自覚している様子であったが，頑張って読もうとする様子が見られた。
A6［ことばの書き］：5本の指で鉛筆をもっていた。筆圧のコントロールがしにくそうな様子であったが，はねるところをきちんと書いていた。筆記速度はゆっくりであったが，本人はすばやく書こうと一生懸命に取り組む様子であった。
A7［文の理解］：黙読していた。文の意味は大きく間違えてはいないものの，問題文全体から意図された問の内容をつかみ切れていないように感じられる反応が見られた。

(c) 行動観察チェックリストの結果

全体を通じて意欲的に取り組んでいた。認知尺度では，得意な下位検査において《忍耐強く取り組む》《いろいろと試してみる》《集中力が高い》様子が見られた。また，［絵の統合］では一部で《方略やアイデアなどを言語化する》行動が見られた。習得尺度においても得意な算数尺度で《自信をもって課題に取り組む》《集中力が高い》様子が見られた。

(2) カウフマンモデルによる検査結果と解釈（図7.1）

(a) 認知総合尺度と習得総合尺度

認知総合尺度は120（90％信頼区間115-125）で「平均の上」～「高い」に位置している。一方，習得総合尺度は87（90％信頼区間84-91）で「平均の下」であり，認知総合尺度120＞習得総合尺度87と有意差が見られた。したがって，学習方法を改善することで新たな学習を習得する力を伸ばすことができる可能性が高い。

(b) 認知尺度間の比較

継次尺度117（90％信頼区間110-123）と同時尺度114（90％信頼区間105-122）との比較において，両尺度間に統計的な有意差はないが，同時尺度の下位検査内で［近道さがし］が評価点16と1つだけ大幅に高く，同時尺度の得点を引き上げているため慎重な解釈が必要である。検査時の行動観察より，課題遂行に際し全体を眺めることなく端から順番にすべての道筋を試行していたこと，［近道さがし］［パターン推理］など全体を眺めることなくすべて左から順に思考して高得点

を取っていることから継次処理を得意とするタイプであると解釈した。

継次尺度 117 と計画尺度 103（90％信頼区間 94-111）との比較では有意差が見られた。ただ，計画尺度は，下位検査内の［パターン推理］が評価点 14 と高かった一方，［物語の完成］の評価点が 7 と低い結果であり，計画尺度下位検査間で大きな差が見られた。この結果を A 君の日頃の学校生活での様子や百人一首，クラス全員の生徒の出席番号を覚えている点などを参考に解釈すると，A 君は社会的な因果関係の推論・内言語活動を伴う社会的な推論は苦手であるものの，視覚的にパターンに沿った機械的推論をすることは非常に得意である可能性が高い。また，学習尺度 123（90％信頼区間 114-130）と計画尺度 103 の間にも有意な差が見られた。学習尺度が 123 と非常に高いため，それまでに蓄積された言語や社会的な文脈に影響されない，新規の対連合学習が得意であるといえる。

(c) 認知検査間の比較

強い下位検査の評価点は［語の学習］15,［近道さがし］16 であった。苦手な下位検査は，［物語の完成］7 であった。

以上より，機械的な記憶とパターン的な推理・処理は得意であるが，社会的な文脈理解や推論に関する苦手さが推測される。

(d) 習得尺度間の比較

習得尺度における尺度間比較では，読み尺度 84 ＞ 語彙尺度 73，書き尺度 96 ＞ 語彙尺度 73，算数尺度 112 ＞ 語彙尺度 73 であり，語彙の低さが顕著に現れた結果となった。また語彙に対して読み書きが高いという結果は，漢字練習を家庭で長年積み重ねてきた結果を裏づけるものであると解釈した。

(e) 習得検査間の比較

個人内差において，強い下位検査は［数的推論］13,［計算］11,［ことばの書き］10 であった。苦手な下位検査は，［表現語彙］5,［なぞなぞ］6,［理解語彙］6 であった。

以上より，本人は数的作業が得意である一方，社会的な内容を内包した言語理解・操作が苦手であると解釈した。

(f) 認知総合尺度と各習得尺度，算数尺度検査の比較

認知総合尺度と習得総合尺度間の非常に大きな差について検討を行った。尺度間の比較を分析すると，特に差が大きく現れたのは認知総合尺度 120 ＞ 語彙尺度

73であり，語彙尺度73は個人内差でも5％以下のまれな差が見られた。また，認知総合尺度120＞読み尺度84，認知総合尺度120＞書き尺度96であり，習得尺度の語彙・読み書きなどの言語に関する領域が苦手である結果が得られた。本人のもともと備えもつ認知処理能力は非常に高いが，言語理解の苦手さが経験的知識や学習に影響を与えていることが推測される。

また，算数尺度112＞読み尺度84，算数尺度112＞書き尺度96と算数の強さが明らかになった。算数尺度の強さは5％以下のまれな差であった。

4. その他の検査結果と解釈

(1) WISC-IV (表7.1)

全検査IQ 100（90％信頼区間95-105）であり，「平均」に位置しているが，個人内での得意な領域と不得意な領域に差が見られた。指標間の比較において，言語理解指標（VCI）86＜知覚推理指標（PRI）106であるが，PRI下位検査「行列推理」が評価点15と1つだけ群を抜いて高く，PRIの得点全体を引き上げていることから，"知覚推理が有意に高い"と単純に判断はできない。「行列推理」が高いことについては，視覚的な機械的パターンを推論することが非常に得意であり，KABC-IIの［パターン推理］の結果と一致している。「絵の概念」は評価点9と平均値ではあるが，視覚的にとらえて判断する力は社会的な理解を必要としない機械的な推論のほうが相対的に得意であると考えられる。

一方，VCIの下位検査においては，ステレオタイプな反応が多く，満点が得られない反応が多く見られた。このため，中学校生活でのクラスメイトとのコミュニケーションや社会的な事柄に関する理解においては，VCIが示す数値以上に苦戦している可能性が考えられた。

ワーキングメモリー指標（WMI）が118と高いことから，耳で聞いた単純な刺激を短期的に記憶し，操作することは本人の中で得意であることが推測できる。KABC-IIにおいても，数字の単純記憶やワーキングメモリーを要する［数唱］［近道さがし］の得点が高く，WISC-IVの結果と一致している。

処理速度指標（PSI）に関しては下位検査内の得点差が大きかった。「記号探し」は評価点12と高いが，「符号」は評価点6であることから，視覚的な処理速度は速いが，筆記作業のスピードに遅れが見られた。

全体を通じて，機械的な短期記憶・操作・推論が非常に得意であると解釈することができ，KABC-IIの結果と一致している。

5. 総合解釈と指導方針

(1) 総合解釈

A君は習得尺度に対して認知尺度が大きく高く，認知尺度内でも得意な領域と苦手な領域の差が大きい。日常生活や学習面において影響がわかりやすく生じる，言語理解・操作が苦手であるためについその部分に着目してA君を理解してしまいがちであるが，得意な方法（機械的な記憶，パターン的な推論・処理）で支援を行うと大きな効果が期待できる可能性がある。

今回のコンサルテーションにあたり，A君自身が現在一番困っている「英語」を切り口として具体的な学習方法や教材を検討・提示することで，本人のよい変化と周囲のポジティブな理解を広げられるのではないかと考えた。

「英語」の学習が難しい背景について，以下の3点の仮説を立てた。①語彙理解が苦手で文のニュアンスを理解しにくい。②会話中の音韻処理が苦手な可能性がある。聞き取りが難しい，話し手の話す速度の問題，雑音との関連などさまざまなことが予想できる。③相対的に，読み書きに関する困難さがある。これらに対し，機械的な記憶力・パターンで処理する力など本人の得意な方法を活用して学習方法を検討した。

(2) 指導方針

指導方法を検討するにあたり，ASDの特性に応じた方法も考慮しなければならない。ASDの指導において，ASDの診断基準の1つにもなっている"こだわり"を教材や強化因として生かすことは効果的であり，反復行動の強化価の高さに着目した研究も散見される（Charlop & Haymes, 1998）。A君の場合，数字に対するモチベーションの高さ，大好きなドミノや麻雀牌を並べる作業などが指導に活用できるのではないかと考えた。

(a) 指導方針に関する提案

A君の学習指導全般に関して，以下のことがらを提案した。
①得意な力を活用し機械的な記憶力と推論を生かした指導や，順序性・規則性に

則った指導をする。
②授業の内容理解・言葉の理解に関するサポートが必要である。予習により，あらかじめ内容理解をしてから授業に向かう。
③問題文等の内容や意味（なぜ？なにが？どのように？どんな？）を考えさせる指導方法は向いていない。言語の抽象的な表現は，図表を使って具体的に示す・本人に明確にわかる言葉を使って説明することが必要である。暗黙の社会的理解や推測を求める負荷をかけすぎずに，得意な方略を使って学習ができるようにすることが有効である。
④ノートテイクは内容理解にかける時間とは別に設定し，本人・教科担任と相談しながら筆記量を減らす工夫も必要である。
⑤こだわりを活用する。覚えたいことがらに数字をつける。麻雀，ドミノ倒しなど規格がそろったものを並べるなどの活動を教材に組み込む。

(b) 支援体制作り

学習支援教材を支援学級で作成し，家庭学習でも使用することとなった。内容については，支援学級担任が教科担任と連携をとり，事前に予習できることがらを把握することとなった。

また，学校全体の理解と支援の協力を得るために，職員会議や校内委員会の中で本人の特徴と何に困っているのかという点についての理解を共有することや教科担任との連携体制作りを進める計画を立てた。

(c) 英語の学習指導方法に関する提案

①パソコンのタイピングによる予習をする。英文パターンと意味を，視覚的な継次処理で記憶することを促すことを目的とする。また，筆記の負荷をなくし，言語的な推測の負荷もかけない。
②数字を活用した英語の文法を覚える指導。単語カードに，主語は①動詞は②などの数字を書き，それを並べ換えながら構文パターンを覚える。
③音韻に関する"気づき"のサポートをする。発音の違いを大げさに，しっかり英文を読んで記憶する。同じ発音つづり（"much, check"など）を見つける教材の活用を行う。
④フォニックスでパターンを記憶し，英文の虫食い部分（　）を推理させる学習をする。

⑤好きな麻雀牌に白いシールを貼りアルファベットを書いて，並べながら単語や文章を作る遊びをする。
⑥辞書や参考書を使い，視覚的イメージで言語理解をサポートする。
(d) A君との面接による一般的な指導
　結果については，A君の優れた部分や学習への頑張りを評価したうえで本人自身の自己イメージに沿いながら苦手さについても説明した。また，学習方法に関しては，得意な方法を理解させ，A君がすぐに始められることを「いつ・どのようにやるのか」具体的に話し合いながら決定した。その内容は用紙に記載してA君自身に渡し，自分の行動の見通しをもてるようにした。

6. 指導経過と結果

(1) 対象者の変化

　学習意欲の高まりが見られ，継続した予習型の学習ができた。英語の学習指導方法の提案（上記①〜⑥）を試行する中で，①パソコンのタイピングによる予習方法と，②数字を活用して英語の文法を覚える方法が特に取りかかりやすく継続できる方法であったようである。その結果，以前は平均点より30点以上低かった英語の点数が，2ヵ月後の中間テストと4ヵ月後の学期末テストでは，平均点より高い点数を獲得することができた。現在は「"-詞"について書かれている参考書はないか」と英語の教科担任に自ら話しかけるなど意欲的に取り組めるようになった。その他の変化として，集団生活の中で困ったときに，これまでより学級担任や教科担任などに自分から質問に行くことができる回数が増えた。しかし，学習面での問題よりも成長とともに複雑化する周囲の人間関係やコミュニケーション内容の変化への対応が難しくなったことが相対的に目立つようになってきたようである。

(2) サポート体制の変化

　校内でA君の特徴の共通理解を図る取り組みが始まった。職員会議の中で，A君の支援方法について支援学級担任から説明する場面が設けられた。英語の教科担任にも本人に適切な学習方法について共通理解を得ることができた。支援学級でも家庭との連携体制がこれまで以上に明確に機能するようになった。学習支援

に関して，教科担任との連携が始まったこと・英語の定期テストの成績が上がったことで本人が意欲的に取り組めるようになったことにより周囲のサポート体制も機能しやすくなった。現在は，対人関係に関連する話題も出ることが多くなったようである。

7．考察と課題

(1) A君の変化に関する考察

　A君および学校へのコンサルテーションの前後を比較しても一番明確に変わった部分は，学習方法であった。以前のA君は，沢山の文字を書きながら授業内容を復習していたが，筆記に苦手さを抱える者にとって，書きながら覚える方法は向いていない。この方法から筆記の負荷を減らし，記憶と理解に重きを置いた予習型に変更したことはA君にとって効果的であった（指導方針に関する提案④）。語彙が苦手なA君にとって，読んで意味を考えて覚えるという「理解⇒記憶」という方法から，タイピングや構文パターンで記憶してから考える「記憶⇒理解」へと得意な記憶を入り口にしたことで，学習しやすくなったと考察される（同①②③）。また，好きな麻雀牌や数字を使用するなど，こだわりを指導に活用することで学習への意欲が向上したと考えられる（同⑤）。教材に関しては，準備のしやすさが本人にも家族にも継続して行えた要因であり，定期テストの点数が上がった結果につながったと考えられる。さらに，本人が読みと書きへの苦手さを克服しようと長年にわたって努力してきた証拠を検査結果から明確に見ることができたことも，低下していた学習意欲や自尊心を回復させる要因になったのではないかと推測した。

(2) 周囲の支援体制の変化に関する考察

　KABC-Ⅱの認知総合尺度120，習得総合尺度87という大きな差は，母親や担任など周囲のもつ本人の実態把握イメージを大きく変化させた。苦手な部分への注目から得意な部分へ注目されるきっかけとなり，支援へのモチベーションが向上したと考えられる。また，以前は「A君は聞いたことを覚えられない」という受け止めがあったが，A君は聞いたことを記憶することを苦手としていたのではなく，学校生活や生活場面など社会的状況下で使用される言語の理解に課題があっ

たことが明らかになった。検査場面のような妨害刺激が少なく本人が注意をしっかり向けている環境においては単純な聴覚情報の暗記や操作はむしろ得意であることがわかり，本人への関わり方や指導の幅が広がった。語彙の低さや社会的状況理解の難しさについて周囲が共通理解をすることで，A君への日常的な言葉かけの仕方に変化が生じた。ノートテイクに関する苦手さなども含め，A君の認知的な背景が客観化されたことが，周囲の共通理解と支援体制作りに役立ったと考えられる。支援学級担任からも「今までA君についてなんとなく漠然と感じていたことが，明確になってよかった」という報告もあり，家庭と学校が共通の理解をもつきっかけともなったようである。

(3) 2つの心理アセスメントと支援の効果に関する検討

　日本語の読み書きに困難を抱える生徒は英単語の読みとスペリングの学習に顕著な困難を示すことが多い（奥村・室橋，2013）。これに対し，得意な認知処理方法を明らかにし，その得意な方略を指導方法に活用できたことがよい成果が出た要因であったと考えられる。

　本人の言語の力に関して，KABC-Ⅱで語彙尺度73であることから，経験的に蓄積された語彙そのものが少ないことが明らかとなった。また，WISC-ⅣではVCI下位検査問題の多くを満点ではなく部分点で獲得していたことから，知っている言葉も表面的・部分的な理解に留まっていることが推測できた。さらに計画尺度の［物語の完成］7から，社会的状況の推論や言語で考えながら推論することの苦手さも明確になった。その他，学習尺度から本人の語彙理解を伴わない単純な対連合学習の高さが顕著となったことで，学習指導方法の大きな道筋を見つけることができた。

　また，本人の抱えるノートテイクの難しさの背景に，WISC-Ⅳが筆記に関する速度の問題を明らかにする一方，KABC-Ⅱが読みの難しさを明らかにした。

　これまで聞いたことを記憶できないととらえられていたが，WISC-ⅣのWMIが高いことから語彙の理解が伴わないことがらに関して短期的に処理することはむしろ得意であることがわかり，今後の指導の幅を広げることが可能となった。

　さらに，2つのアセスメントに見られた大きな共通点は，本人がパターン的推論を非常に得意としている点であり，指導方法を検討するにあたり，大いに役立

てることができた。

(4) 新たな理解・評価と今後の課題

校内の支援体制が変わったことは今後につながる第一歩であったと考えられるが，校内支援体制の構築という点において始まったばかりであり，今後の学習支援や発達に伴って変化する対人関係へのサポートに関しても継続して連動していくことが課題である。A君が穏やかな性格であることも加わり中学進学後も表立ったトラブルなく過ごしていたが，思春期に入り周囲の心身の変化や会話の質的変化にA君の理解や対応がより難しくなったのではないかと推測される。したがって，今後は日常生活の中でA君に対し他人の言動の心理化（Frith, 1989）のサポートを強く意識した支援が必要である。

(5) その他

学校現場では，友達とのトラブルを契機に本人の抱える苦手さに気づくというケースも多い。今回のA君は，本人と家族は困っている感覚をもちながらも学校内で周囲を巻き込む大きなトラブルがないために，指導上の工夫がなされにくいという問題があった。

自閉症児は二次障害としての精神疾患や不登校などの問題が生じる場合もあるため（十一，2003），本人の苦労や困難さが周知されにくい本ケースのような事例に関して問題が顕在化される前に特性を把握し，予防的視点を共有できたことは意義深いと考えられる。

全体を振り返り今回のコンサルテーションの一番の成果は，本人・家庭・学校とのカンファレンスに重きを置き，指導（支援）方法として「何からするか，具体的に何なら可能か」という現実的な視点から検討することができたことであったと考察する。

倫理的配慮

A君の両親に対し，事前に，検査結果を利用することにより期待される効果について説明を行い，検査実施，事例発表や出版物への掲載の了解を得た。

文 献

Frith, U. (1989) AUTISM：Explaining the Enigma, Blackwell Publishing.

Charlop, M. H. & Hayms, L. K. (1998) Using objects of obsession as token reinforcers for children with autism., *Journal of Autism and Developmental Disorders*, 28, 189.

奥村安寿子・室橋春光(2013) フォニックスとライムのパターンを用いた英単語の読み書き指導法―読み書きに困難のある生徒2事例の指導経過より―，LD研究，22，445。

十一元三（2003） 自閉症の治療・療育研究最前線―最近のアメリカにおける自閉症療育の動向―，育ちの科学，17（1），日本評論社。

表7.1 WISC-IVの検査結果

	全検査 (FSIQ)	言語理解 (VCI)	知覚推理 (PRI)	ワーキングメモリー (WMI)	処理速度 (PSI)
合成得点 90%信頼区間	100 95-105	86 80-95	106 98-113	118 110-123	94 87-103
評価点		類似7 単語8 理解8	積木模様9 絵の概念9 行列推理15	数唱12 語音整列14	符号6 記号探し12

事例7

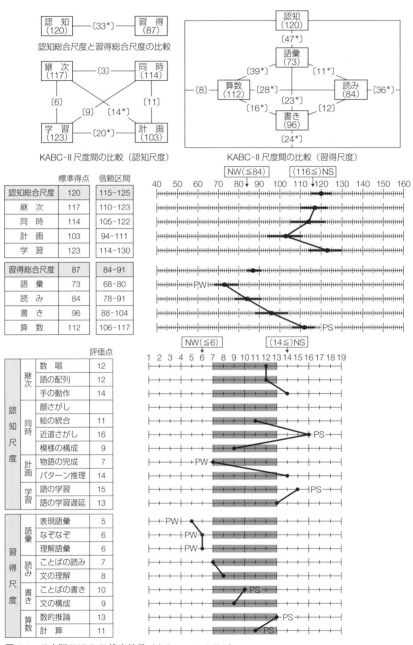

図 7.1 日本版 KABC-II 検査結果（カウフマンモデル）

事例 8

日本語の習得が遅れている同時処理優位の中学2年生
——国語の教科書を用いた語彙指導——

後藤勝弘（津市立南が丘中学校）

対象児

　Aさん，男子。特別支援学級に在籍する中学2年生。

主訴（相談内容）

　日本語の習得が遅れており，授業内容が理解できないなどの実態があり，本児の認知特性を把握し指導に生かすため。本児からは，話していることがわからず，困ってしまうこと，保護者からは，学校生活で困っていることがなくなってほしいとの訴えがあった。

概　要

　学習の定着が進まない外国籍のAさんは，教科の授業や学級活動等で思考が停止し，何をしたらよいかわからなくなることが頻発した。日本語の習得が進まないことがその原因と考えられる。実際に，Aさんの語彙数は少ない。ところが，定期テストで数学の文章題を正解できたということがあった。そこで，Aさんの認知特性を知るためにKABC-Ⅱを実施したところ，認知総合尺度が標準域にあるのに対し，習得総合尺度は著しく低いことがわかった。また，認知4尺度を比較すると同時尺度が継次尺度に比べ有意に高く，そして学習尺度，計画尺度はそれ以上に高いことがわかった。

　そこで，Aさんの特性に合わせて言葉の意味や読みの力を伸ばす指導を行ったところ，学習が進むと同時に，いままで見られていた学校生活でAさんが困ってしまったときに思考が停止する場面が激減した。

1. 背景となる情報

（1）生育歴

　母親の話では，母国で出産し，正常分娩であったとのことであるが，その他の

発達に関する情報は得られていない。生後6ヵ月で来日し，本県と隣り合うB県に移り住んだ。B県での3歳児検診の際に言葉の遅れを指摘され，紹介されたC病院を受診した。小学校入学時より特別支援学級に入級。その後，父母が離婚したため，母とAさんはC県D市のE小学校に転校。そこでも特別支援学級に在籍した。

(2) 家庭環境

母とAさん，そして2歳下の弟との3人家族。離婚した父とも定期的に会っており，Aさんも楽しみにしている。母が家計を支えているため帰宅が遅く，Aさんが食事を作ることもある。家庭では，Aさんと弟とは日本語で会話するが，母親とは母国語であるポルトガル語を中心に日本語の単語が入る程度で会話している。また，父と会うときも，本児はポルトガル語で会話している。

(3) Aさんの日本語に関する能力

D市版日本語能力判定スケールでは，「聞く」，「話す」，「読む」の評価は5段階中「4」であり，「書く」の評価は「3」であった。

評価「4」は，複雑な文でも少しずつ理解できるようになってきているレベルである。また，評価「3」は，簡単な文でコミュニケーションをとろうとするレベルである。

(4) 中学1年生12月までの状況

中学校に入学後は，将来の就業につなげるために中学校では何をすべきかという観点で母と話し合った結果，特別支援学級で以下の点を指導の重点に置くことにした。
・通常級で行う国語，数学，社会，理科，英語の時間は特別支援学級で学習する。
・国語，数学，英語，生活単元学習は特別支援学級で学習する。
・日常生活で会話や読み書きに困らない程度の国語（日本語）の力をつける。
・日常生活で使う計算能力として小学校で学ぶ範囲の計算能力を身につける。
・日常の英会話ができ，英単語が読めるようにする。
・人とのつきあい方，困ったときの対処の仕方などのコミュニケーション能力の

向上をはかる。

　Aさんは言葉とともに学習の遅れが見られたが，授業の説明の際に助詞の使い方はほぼ適切なのに対し，知らない言葉（動詞「栄える」，名詞「すき焼き」，副詞「（擬態語の）かちかちな」等）が多く，課題の中心ではなくても，言葉の意味などのわからないことがあると，授業の流れについていけなくなることが見られた。また，1つ1つの言葉は知っていても，授業中に行った口頭での教示が複数になると戸惑うことが多かった。

　反面，学習したパターンならば，算数の文章題を解くことができ，また，朗読の発表では300字程度の文章を一晩で覚えてくるようなことがあった。

　一方で，授業で作ったパズルで，目印になる模様がない同じ色の部分をはめ込んでいくことに苦労するなど，認知面の強弱がうかがわれる場面もあった。

　そこで，Aさんの得意な力を発見し，適切な指導につなげるためにKABC-Ⅱを実施した。

2. アセスメントリスト

・KABC-Ⅱ（13歳4ヵ月）
・WISC-Ⅳ（12歳9ヵ月）

3. KABC-Ⅱ検査結果と解釈

（1）検査場面での行動観察

（a）検査場面での行動観察

　授業がない日の午後に実施した。いずれの下位検査も熱心に集中して行うことができた。認知検査と習得検査の間に10分間の休憩を入れ，すべてを1日（検査時間は休憩も入れて3時間）で終了した。

（b）各下位検査における行動

M1 [語の学習]：意味のない言葉の羅列で最初は目を丸くしていたが，問題を開始すると即座に解答していった。答を言う以外の発言はなかった。問題17，19で誤答（1点）であったが，その後は修正できた。0点だった問題が2問，1点だった問題が5問。

M3 [物語の完成]：集中が途切れることなく自分のペースで取り組んだ。ストー

リーを口に出しながらパズルを当てはめていた。問題 12 で 70 秒（0 点），問題 16 で 45 秒（2 点），問題 17 で 47 秒（0 点）。
M4［数唱］：4 個の問題では 3 問中 2 問正答。5 個の問題でも 3 問中 2 問正答。その際の誤答は順番の間違いだった。
M5［絵の統合］：誤答は，よく似た別のものを答えた 2 つ以外は「わかりません（以下 DK）」。
M6［語の学習遅延］：すべて即答した。問題 8 だけ誤答。
M7［近道さがし］：頭の中では何度も試しているが，実際に近道をたどるのは一度だけであった。問題 11 で熟考後，「この近道さがし，さすがにむずいわ」と独り言を言っていた。
M8［模様の構成］：問題 15 までは正答。16 以降は制限時間を超えた。得点にはならなかったが，16 は 195 秒で正答，18 は 187 秒で正答。17, 19 はできなかった。構成が 8 ピース以上になって境界線がなくなると苦戦していた。
M9［語の配列］：絵の名称を言いながら指していた。問題 9（3 語）から誤答。誤答の際に順番を間違うだけでなく，出されていない単語も出していた。
M10［パターン推理］：わからない問題でもあきらめることなく答を出そうとしていた。
M11［手の動作］：ていねいに無言で取り組んだ。問題 14（5 個）までは正答。問題 16 からは要素の数も間違うことがあった。
A1［表現語彙］：問題 19 から開始したが，基点ルールを満たさなかったために問題 14 に戻って開始した。知ってはいるが正確な語彙が答えられなかった。
A2［数的推論］：問題 32 から開始したが，基点ルールを満たさなかったために問題 5 に戻って開始した。まったく歯が立たない問題は DK であったが，「四捨五入か，T 先生とやらんとできやんやつや」等，いままで学習した経緯を言語化しながら答えようとしていた。
A3［なぞなぞ］：検査者が問題を最後まで言ってから答えていた。ヒントで思いつかないものは考え込むことはせず DK となった。
A4［計算］：問題 33 から開始したが，基点ルールを満たさなかったために問題 25 に戻って開始した。小数の加減法では小数点の位置を間違うことが多かった。乗法は正答したが除法では小数点が付かなかった。分数では分母が同じものの計算

はできたが通分を要する問題は無答であった。

A5［ことばの読み］：問題44から開始したが，基点ルールを満たさなかったために問題24に戻って開始した。使われている漢字を使った自分の知っている言葉を答えることが目立った。また，知っているが音としては不正確なものもあった。

A6［ことばの書き］：問題39から開始したが，基点ルールを満たさなかったために問題24に戻って開始した。偏と旁がアンバランスであったり，突き出るはずの線が出ていなかったりと，部分の組み合わせというより全体のスケッチをしたような印象をもつ字であった。

A7［文の理解］：問題文を黙読したあと動作に移った。単語の意味がわからないものがあった。

A8［文の構成］：問題5が1分経過してもできなかったので，補助問題を実施した。問題1と問題4は正答した。問題2と問題3では助詞が抜けた。すべての下位検査で最も困難な課題であると感じられた。

A9［理解語彙］：問題15から開始したが，基点ルールを満たさなかったために問題10に戻って開始した。知らない言葉が出てくると明らかに表情に表れ，顔をしかめた。

(c) 行動観察チェックリストの結果

認知検査では，6つの下位検査において《集中力が高い》様子が見られ，それは評価点が低い［模様の構成］でも見られた。《忍耐強く取り組む》も2つあった。一方，習得検査では，マイナス要因はつかず忍耐強く取り組んでいた印象があったが，Aさん自身が正解できない問題が多いとわかったようで，表情は険しい場合が多かった。

(2) カウフマンモデルによる解釈（図8.1）

(a) 認知総合尺度と習得総合尺度

認知総合尺度は86（90%信頼区間81-91）で「平均の下」〜「平均」に位置する。ただし，後に示すように尺度間にアンバランスさが見られるため，解釈は慎重を要する。習得総合尺度は66（90%信頼区間63-70）で「非常に低い」〜「低い」に位置し，同一年齢集団の平均100より2標準偏差以上離れている。認知総合尺度が習得総合尺度より有意に高く，本児の認知能力が読み書き計算の力に結

びついていないことが示唆された。

(b) 認知4尺度間の比較

　学習尺度113（90％信頼区間104-120），計画尺度103（90％信頼区間94-111），継次尺度71（90％信頼区間66-78），同時尺度84（90％信頼区間77-93）であり，学習と計画には有意差はなく，残りの3尺度間は有意差があり，計画＞同時＞継次の関係であった。

(c) 認知検査間の比較

　継次尺度の3検査の中では，［数唱］［語の配列］がPWであった。これらは聴覚短期記憶が必要な課題である。同時尺度の3検査の中では，［模様の構成］がPWであった。計画尺度では，［物語の完成］がSはつかないまでも，Aさんの認知検査評価点平均9よりも3高い値であった。学習尺度では2検査ともPSであった。

(d) 習得尺度間の比較

　語彙尺度66（90％信頼区間61-73），読み尺度69（90％信頼区間61-73），書き尺度64（90％信頼区間58-74），算数尺度69（90％信頼区間64-75）で，習得4尺度間においては有意な差は見られず，すべてがNWとなった。

(e) 習得検査間の比較

　習得検査はすべて評価点2〜5の範囲であり，NWとなっていた。すなわち，学業スキル全般にわたって，同一年齢集団の児童から大きく遅れをとっていると考えられる。

(f) 認知総合尺度と各習得尺度，算数尺度検査の比較

　認知総合尺度と習得4尺度との比較，認知総合尺度と算数尺度の2検査との比較では，すべて認知総合尺度のほうが有意に高かった。

4. その他の検査結果と解釈

(1) WISC-IVの結果（表8.1）と解釈（12歳9ヵ月）中学校1年生時

　1年生の6月に基本検査と「絵の完成」「算数」「絵の抹消」を実施した。全検査IQは65（90％信頼区間61-72）であり，「非常に低い」〜「低い」に位置する。各指標得点は，言語理解62（90％信頼区間59-73），知覚推理85（90％信頼区間79-94），ワーキングメモリー68（90％信頼区間64-78），処理速度67（90％信頼

区間 64-79) で，指標間の有意差は，知覚推理＞言語理解≒ワーキングメモリー≒処理速度であり，知覚推理が他の3指標に比べて有意に高かった。しかし，知覚推理指標の下位検査を見ると「絵の概念」と「積木模様」の間に評価点で7の差があり，単一の指標として解釈するのは難しい。下位検査の特徴から見ると，イラストなどの具体的な手がかりがある課題に対しては強みを発揮するが，手がかりが見つけにくい課題に対しては困難を示した。

5. 総合解釈と支援の方針

　KABC-Ⅱの認知尺度間の関係では，継次が同時より有意に低かった。継次尺度の下位検査のうち，視覚的刺激を扱う［手の動作］は良好であったが，聴覚的刺激の入力がある2検査［数唱］と［語の配列］が低かった。聴覚的短期記憶容量に限りがある（4要素の問題も不安定）ことが考えられる。WISC-Ⅳでもワーキングメモリ指標が同一年齢集団の平均よりも2SD以上低い状況であり，状況は一致している。授業中に行った口頭での教示が複数になると戸惑うことが多いという背景情報も関連しているであろう。

　一方，同時尺度も下位検査の評価点にばらつきがあり，［模様の構成］が評価点4と低く，同様な課題であるWISC-Ⅳの「積木模様」も評価点が4であったことから，抽象的な図形の分析・統合は困難であることが考えられる。授業で作ったパズルで，目印になる模様がないと苦労するという背景情報とも関連するであろう。これらのことから，聴覚的短期記憶容量は限られているため，一度に与える情報量を加減する配慮が必要であり，視覚的手がかりを使用する場合は刺激の種類に留意する必要があり，有意味な刺激を用いる必要があると考えられる。

　一方で，対連合記憶学習で単純に覚えていく作業については標準以上の力を発揮していた。したがって，耳から聞いたいくつもの音を一瞬記憶して作業をする学習は困難だが，言語負荷をできるだけ避けながら視覚情報と関連づけることで，短期記憶の負荷が軽減されるので語彙学習も楽になると考えられる。

　ただし，Aさんは，成育歴や家庭環境などの事情から，もともと語彙数が少ないと考えられ，文や言葉の内容がイメージできなかったり別の言葉で表現できなかったりしたときに考えを自分で進められなくなることが多いため，言葉で表現できなくてもイメージや具体的な絵や写真と正しく対応できていればよいとする

ように，できうる限り言葉にはこだわらない配慮は必要であると考えた。

6. 指導経過

(1) 指導期間と指導場所
　3ヵ月間，毎週1回開催される地域公民館主催の日本語教室において，毎回90分間の指導を行った。

(2) 指導目標
　日常生活に必要な語彙力を高めるために，単語の意味理解と読みの力をつけることを本指導の目標とした。

(3) 指導内容
　Aさんの学年より1学年上の中学3学年用の国語の教科書から抜粋した文章を用いて，文の音読と意味理解を指導の対象とした。

(4) 指導手続き
　指導においては，Aさんの他にもう一人の中学生と一緒に学習を進め，その手続きは以下の通りである。
① 200字程度のまとまりに分けて音読する（読めないところの確認）。
② 音読をした範囲内の知らない言葉について，理解できる言葉で解説する。
③ フローチャート図を使って，○○のときに使った言葉と想起させるため，話の流れの理解を進める。
④ 漢字の熟語と読み，意味をゲーム形式で確認。(「辺り」の読みは？→「あたり」。辺り（あたり）の意味は？→「まわり」，「近く」等，1文単位で，その中に習得できていなかった言葉について，1対1対応の形式）
⑤ 200字単位のまとまりを音読する中で，④で行った，漢字の熟語→読み，意味を再確認。
⑥ Aさんともう一人の生徒とで，音読

係（言葉の意味を答える）とカードで問題を出す係になって，交互に問題を出し合いながら確認する。
⑦⑥の確認後，そろって音読する。

(5) 指導効果の確認

学習した内容の理解度と定着を確認するため，学習時にできなかった語彙の中から，指導翌日と1週間後に定着テスト（単語の読みと意味について各20問）を実施した。また，初回テストで間違った問題については，そこで再確認を行った。単語の意味確認テストにおいては，「"祖先"とはどういう意味？」といった具合に，筆者の問にAさんが口頭で答える形式をとり，その結果を筆者がテスト用紙に記入した。単語の読みと意味に関する定着テストの例は，表8.2に示す通りである。

(6) 指導の経緯と結果

定着テストの結果は，図8.2と8.3に示す通りである。読みテストでは，初回の平均得点が約15/20点，2回目が約18/20点であった。意味テストでは，初回の平均が約6/20点，2回目が約13/20点であった。

読みについては，初回から定着が進んでおり，それが再度確認することで一層進んだ。意味については，初回では定着が限定され，2度目で定着が進んだ結果となった。

また，読みの3・4回，意味の4回で初回テストでの落ち込みが見られるが，3・4回とも，前回との間に日本語教室が休みになったりAさんが欠席した週をはさんだりしており，そのことが学習結果に影響したと考えられる。

Aさんは，一度に多量の情報が入ると，何をしてよいかわからずに行動が止まってしまうことがあるが，情報量を調整し，理解できる言葉を使い，意味の関連づけができるように解説さえ行えば，この学習がAさんにとって有効であることが確かめられた。

また，初回検査の1年後に行ったKABC-IIの習得検査を初回と比較すると，語彙尺度67（90％信頼区間62-74），読み尺度75（90％信頼区間70-82），書き尺度61（90％信頼区間55-71），算数尺度71（90％信頼区間66-77）となり，前回に比べると，習得尺度の語彙尺度が＋1，読み尺度が＋6，書き尺度が－3，算数尺度が

+2となり，指導を行った読みについては向上の兆しがうかがえる（表8.3）。

7. まとめと今後の課題

本指導の結果は，図8.2と8.3に示す通り，読みについては初回から，意味についても2度目には定着がはかられた。一度に入力する情報量を調節し，理解については言葉にこだわらずイメージをもつ方法で指導を行った。一度理解をしたうえで学習したものについては，1週間という時間をおいても正解できていたことから，学習したことが長期に定着したといえる。

現在のAさんは，学校生活が楽しく，困ることが少なくなったと言っている。他の教員の観察からも，学校生活に意欲を見せるようになったという。また，Aさんが所属する柔道部でも，指導前は困ったことがあると行動が止まり泣いていたが，現在は行動が止まることがなくなり，すすんで練習をするようになったため，技量が向上し，市の大会で勝ち抜き，個人戦で県大会に出場するまでになった。

今後は，Aさんが進路を選択できるよう，日本語能力の向上だけでなく，学力を向上させていくことが課題であると考えている。

倫理的配慮

Aさんの母親に対し，事前に，検査結果を利用することにより期待される効果について説明を行い，検査実施，事例発表や出版物への掲載の了解を得た。

文　献

日本版KABC-Ⅱ刊行委員会（2011）「日本版KABC-Ⅱ実施手引き」．丸善出版．
東原文子（2011）　KABC-Ⅱの概要と解釈法の基礎．第4回三重K-ABCアセスメント研究会講演資料．
Kaufman, A. S., Lichtenberger, E. O., Fletcher-Janzen, E., & Kaufman, N. L. 著，藤田和弘・石隈利紀・青山真二・服部環・熊谷恵子・小野純平監修（2014）「エッセンシャルズ　KABC-Ⅱによる心理アセスメントの要点」．丸善出版．

表8.1 WISC-IV（12歳9ヵ月時）の結果

	FSIQ	VCI	PRI	WMI	PSI
合成得点	65	62	85	68	67
90%信頼区間	61-72	59-73	79-94	64-78	64-79

下位検査	類似	単語	理解	積木模様	絵の概念	行列推理	絵の完成	数唱	語音整列	（算数）	符号	記号探し	（絵の抹消）
評価点	2	4	5	4	11	8	8	3	6	3	5	3	10

表8.2 単語の読みと意味に関する定着テスト

言葉	読みテスト		意味テスト	
祖先	○		×	故郷みたいな…
連邦	○		×	ぐんみたいな　（Q）軍人みたいな
諸島	○		×	島がものすごくでかいから…
辺り	○		○	辺り一面　近いところ
途方に暮れる	○		×	迷っとって　日が暮れる
南西	×	かんにし	×	DK
積極的	○		○	自分からいく　とにかく…
装備	×	せいぞ	×	バックや武器をしていく
知恵	×	ちのう	×	DK
野生	○		×	何か動物　（Q）飼っている犬は？「野生」
円周	○		×	まるくて中心が立っとって
翻訳	×	そっきょく	○	翻訳こんにゃく　自分の言ってることを誰かに翻訳してもらう
領域	×	NR	×	DK
冒険	○		×	ジャングルとか，そういうところを冒険しに行ったとか
伝統航海術	○		×	機械なしで頭使って　伝統伝わって　航海することができる

表8.3 KABC-II習得度変化

	語彙	読み	書き	計算
2014.1.9	66	69	64	69
2015.1.21	67	75	61	71
差	+1	+6	3	+2

事例 8

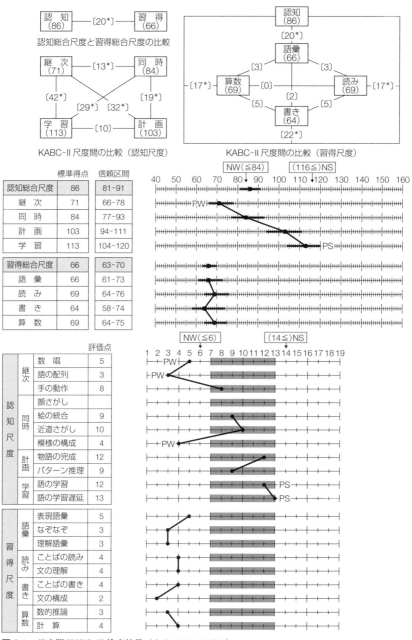

図 8.1 日本版 KABC-II 検査結果（カウフマンモデル）

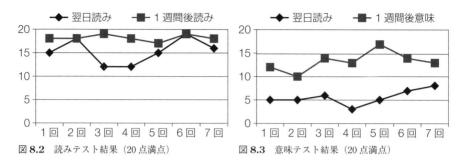

図 8.2 読みテスト結果（20点満点） 　　図 8.3 意味テスト結果（20点満点）

事例 9

抽象刺激の視覚認知が弱く成績が伸び悩む中学2年生

原　伸生（長野県稲荷山養護学校）

対象児

特別支援学校中学部に在籍する2年生男子生徒。

脳性まひによる両上肢の機能障害・体幹の機能障害の診断がある。

主訴（相談内容）

担任より：漢字の書きがなかなか覚えられない。画数の多い漢字を正確に書けない。数学のテストの成績が下がってきた。

概　要

本事例では，漢字の書きが伴う教科や数学で学力が伸び悩んでいた生徒に，KABC-Ⅱを実施したところ，対象生徒は認知総合尺度に比べ習得総合尺度が低い結果となった。また，学習能力が高いが，有意味刺激の視覚認知に比べ抽象的刺激の視覚認知が弱いことが明らかになり，そのことが知識や技能の習得や定期テストの結果に影響していることが推測された。このような認知特性を考慮して，学習環境全体の見直しやICTの活用も含めた支援方針を再検討し実施したところ，授業場面において本来もっていた能力を発揮する場面が見られるようになった。

1. 背景となる情報

(1) 生育歴および指導開始までの経過

中学部進学時の就学関係の資料によると，以下のような生育歴であった。

出生時は早産（8ヵ月）であり，体重は1,112gであった。脳性まひによる両上肢の機能障害，体幹の機能障害と診断された。首のすわりは10ヵ月，寝返り15ヵ月，片言を言い始めたのが18ヵ月，座位24ヵ月であった。就学前は児童発達支援センター，地域の保育所に通った。就学相談では肢体不自由の特別支援学校を

勧められたが，地域の友達と一緒に学んでほしいという保護者の希望により地域の小学校に入学した。小学校では体育以外の教科を通常学級で学習してきた。

小学生の間，毎年1ヵ月間，集中的に医療的な訓練を受けるために医療福祉センターが隣接する特別支援学校に転校を繰り返した。また同所に月に1～2回の通院を継続してきた。

小学校6年時に行ったWISC-Ⅲの結果報告によると，言語性IQ 95，動作性IQ 69，全検査IQ 81，言語理解97，知覚統合74，注意記憶97，処理速度64であった。また，有意味刺激に対する視知覚が強く，抽象的刺激に対する視知覚が弱いこと，視覚-運動の協応が弱く，手の操作が必要な課題は，ほとんど左手のみで行っていたことが結果に影響しているとの所見であった。

小学校卒業後，肢知併置の特別支援学校中学部に進学し，中学校に準ずる教育課程で学習を行ってきた。

(2) 家庭環境

母，兄，祖父母の5人家族。

母親は本人の教育や療育に熱心であり，年齢相応の学力をつけてもらいたいと願っている。離婚にともない父とは別居しているが，父や父方の祖父母との交流はあるとのことであった。

(3) 現在の様子

以下は担任からの聞きとりと筆者による行動観察からの情報である。

現在の移動運動の状態は，歩行が困難であり，車椅子を主に使用している。また，歩行学習としてクラッチやPCウォーカーを使用している。右手にまひがあり，左手を使っている。

テストの成績は国語，英語は平均的な得点であるが，漢字の間違いで点数を落とすことが多く，社会や理科など他教科でも漢字の間違いから正答できないことが目立ってきた。また，2学期中間テストの数学で低い得点になり自信をなくしていた。数学では単純なミスによる間違いも多いとのことであった。

本人は，大学に進学したいと考えており，そのために勉強をがんばって成績をよくしたい，それには苦手な漢字を何とかしたいと考えていた。

なお，好きな学習は「数学の方程式」だと答えていた。

そのような中で，国語を担当している教員から「漢字の書きがなかなか覚えられない。画数の多い漢字が書けない，斜め線が逆になる，横棒が足りないなどの間違いは何度指摘しても直らない」という訴えがあり，校内の自立活動担当教員が相談に応じた。そこで認知面や習得面の特徴を把握し主訴に応えるためにKABC-Ⅱを実施した。

2. アセスメントリスト

・KABC-Ⅱ（13歳10ヵ月）

3. KABC-Ⅱ検査結果と解釈

(1) 検査場面での行動観察

(a) 検査時の様子（検査入室から退室までの行動）（表9.1）

認知検査と習得検査は別日に分けて実施した。印象は物静かで，少し緊張した様子だった。検査中はやや小さな声で答えていた。検査時間は1回目が90分，3日後の2回目が80分であった。全体を通して，すぐにやり方を理解していた。右にまひがあり，手を使う必要がある検査はすべて左手で行っていた。特に1日目は，次第に身体が右に傾き姿勢を保持することができない場面があった。2日間を通して常に集中して最後まで取り組めた。

(b) 各下位検査における行動

M3［物語の完成］：左手だけでカードを操作していた。一度置いたカードを置き直したり，最後に修正したりしていた。

M6［語の学習遅延］：7，8問のみ1点だったがそれ以外はすべて2点だった。

M7［近道さがし］：斜めに進ませず遠回りしてしまう誤答が目立った。

M8［模様の構成］：45度程度に回転が大きくなることがあった。その後自分で気づいて回転を直していた。

M11［手の動作］：誤答では，手の形や種類は合っていたが順番が違っていた。

A2［数的推論］：開始問題の足し算の問題を掛け算で計算しはじめ，途中で気がつき，足し算でやり直していた。別紙の計算用紙は筆算の縦と横がそろわなかった。

A4［計算］：帯分数が含まれる加減の問題から連続3問誤答。いずれも最終的に約分をしていないために誤答となった。

A6［ことばの書き］：誤答した漢字は，意味の似ている漢字，同じ音の漢字，形が似ている漢字を当てていた。

A8［文の構成］：問題12までで時間切れ。

(c) 行動観察チェックリストの結果

認知検査では［模様の構成］以外のすべての下位検査で《集中力が高い》が，［物語の完成］［近道さがし］［模様の構成］で《いろいろと試してみる》が観察された。

習得検査のマイナス要因は観察されなかった。

習得検査のプラス要因としては，［計算］以外の下位検査で《集中力が高い》が，［数的推論］［計算］で《忍耐強く取り組む》が観察された。

(2) カウフマンモデルによる検査結果と解釈（図9.3）

(a) 認知総合尺度と習得総合尺度

認知総合尺度96（90％信頼区間91-101）で「平均」の範囲，習得総合尺度85（90％信頼区間82-89）で「平均の下」の範囲であった。習得総合尺度が認知総合尺度に比べ有意に低かった。したがって，学習に際して認知能力をいまだ十分生かしていないと考えられた。しかし，認知尺度間にアンバランスが認められ，認知総合尺度の解釈は慎重に行う必要がある。

(b) 認知尺度間の比較

継次尺度96（90％信頼区間90-102），同時尺度95（90％信頼区間87-104），計画尺度87（90％信頼区間79-96），学習尺度113（90％信頼区間104-120）であり，学習尺度が他の3つの尺度に比べ有意に高かった。また，学習尺度はPSであった（＜1％まれな差）。個人間差では，計画尺度がNWであった。

(c) 認知下位検査間の比較

個人間差では，［絵の統合］NS（評価点14），［模様の構成］NW（評価点6），［パターン推理］NW（評価点5）であった。認知検査評価点平均は10であり，個人内差では，［絵の統合］PS（評価点14），［語の学習遅延］PS（評価点13），［パターン推理］PW（評価点5）であった。

(d) 習得尺度間の比較

　語彙尺度 92（90％信頼区間 86-98），読み尺度 93（90％信頼区間 87-99），書き尺度 87（90％信頼区間 80-96），算数尺度 79（90％信頼区間 74-85）であり，算数尺度が語彙尺度と読み尺度に比べ有意に低かった。個人間差では，算数尺度が NW であり，個人内差でも，算数尺度が PW であった。

(e) 習得検査間の比較

　習得検査評価点平均は 8 であった。個人間差は，［数的推論］NW（評価点 6）であった。個人内差は，［なぞなぞ］PS（評価点 10）［数的推論］PW（評価点 6）であった。

(f) 認知総合尺度と各習得尺度，算数尺度検査の比較

　認知総合尺度と習得 4 尺度の比較では，算数尺度が認知総合尺度に比べ有意に低い結果であった。他の習得 3 尺度との比較では有意差はなかった。

　また，認知総合尺度と算数尺度の 2 検査との比較では，［数的推論］［計算］とも認知総合尺度に比べ有意に低かった。

(g) 選択ステップ

①ステップ 1「言語能力」と「非言語能力」の比較

　「言語能力」の標準得点 92，「非言語能力」の標準得点 80 で，「言語能力が有意に高かった。

②ステップ 2「問題解決能力」と「記憶・学習能力」の比較

　「問題解決能力」の標準得点 82，「記憶・学習能力」の標準得点 106 で，「記憶・学習能力」が有意に高かった。

③ステップ 3「有意味刺激の視覚認知」と「抽象刺激の視覚認知」

　「有意味刺激の視覚認知」の標準得点 109，「抽象刺激の視覚認知」の標準得点 75 で，「有意味刺激の視覚認知」が有意に高く，まれな差であった。

④ステップ 4「言語反応」と「指さし反応」の比較

　「言語反応」の標準得点 91「指さし反応」の標準得点 106 で，「指さし反応」が有意に高かった。

(3) CHC モデルによる検査結果（図 9.4）
(a) **CHC 総合尺度**
　CHC 総合尺度 87（信頼区間 83-92）であり，「平均の下」～「平均」の範囲であった。
(b) **CHC 尺度間の比較**
　長期記憶と検索 113（90％信頼区間 104-120），短期記憶 96（90％信頼区間 90-102），視覚処理 81（90％信頼区間 73-91），流動性推理 87（90％信頼区間 79-96），結晶性能力 92（90％信頼区間 86-98），量的推理 79（90％信頼区間 74-85），読み書き 88（90％信頼区間 82-96）であった。
　個人間差は，視覚処理 NW，量的知識 NW であった。
　個人内差は，長期記憶と検索 PS（＜5％のまれな差）であり，CHC 標準得点平均に比べ，有意に高い結果であった。量的知識は PW であり，CHC 標準得点平均に比べ，有意に低い結果であった。また，短期記憶が視覚処理，量的知識に比べ有意に高かった。

4. 総合解釈と指導方針

　認知総合尺度は 96（90％信頼区間 91-101）で「平均」の範囲であるが，それに比べ習得総合尺度は 85（90％信頼区間 82-89）で「平均の下」～「低い」の範囲であり，認知総合尺度に比べて有意に低い結果であった。このことから，備わっている認知能力を十分に活用して知識や技能の習得ができていないと考えられた。しかし，認知総合尺度内では，学習尺度が高く，新しいことを学ぶ力が高いことが明らかとなった。
　認知尺度下位検査の特徴では，同時尺度や計画尺度の中でもばらつきが見られた。同時尺度では，［絵の統合］が有意に高く，［模様の構成］が個人間差で有意に低かった。また，計画尺度では，［パターン推理］が有意に低かった。選択ステップにおいて「有意味刺激の視覚認知」と「抽象刺激の視覚認知」に有意差があり，まれな差であった。このことを裏づける検査中の行動として，［近道さがし］で斜めに進まない誤答を繰り返したこと，［模様の構成］で回転があったこと，計算の過程で足し算（＋）と掛け算（×）の記号を間違えたことが挙げられる。抽象刺激の視覚認知の弱さは小学 6 年時に実施された WISC-III の報告とも

一致していた。このような特性は，脳性まひに特有の視知覚認知障害（川間，2006）と考えられた。以上のことから，画数の多い漢字が覚えられない，斜め線が逆になる，横棒の数の間違いといった定期テスト等における漢字の間違いは，漢字の形を正確に認知できなかったためではないかと考えられた。

　しかし，書き尺度は87（90％信頼区間80-96）であり，認知総合尺度との有意差は認められず，［ことばの書き］の誤答の仕方についても，担任からの報告にあるような，斜め線が逆になったり横棒が足りなかったりする間違いは見られなかった。このような結果は，主訴や抽象刺激の視覚認知の弱さがあることと食い違う。「積木模様」では，組み立てたものがはじめは回転していることがしばしばあったが，途中で気がついて修正していた。このことから，対象生徒は，新しい漢字の書きを学ぶ初期には特有の漢字の書き誤りをする傾向にあるが，見本との違いに気づき次第に自己修正していくことができると考えられた。

　習得尺度の中では，むしろ算数尺度が他の語彙尺度と読み尺度と比べ有意に低かった。算数尺度のうち「数的推論」は個人間差，個人内差ともに有意に低かったことから数学的に推論する能力は低い結果となった。

　実際，2学期の中間テストで数学の得点が低く自信をなくしていた。これまでの問題のように高い学習能力で決まった手順を覚え対応するだけでは，問の意味を考え推論する問題には対応しきれなくなってきたのではないかと考えられる。また，筆算の計算をする際に縦と横がずれたり，記号を間違えたりすることが，［計算］や［数的推論］の計算用紙への計算でも見られた。このような間違いにおいても抽象刺激視覚認知の弱さが影響していると考えられた。

　数学の学習については当初の相談内容にはなかったが，本人の認知特性や教科の習得状況をふまえて，漢字の書きについてだけでなく数学の学習方法についても説明し提案していくことにした。

　以上のことから，単なる運動面の困難さという理解だけでなく，形を正確に捉えることが困難であるという認知面の特性に配慮する支援を行うと同時に，有意味刺激の視覚認知の強さを生かす支援を行う。また，読む・書く・計算するなどの基礎的な技能の習得だけでなく，中邑（2013）の能力観を参考にタブレット端末等の機器を使って自分の考えをまとめたり表現したりする等の応用力も含めた発展的な学力の伸長を目指すことを基本的な方針とした。具体的な方法を以下に

示す．

(1) 姿勢や学習に使用する道具など学習環境の検討

　学習環境としては，ごく基本的なことではあるが，身長にあった机と椅子，座面や腰まわりの調整，黒板までの距離，板書の文字の大きさ，計算しやすいマス目のあるノートや用紙，もちやすい太軸の鉛筆など普段の学習環境を再検討し整える．

(2) 認知特性に応じた指導方法・学習方法の検討

(a) 主体的に課題を解決していくための自己理解を促す学習

①本人に検査の結果わかった認知特性の説明をし，例を出しながらどのように学習していけばよいか本人と相談する．

②工夫して学習した結果がうまくいった場合，成果を確認し工夫したことを称賛する．

(b) 漢字や文章の書きを伴う学習

①複雑な漢字はいくつかの部分に分けて言語化して覚えていく．

②写真やイラストを使って意味をイメージしながら，また結びつけながら覚えていく．

③長い文章を書く場合，タブレット端末によるワープロ機能（代替手段）を使っていく．

(c) 計算を伴う学習

①方眼紙を使って計算する．

②最後に計算結果を確かめることを指導する．たとえば，結果を電卓やタブレット端末を使って確かめる．

(d) 図形やグラフの読み取り・作図を伴う学習

①必要な情報（特に始点となる部分）に注目しやすいように，一度に与える刺激量を減らし，色を変えたり，太さを変えたりする．

②図形の形を具体物やイメージできる物と結びつけて説明する．

③問題を解く手順を文章で確認できるようにする．

④作図しやすい方眼紙を検討し用意する．

⑤学習活動の目的に応じてタブレット端末を使って作図をしたり，作図自体を行

わなくてもよいようにしたりする。

5. 指導経過

　支援・指導を開始した時期が昨年度3学期であり，後述するように対象生徒は3年に進級するのと同時に転校することになったため，上記方針の一部を行った経過を以下にまとめた。

①体に適した机と椅子を用意し，適切な姿勢を指導した結果，学習中に姿勢が右に傾くことはほとんどなくなった。

②写真が豊富に掲載されている辞書アプリケーションを使って，漢字の意味や用語の意味を調べたところ，喜んで活用していた。

③印刷された国語の文章題を鉛筆を使って解く際に何度も書き直しをするため膨大な時間がかかっていたが，タブレット端末のワープロ機能を使ったところ，1時間の中で最後まで問題を解くことができた。

④宿題で出された英語のスピーチ原稿を，書きたい内容を日本語で記したメモを見ながらタブレット端末を使って書き上げることができた（図9.1）。

⑤数学の図形問題では，黒板の問題をカメラで撮影し，直接画像に補助線や数字を書き込むことにより，問題を解くことに専念できるようになった（図9.2）。

⑥得意な能力と苦手な能力の説明を受け，具体的にどのような学習方法をとったらよいかを考えることによって，上記①〜⑤のように，納得した学習方法によって進んで学習する姿が多く見られた。

図9.1

図9.2

6. まとめと今後の課題

　本生徒は，いわゆる暗記する能力に頼ってきたが，それだけではより思考力を必要とする応用，発展的な課題に十分対応できなかったり，受身的な学習になりやすかったりすることが考えられ，よりよい方法で学習を工夫していくことが重要であることが考えられた。

　また，特に本事例のような年齢の事例では，抽象刺激の視覚認知の弱さが大幅に改善されることは期待できないため，有意味刺激の視覚認知を生かす学習方法や抽象刺激の視覚認知への負荷を減らす支援に加え，タブレット端末やPCを使って，漢字の書きや計算といった基礎技能の先にある学習を充実させることがより重要であると考えられた。

　また，本生徒は，翌年度別の特別支援学校へ転校することとなった。本人の大学進学への希望につなげていくためにも，継続した支援・指導の引き継ぎをていねいに行っていきたいと考えている。

倫理的配慮

　本生徒の母親に対し，事前に，検査結果を利用することにより期待される効果について説明を行い，検査実施，事例発表や出版物への掲載の了解を得た。

文　献

川間健之介（2006）　肢体不自由と発達,「特別支援教育における障害の理解」，教育出版。

中邑賢龍・近藤武夫（2013）「タブレットPC・スマホ時代の子どもの教育」，明治図書。

事例9

表9.1 行動観察チェック表

【M1〜M11】

	マイナス要因							プラス要因				
	注意が維持できない	衝動的に誤った反応をしてしまう	確信がもてない場面で反応をためらう	固執性が強い	取組みが非協力的である	制限時間を気にする	その他の要因	忍耐強く取り組む	いろいろ試してみる	集中力が高い	方略やアイデアなどを言語化する	その他の要因
M1 語の学習												
M2 顔さがし										○		
M3 物語の完成										○		
M4 数唱										○		
M5 絵の統合										○		
M6 語の学習遅延										○		
M7 近道探し									○	○		
M8 模様の構成								○	○	○		
M9 語の配列										○		
M10 パターン推理												
M11 手の動作												

【A1〜A9】

	マイナス要因									プラス要因					
	注意が維持できない	衝動的に誤った反応をしてしまう	確信がもてない場面で反応をためらう	頻繁に教示を繰り返すよう求める	教示の理解が難しい	失敗を予期している	左から右、または右から左へ行うことを何度も教示する必要がある	何度も答えを訂正する	その他の要因	忍耐強く取り組む	注意深く反応する/正答か否かを確かめている	自信をもって課題に取り組む	集中力が高い	方略やアイデアなどを言語化する	その他の要因
A1 表現語彙															
A2 数的推論													○		
A3 なぞなぞ										○			○		
A4 計算										○					
A5 ことばの読み															
A6 ことばの書き													○		
A7 文の理解													○		
A8 文の構成													○		
A9 理解語彙															○

※ 網掛け一番末には2番目の手がかりを与えてしまう
― は対象年齢外のため実施していない

抽象刺激の視覚認知が弱く成績が伸び悩む中学2年生　213

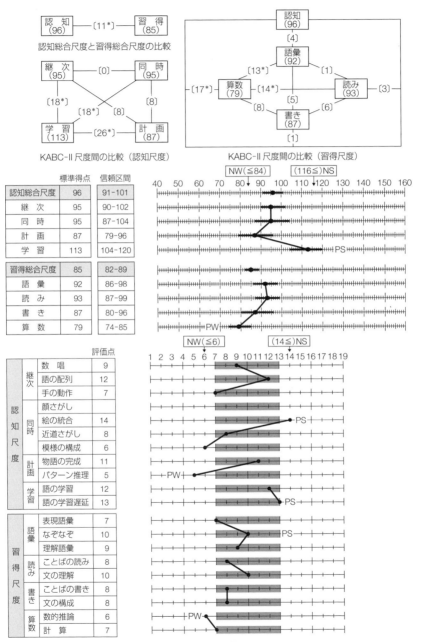

図9.3　日本版 KABC-II 検査結果（カウフマンモデル）

事例9

KABC-II 尺度間の比較（CHC 尺度）

	長期記憶と検索	短期記憶	視覚処理	流動性推理	結晶性能力	量的知識	読み書き
長期記憶と検索							
短期記憶	<						
視覚処理	<	<					
流動性推理	<	=	=				
結晶性能力	<	=	=	=			
量的知識	<	<	=	=	<		
読み書き	<	=	=	=	=	=	

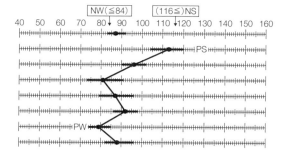

	標準得点	信頼区間
CHC 総合尺度	87	83-92
長期記憶と検索	113	104-120
短期記憶	96	90-102
視覚処理	81	73-91
流動性推理	87	79-96
結晶性能力	92	86-98
量的知識	79	74-85
読み書き	88	82-96

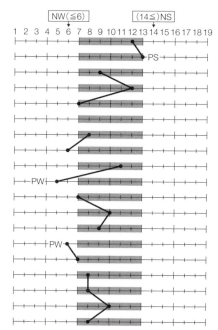

		評価点
長期記憶と検索	語の学習	12
	語の学習遅延	13
短期記憶	数唱	9
	語の配列	12
	手の動作	7
視覚処理	顔さがし	
	近道さがし	8
	模様の構成	6
流動性推理	物語の完成	11
	パターン推理	5
結晶性能力	表現語彙	7
	なぞなぞ	10
	理解語彙	9
量的知識	数的推論	6
	計算	7
読み書き	ことばの読み	8
	ことばの書き	8
	文の理解	10
	文の構成	8

図 9.4 日本版 KABC-II 検査結果（CHC モデル）

事例 10

言語表現が不得手なアスペルガー症候群の中学3年生
―― クロスバッテリーによるアセスメント ――

小野寺基史（北海道教育大学）
大竹明子（札幌市立新川西中学校）
斎藤竜也（札幌市立手稲中学校）

対象児
　中学校特別支援学級に在籍するアスペルガー症候群の3年生男子。

主訴（相談内容）
　教師，保護者の願い：質問にスムーズに答えたり，自分の気持ちを伝えられるようになってほしい。わからないことや困っていることを，自分から聞けるようになってほしい。
　本人が困っていること：自分が思っていることをうまく伝えられない。

概　要
　アスペルガー症候群の診断を受けた中学校3年男児についてKABC-Ⅱの結果をカウフマンモデルとCHCモデルの両方で解釈した。カウフマンモデルでは継次処理の強さと同時処理の弱さが明らかになったが，本児の言語表現の不得手さは，むしろCHC尺度の結晶性能力の弱さが原因の1つではないかと推測され，そのことに配慮した指導法を試みた。

1. 背景となる情報

(1) 生育歴および現在までの経過

　小学校2年生から特別支援学級に在籍。低学年では，運動面や学習面において完全主義のところがあり勝ち負けへのこだわりも強かった。テストで満点が取れなかったり運動会で負けたりすると泣いたり怒ったりした。高学年になると，今度は何をやっても自信がもてず，ほめられても嬉しいそぶりを見せなかった。間違いや失敗をすると恥をかくという意識が強くなり，自信がないときはわかって

いても答えないことが多かった。中学校になると，教師や友達に話しかけることがほとんどなくなり，返答にもうなずきや「はい」「いいえ」「まぁ」「わかりません」「忘れました」で済ませ，気持ちを尋ねると黙り込んでしまうことが多かった。学習場面では，明らかに自信のあるもの以外は発言することはなかった。中学校 2 年生になり，「大きな声であいさつをしよう」「遅れないようにしよう」等の指示に対する強迫観念が強くなり，必要以上に大きな声で返事をしたり，遅れまいと走って友達にぶつかってしまうこともあった。一方で，行動が遅く指示に従わない友達に対しては，イライラして「早くしろ」などとどなってしまうこともあった。

(2) 家庭環境

両親と姉（高校 2 年）の 4 人家族。父は単身赴任。両親とも学校に協力的である。家では明るく楽しい存在で，自らギャグを言ったり，家族の冗談に笑顔を見せたりすることもある。外出は好まないが，日記を書くことへの強迫観念から，休日に買物やカラオケなどに出かけることもある。好きなものへのこだわりが強く，少し前までは戦隊ヒーローもの，最近では仮面ライダーにはまっている。

(3) 現在の様子

中学校 2 年生の 3 学期頃から小さい声でぼそぼそ話すことが多くなった。「昨日，何食べた」等の簡単な質問にも「忘れました」と答えるので会話が続かない。人にお礼を言ったり，自分の感想を述べることが難しく，わからないことがあってもそのまま黙っていることが多くなった。また，指示を最後まで聞かずに取り組んでしまうことも増えてきた。

2. アセスメントリスト

・WISC-IV（12 歳 8 ヵ月）

・KABC-II（13 歳 9 ヵ月）

3. KABC-Ⅱ検査結果と解釈

(1) 検査場面での行動観察

(a) 検査時の様子

1日目に習得検査，2日目に認知検査と2日間に分け，午前授業日の放課後に実施。実施時間は2日間で約3時間半かかったが，どの検査にも集中して取り組み，最後まで協力的であった。

(b) 各下位検査における行動

M1［語の学習］：興味・関心をもって楽しそうに取り組んでいた。54問中「わかりません」と答えて0点だったのが4問，誤答で0点は1問であった。

M3［物語の完成］：集中して忍耐強く取り組んでいた。問題7，8，11は最初に使わないカードをよけていた。問題9は1枚もカードを置かず78秒で，問題13はじっくり考えて1枚目のみ置き，その後「わかりません」と言った。

M4［数唱］：反応が早く，聞き終わったらすぐに答え始める。問題19は数字を1つも言わず「わかりません」と答え，問題21は誤答であった。

M5［絵の統合］：これかなと思っても，答に確信がもてないと「わかりません」と答えている様子だった。問題22以降は絵を見てすぐに「わかりません」と答える問題が増え，問題33で中止となった。

M6［語の学習遅延］：問題9，10，11が1点，あとは2点であった。

M7［近道さがし］：ルールをすぐに理解し，集中して取り組んでいた。いろいろと試しながら正答を導き出していた。

M8［模様の構成］：とても集中し，途中であきらめることなく，粘り強く取り組んだ。問題23，24，25はオーバータイムかつ正答できなかったが，問題26は「できた！」とうれしそうに言った。最後の問題27は52秒でできた。

M9［語の配列］：色の妨害に動揺する様子はなかったが，問題20，21，27は「忘れた」と言って1つも答えなかった。

M10［パターン推理］：集中して取り組んでおり満点だった。

M11［手の動作］：誤答は問題22と23であった。

A1［表現語彙］：自信がある問題には即答していた。問題30，33はよく見て考えて答えていたが，問題26，27，28，32，および35以降はすぐに「わかりません」

と言った。
A2［数的推論］：自信をもって課題に取り組み，集中していた。「ちがう‥‥」などとつぶやいたり，図を描くなどしてじっくり考えていた。
A3［なぞなぞ］：問題 24 は着ていた上着のポケットに手を入れたのに答に気がつかなかった。問題 31 以降は，すぐに「わかりません」と答えることが多かった。
A4［計算］：問題 48 まで実施し誤答は問題 40 のみ（通分をしなかったため）。
A5［ことばの読み］：問題 61 まで実施。問題 58, 60, 61 が 0 点だが，読めていても確信がもてないので「わかりません」と言った可能性がある。
A6［ことばの書き］：書くのは早かった。
A7［文の理解］：集中し，じっくり考えて答えていた。
A8［文の構成］：集中していた。
A9［理解語彙］：0 点となった問題はすべて「わかりません」と選ばなかった。

(c) 行動観察チェックリストの結果

プラス要因では［パターン推理］［文の構成］の他，［物語の完成］［語の配列］［数的推論］［文の理解］では忍耐強く取り組み，［近道さがし］［模様の構成］では試行錯誤を繰り返しながら集中している様子が見られた。一方，［語の配列］では妨害刺激が入るとすぐに「忘れた」と答え，［絵の統合］［表現語彙］［なぞなぞ］では答えが思いついたようでも，すぐに「わかりません」と答えていた。

(2) カウフマンモデルによる検査結果と解釈（図 10.1）
(a) 認知総合尺度と習得総合尺度

認知総合尺度は 128（90％信頼区間 122-133）で「高い」～「非常に高い」の範囲であった。習得総合尺度は 102（90％信頼区間 98-106）で「平均」の範囲であった。認知総合尺度・習得総合尺度との間に有意な差が認められ，認知総合尺度に比べて習得総合尺度が有意に低い結果となった。

(b) 認知尺度間のその他の比較

学習尺度 109（90％信頼区間 101-116），計画尺度 125（90％信頼区間 115-132），同時尺度 107（90％信頼区間 98-115），継次尺度 137（90％信頼区間 130-142）であった。認知尺度間の比較では，継次尺度と計画尺度が他の 2 尺度より有意に高くなった。また，継次尺度と計画尺度，同時尺度と学習尺度には有意差が見られ

なかった。個人間差においては，継次尺度と計画尺度が NS となり，同年齢の平均的な子どもより有意に高いという結果であった。個人内差においては，継次尺度が標準得点平均 120 よりも有意に高い PS で，平均との差 17 は「まれな差」（10％）であった。同時尺度，学習尺度は PW であった。

(c) 認知検査間の比較

認知尺度の下位検査の評価点プロフィールにおける個人間差では，NS は［数唱］［語の配列］［手の動作］［パターン推理］［語の学習遅延］で，NW はなかった。全体の評価点平均は 13 であった。個人内差としては［パターン推理］が有意に高く（PS），［絵の統合］［語の学習］は有意に低かった（PW）。

(d) 習得総合尺度間の比較

語彙尺度 90（90％信頼区間 84-96），読み尺度 111（90％信頼区間 104-117），書き尺度 105（90％信頼区間 97-113），算数尺度 109（90％信頼区間 104-114）であった。習得尺度間の比較では語彙尺度のみが他の尺度と比べて有意に低くなった。他の 3 尺度間には有意差は見られなかった。個人間差については，4 尺度すべてに有意差はなく，同年齢集団の子どもの平均的な数値となった。個人内差については，語彙尺度が習得尺度の標準得点平均 104 より有意に低い PW で，しかもその平均との差 14 は「まれな差」（10％）であった。

(e) 習得検査間の比較

習得検査の下位検査の評価点のプロフィールにおける個人間差では，［ことばの書き］が NS となった。全体の評価点平均は 10 であった。個人内差では［数的推論］［ことばの読み］［ことばの書き］が有意に高く（PS），［なぞなぞ］［理解語彙］が有意に低かった（PW）。

(f) 認知総合尺度と各習得尺度，算数尺度検査の比較

認知総合尺度と習得 4 尺度の比較では，認知総合尺度 128 に比べ，習得 4 尺度すべてで有意に低い結果となった。同様に，算数尺度 2 検査の比較でも，2 検査とも有意に低い結果となった。このことから，認知総合尺度から期待される力が，十分，学習に生かされていないことが予想された。

(3) CHC モデルによる検査結果と解釈（図 10.2）
(a) CHC 総合尺度
　CHC 総合尺度は 118（90％信頼区間 113-122）であり，「平均の上」～「高い」の範囲であった。
(b) CHC 尺度間の比較
　短期記憶 137（90％信頼区間 130-142），流動性推理 125（90％信頼区間 115-132），視覚処理 116（90％信頼区間 106-124），長期記憶と検索 109（90％信頼区間 101-116），量的知識 109（90％信頼区間 104-114），読み書き 109（90％信頼区間 103-114），結晶性能力 90（90％信頼区間 84-96）であった。CHC 尺度間の比較では，短期記憶が流動性推理以外のすべての尺度に対して有意に高く，また，結晶性能力は他のすべての尺度に対して有意に低かった。
　個人間差については，短期記憶，視覚処理，流動性推理が NS で，NW はなかった。
　個人内差については，短期記憶が CHC 標準得点平均 114 よりも有意に高い PS で，しかもその平均との差 23 は，「まれな差」（＜5％）であった。
　一方，結晶性能力は CHC 標準得点平均より有意に低い PW となり，平均との差 24 は「まれな差」（＜5％）であった。

4. その他の検査結果と解釈

(1) WISC-IV の結果と解釈（12 歳 8 ヵ月施行）（表 10.1）
(a) 検査時の様子
　「積木模様」は 14 問のみ不正解で，所要時間は最大でも 25 秒と早かった。「類似」は 17 問以降は，問題を聞くやいなや「わかりません」と答え，考えるのをやめてしまった。「単語」はどの問題にも「説明する？」と言って悩んでいた。ティーチングアイテムで正答を教えると「それだけでいいんだ」とつぶやき，「わかるけど説明が難しいの？」と聞くとうなずいていた。「行列推理」はとても楽しそうに取り組んでいたが，あきらめも早かった。「理解」は「うーん」と考え込み答が出せず，正答を聞いて「そういうことか」とつぶやいていた。
(b) WISC-IV の検査結果
　全検査 IQ は 96（90％信頼区間 91-101）で「平均」の範囲であった。指標レベ

ルでの比較では，ワーキングメモリー 133 が他のすべての指標に対して 5％水準で有意に高く，次に，知覚推理 104 が言語理解 74 と処理速度 83 に対して 5％水準で高くなった。言語理解と処理速度に差は見られなかった。言語理解指標では，「類似」「単語」「理解」の平均は 5.7 であったが，「単語」2，「理解」2 に対して「類似」が 13 となり，個人内差では「類似」が 5％水準で有意に高く，「単語」と「理解」の両検査が 5％水準で有意に低くなったため，言語理解指標は，指標内のばらつきが大きいことから十分な検討が必要である。

(c) WISC-Ⅳ の検査の解釈

　言語理解指標の「単語」と「理解」が有意に低かったことについて，カウフマン（1983）は「単語」については「概念化と言語表現のうまさを要求する」とし，マクロスキーとマレンダー（2012）は「意味ネットワーク」の活性化が重要であるとした。「理解」は「実際的で意味のある能力，すなわち実生活の課題状況を解釈したり説明したりする能力を要求（カウフマン）」し，「より多様性に富んだ思考生成が必要となる（マクロスキーとマレンダー）」としている。一方，「類似」についてカウフマン（1983）は，「理解」や「単語」とは対照的に，「あまり有意味とはいえない課題への推理能力の適用，すなわち，2 つの異なった概念を結びつける共通な特徴や抽象的なカテゴリーを見つける」課題としている。

　本児の臨床像を言語理解指標の結果から考察すると，本児は 2 つの異なった概念を結びつける共通な特徴や抽象的なカテゴリーを見つけることは得意だが，実生活の課題状況を解釈したり説明したりすることが苦手で，生活や学習において獲得した言語（意味）のネットワークをつなぎ，より多様性に富んだ思考生成に困難さがあるのではないか。このことは，まさに本児のみならず，いわゆる自閉症の特性の一端を表しているものではないかと思われる。

5. 総合解釈と指導方針

(1) カウフマンモデルによる解釈

　カウフマンモデルでは「認知＞習得」となり，本児の得意な認知能力が学習に十分生かされていないということがいえる。換言すれば，本児の認知能力をもう少しうまく活用すれば学習の成績は上がると予想される。また，「認知尺度間の比較」では「継次尺度≒計画尺度＞同時尺度≒学習尺度」であることから，得意と

する継次処理的な手法を使い，課題解決に向けた方略決定や遂行過程におけるフィードバックを十分意識させながら学習させることが有効であると推測される。しかし，下位検査を細かく見ていくと，同時尺度の［近道さがし］は12点，［模様の構成］も13点と平均値（13点）であり，［絵の統合］のみが8点（PW）であった結果，同時処理が低くなったとも考えられるため，継次処理は明らかに強いといえるが，同時処理が弱いという結論は慎重に行う必要がある。一方，同時処理の中で［絵の統合］だけが有意に低くなっているのは，臨床的には「確信がもてない場面での反応のためらい」が背景にあるものと思われる。同様に，計画尺度でも，［物語の完成］が評価点10，［パターン推理］は18点と最高点（粗点は満点）であったことから，結果的に計画尺度が高くなったと考えられるため，本児の計画尺度が高いという結論についても慎重に行う必要がある。［物語の完成］課題は「日常生活場面や環境によく注意を払うことを求める検査」であり，「子どもの社会的行動や対人関係反応を推測する力」が要求されるとともに，「遂行機能および流動性推理の基礎となる意思決定や仮説生成の重要な側面である言語媒介も必要となる（カウフマン他，2014）」ことから，本児の［物語の完成］課題が平均より3点低いのは，本児の臨床像に合致しているものと思われる。一方，［パターン推理］はカウフマン他（2014）によれば「実行機能に多大な負荷をかける」検査であり，「抽象的な問題の1つ1つにおいて，類似の性質について推理する方略をすみやかに生成することができる子どもは，高い得点を得ることができる」としており，これは，CHCモデルで同じ流動性推理として取り扱っているWISC-IVの「行列推理」が12点と高かったこと，「抽象的な問題において類似の性質について推理する」という方略が同様に必要であるWISC-IVの「類似」が，言語理解指標で唯一13点と高かったことからも明らかになった。

(2) CHCモデルによる解釈

　CHCモデルによる解釈では，短期記憶（［数唱］16，［語の配列］15，［手の動作］15）が，他の尺度に比べて明らかに高かったことから，本児は短期記憶は非常に高いと考えられる（カウフマンモデルでは継次）。次いで，流動性推理が高くなったが，前述したカウフマンモデルの計画尺度の解釈と同様，流動性推理が高いという結論は慎重に行う必要がある。一方，結晶性能力は，他のすべての尺度

に対して有意に低く，5％水準で「まれな差」が見られたことから，本児の結晶性能力の低さが明らかとなった。小野（2013）は結晶性能力は「ある文化において習得した知識の量およびその知識の効果的応用に関する能力」とし，「長期記憶と検索が記憶と想起に焦点を当てているのに対し，結晶性能力では，記憶された知識の幅と深さに焦点を当てている」としている。本児の長期記憶と検索では［語の学習］が10点と個人間差では平均，個人内差では平均より2点低かったが，その後の［語の学習遅延］では14点となり，個人間差（NS）では有意差があり，個人内差でも平均より2点高くなっている。カウフマンら（2014）もKABC-Ⅱの検査で自閉症児が最も高い得点を示した検査として，この［語の学習遅延］を挙げ，自閉症児は「新しい情報を記憶し保持する能力が比較的高い」と指摘している。［語の学習］は，答えが想起できなくても必ず正答が告げられるため，繰り返し課題をこなしていくうちに，確実に学習効果が上がり，長期記憶に保存されていくものと考えられる。カウフマンら（2014）はこの［語の学習］課題の影響因として「正答を与えられたときそこから学ぶ力」を挙げている。本児は［語の学習］で個人内差が低くなったものの，［語の学習遅延］で明らかに成績が上がったのは，正答が与えられ，繰り返し行われる学習が効果的であったことを示唆している。このことから，本児への指導にあたっては，課題が明確ではないときには正答（方略）を示すとともに，記憶をより確かなものにするために繰り返し学習することの有効性が示唆された。

(3) 総合解釈

本児の知的能力について，WISC-Ⅳの結果（FSIQ）は96で平均の範囲となったが，KABC-Ⅱの結果では，認知総合尺度が128（90％信頼区間122-133）となり，2偏差近く高い数値となった。一方，習得総合尺度は102（90％信頼区間98-106）となり，WISC-ⅣのFSIQとほぼ同じ結果となった。認知能力に比べて本児の学習が積み上がっていかない原因としては，前述したようにCHCモデルの結晶性能力の弱さに問題があるのではないかと推測している。ある文化において習得した知識の量およびその知識の効果的応用に困難性があること，つまり，記憶された知識の幅と深さ，知識のネットワーク化に焦点を当てた，まさに結晶性能力の弱さが，本児の学習が積み上がっていかない原因の1つとなっているので

はないかと考えた。

　臨床的に見ると，本児は公式を覚えて計算問題を解くことや英単語や劇などのセリフを暗記すること，手順表を見ながら順番に（機械的に）作業を進めていくことが得意である。一方，刺激が一度に複数提示されると混乱する傾向がある。刺激がたくさんあるとどこに注目したらよいかがわからなくなるのではないか。2年ほど前に実施したK-ABCの「位置探し」では短い所要時間で全問正答したが，検査後，「絵は無視して位置だけ覚えた」と本児が言っていたことから，複数の刺激であっても，どこに注目したらよいかストラテジー（方略）が明らかになっていれば，自信をもって取り組めるようである。KABC-Ⅱの［パターン推理］で最高得点をとったことについても，刺激が複数あっても，本人が方略をつかむことで，安心して課題に取り組み解決できたものと考えられる。

　学校生活においては，新しい課題に対して，どのように対応すればよいか方略の生成に戸惑い，間違えないように慎重に取り組むことも多いが，一度やり方を理解すると確実に取り組めることも多く，本児にとって新しい課題に対する方略の獲得と般化が指導の重要なポイントになるものと思われる。

　本児は音レベルで言語化された機械的な記憶・再生は得意だが，経験から蓄積された言語の意味ネットワークの構築と表出に問題がある。本児の得意な能力である短期記憶（記憶と検索）を活用しながら，苦手な処理速度と結晶性能力の弱さに配慮すること。具体的には，生活や学習で獲得・蓄積された音レベルの言語を有機的にネットワーク化していけるよう，1つ1つの語彙を整理し，語彙の関係を意味づけて理解させること，そしてそれらを，生活や学習場面で，自分のストラテジー（方略）に基づいて活用していけること，さらには，それを日常的に般化し，学習や生活場面で表現できることが指導のポイントであると思われる。

(4) 指導方針

　上記の解釈に基づいて，本児の指導に関する基本方針を以下に設定した。

① 自分で方略を考えることは苦手であるが，型にはめるとできるので，課題に対する方略を教えたり，一緒に考えたりしながら般化させる。

② 刺激が一度にたくさん提示されると，どこに注目したらよいかがわからなくなるので，注目すべき点を明確にして，刺激を整理する。

③刺激がたくさんある場合でも，順番を示すと安心するので，取り組む手順を示して取り組ませる。
④語彙の量は多く，単語の記憶も強いので，それらを関係づけて概念として理解させる学習を工夫する。

6. 指導経過

(a) 選択肢の提示

「きのうの夕食は？」「日曜日，どこに出かけた？」などに対して，答を選択肢を提示してその中から選ばせる。選んだ言葉を教師がさらに拾い上げ，そこからまた会話が続くようにしていく。

(b) キーワードの提示

発言させるときや，文章を書かせるときには，キーワードを提示する。この言葉を使う，この順番で話す，書くなどを明確にすることで，安心して取り組ませることができる。

(例：ぼくは_____に進学したいです。理由は_____からです。そのために_____をがんばります。)

(c) 言葉のイメージを広げるために

①対象物を見て知っていることをたくさん言う。(例「スプーン」：銀色，長い，光るなど，名称・形・色・用途などから徐々に視点を増やしていく。)
②言葉に当てはまるカード（絵・写真・文章）を複数選び，言葉の意味は1つではなく，状況によって変化することを理解する。(例「とる」：「取る」「撮る」「他人の物を盗む」「好きな物を選ぶ」「貼ってある物を外す」など。)
③特徴クイズ。属性を聞いて当てはまるもの答えたり，属性を言って当てはまるものを相手に答えてもらうゲームをする。物の属性をいろいろな言葉で表現する力をつける。
④概念地図法の活用（図 10.3, 10.4）。概念地図の指導開始期は図 10.3 のとおり「車」からの概念が7種類2段階にとどまっているが，指導5ヵ月になると（図 10.4）1つのキーワードからさまざまな概念につながっているのがわかる。

(d) 気持ちを表現する言葉を増やす

身近な場面で，どんな気持ちになるか選択肢から選ばせたり考えさせる。「すご

く嬉しい」「ちょっと悲しい」など感情の種類を段階的に増やしていく。

(e) 間違いに対する抵抗感を減らすために

　答が複数あるものや幅のある問題を用意して，確信がもてなくても答えてみると意外と正解だったり，大きく間違いでないことに気づかせる。(例：箱の中にだいたい何本入っているか，重さはだいたい何 g かなど大ざっぱに予想する。±3 までは正解などとアバウトに答えるようにする。)

7.　まとめと今後の課題

　今回のアセスメント結果により，明確な指導方針が立ち，具体的，段階的に指導することができた。概念地図の学習では，友達の発想に「そんなのでもいいんだ」と概念の関係を理解し，自分から新しい概念をどんどんつなげていこうとする姿が見られた。また，答やモデルを提示して関係を理解させたり，手続きを段階的に示して考えさせたりしたことで，本人は戸惑うことなく，あせらず安心して課題に取り組めるようになってきた。本児はアスペルガー症候群の診断を受けており，結晶性能力の弱さをはじめとする言語のネットワーク化は自閉症そのものの課題といってもよいかもしれない。本児は相手や状況に合わせて臨機応変に言葉を使い分けることに日々，苦戦しているはずである。パターン的でも，その場に応じた言葉が選択できればよいが，結局，事態に対応できず「わからない」「忘れた」と応えることで精一杯なのかもしれない。しかし，本児が将来，社会の中で生きていくためには，質問されたことに答えるだけではなく，自分の思いや気持ちを相手に伝える力が求められるだろう。臨機応変な対応は難しくても，場面場面で期待される「おはようございます」「失礼します」等のお決まりのあいさつや，いわゆる「報連相（報告，連絡，相談）」と言われる「終わりました」「間違えました」「トイレに行ってもいいですか」「わかりません」「教えて下さい」等のルーチン化された言語表現を選択できるだけでも適応の幅は格段に広がるものと思われる。そうした安心感が自信となり，次の言語表現への意欲にもつながるものと思われる。

　今回の事例研究を通して，KABC-Ⅱが2つの理論（デュアルセオリー）から解釈できること，また，WISC-Ⅳとのクロスバッテリーによって CHC 理論からの解釈がより精度を高める可能性があることが示唆された。KABC-Ⅱによる臨床へ

の摘要はまだ緒についたばかりであるが，実践と評価を積み重ねながら，望ましい支援の在り方を模索していきたい。

倫理的配慮

　本児の両親に対し，事前に，検査結果を利用することにより期待される効果について説明を行い，検査実施，事例発表や出版物への掲載の了解を得た。

文　献

A. プリフィテラ・D. H. サクロフスキー・L. G. ワイス編，上野一彦監訳（2012）「WISC-IVの臨床的利用と解釈」，日本文化科学社。

Kaufman, A. S., Lichtenberger, E. O., Fletcher-Janzen, E., & Kaufman, N. L. 著，藤田和弘・石隈利紀・青山真二・服部環・熊谷恵子・小野純平監修（2014）「エッセンシャルズ　KABC-IIによる心理アセスメントの要点」，丸善出版。

小野純平（2013）　CHC理論の登場による知能検査の新たな時代――CHC理論に基づくKABC-IIとWISC-IVの併用を中心に――，K-ABCアセスメント研究，Vol.15，91-96。

228　事例10

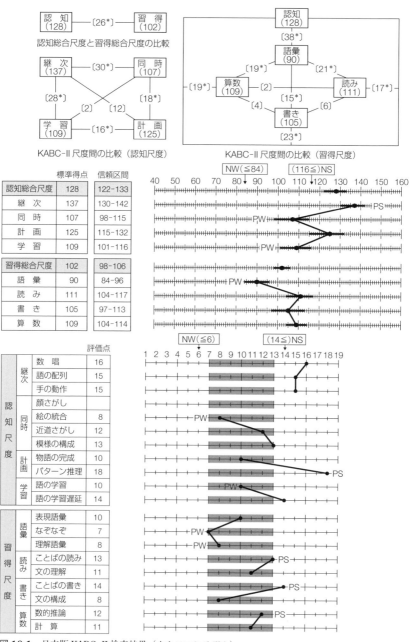

図 10.1　日本版 KABC-Ⅱ検査結果（カウフマンモデル）

言語表現が不得手なアスペルガー症候群の中学3年生

KABC-Ⅱ尺度間の比較（CHC尺度）

	長期記憶と検索	短期記憶	視覚処理	流動性推理	結晶性能力	量的知識	読み書き
長期記憶と検索							
短期記憶	>						
視覚処理	=	<					
流動性推理	>	=	=				
結晶性能力	<	<	<	<			
量的知識	=	<	=	<	>		
読み書き	=	<	=	<	>	=	

	標準得点	信頼区間
CHC 総合尺度	118	113-122
長期記憶と検索	109	101-116
短期記憶	137	130-142
視覚処理	116	106-124
流動性推理	125	115-132
結晶性能力	90	84-96
量的知識	109	104-114
読み書き	109	103-114

		評価点
長期記憶と検索	語の学習	10
	語の学習遅延	14
短期記憶	数唱	16
	語の配列	15
	手の動作	15
視覚処理	顔さがし	
	近道さがし	12
	模様の構成	13
流動性推理	物語の完成	10
	パターン推理	18
結晶性能力	表現語彙	10
	なぞなぞ	7
	理解語彙	8
量的知識	数的推論	12
	計算	11
読み書き	ことばの読み	13
	ことばの書き	14
	文の理解	11
	文の構成	8

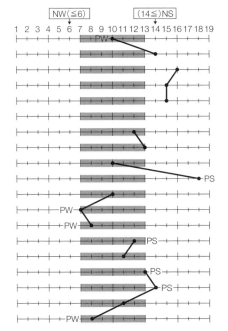

図 10.2　日本版 KABC-Ⅱ 検査結果（CHC モデル）

230　　事例 10

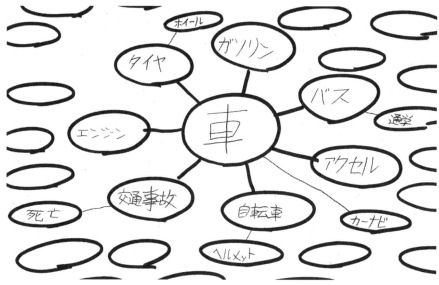

図 10.3

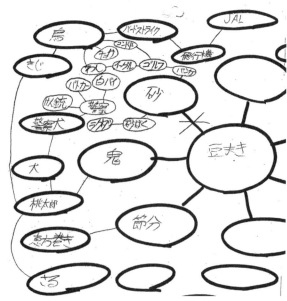

図 10.4

表 10.1　WISC-IVの結果

全検査（FSIQ）	96		
言語理解（VCI）	74	知覚推理（PRI）	104
類似	13	積木模様	13
単語	2	絵の概念	7
理解	2	行列推理	12
（知識）	9	（絵の完成）	10
（語の推理）	4		
ワーキングメモリー（WMI）	133	処理速度（PSI）	83
数唱	16	符号	6
語音整列	16	記号探し	8
算数	10	（絵の抹消）	5

事例 11

学習意欲はあるが学習についていけない高校1年生
──説明レターと学習アドバイスシートを用いたコンサルテーション──

熊上　崇（立教大学）

対象児
　A君，男子。公立高校通常学級に在籍している。この公立高校は，エンカレッジスクールとして，特に学業面や行動面の支援が充実している高校である。

主訴（相談内容）
　授業を真面目に受けているが，学業成績が不振であり，どのように指導したらよいか，アドバイスが欲しいとの相談が高校教諭からあった。

概　要
　高校の通常学級に在籍しているが，KABC-Ⅱを実施した結果，認知総合尺度が65（90％信頼区間60-72）で「非常に低い」〜「低い」の範囲であった。授業の態度は真面目であるが，実際には学業，部活動，友達関係でも困難があった。そこでKABC-Ⅱの結果を説明するために，「説明レター」や「学習アドバイスシート」を用いてフィードバックを行い，検査結果を生徒や保護者，高校教諭で共有できるように工夫した。

1．背景となる情報

(1) 生育歴および現在までの経過
　筆者の本生徒への関わりは，高校からのKABC-Ⅱ実施の依頼であり，面接2回，フィードバックのための面接1回である。出生時や幼児期の詳細な生育歴は不明であるが，教諭・保護者より，中学校から現在の高校生活に関する以下の情報を聴取した。

(2) 家庭環境

父母との3人暮らしである。クラス担任によると，特に問題のある家庭ではなく，教育熱心，協力的である。母親は穏やかな性格であった。

(3) （学校や家庭での）現在の様子

高校の担任教諭および養護教諭（部活動の指導教諭でもある）によると，A君は礼儀正しく，授業にも真面目に取り組んでいる。しかし，学業成績が伸び悩み，期末テストの平均点は30点前後である。A君にノートを見せてもらったが，板書をていねいな文字で書き写していた。

部活動は，陸上部に在籍しており，短距離走に取り組んでいる。しかし，他の生徒からは，「危なくて見ていられない。競技会でも運営手伝いの説明が理解できなかったり，走者とぶつかったりしてしまうときがある」と言われているという。そのため，運営手伝いも簡単な作業をさせているとのことである。

保護者（母）によると，いつもは規則正しい生活をしているが，用事を頼んだときに，ときどき行き先がわからなくなってしまったりすることもあり，A君の理解力を心配し，どのように話しかけたり，指示をすればよいかに悩んでいたという。

2. アセスメントリスト

・KABC-Ⅱ（16歳1ヵ月）

3. KABC-Ⅱ検査結果と解釈

(1) 検査場面での行動観察

(a) 検査時の様子（検査入室から退室までの行動）

検査者が高校に出向いて，相談室でKABC-Ⅱを実施した。A君は「失礼します」とていねいに入室した。検査者が自己紹介すると「高校の先生や母から聞いています」と納得し，積極的に取り組んだ。

A君は検査者に対して親和的であったが，その中で気になったのは，会話はスムーズではあるものの，気持ちの表現や抽象的な内容については理解が難しいようで，一問一答で簡単に質問に答える反応になっていた。

(b) 各下位検査における行動

M1［語の学習］：集中して取り組んだ。問題 31 以降 4 文字の課題になるとほとんどが誤答となり，問題 42 で中止となった。

M3［物語の完成］：集中力の高さが見られた。熟慮しながら取り組んでいた。

M4［数唱］：数字 4 桁の問題は 3 問中 2 問が正答していた。数字 5 桁の問題はすべて誤答であった。

M5［絵の統合］：熱心に取り組んでいた。DK は全体の 2 つであり，それ以外は答を言おうと頑張っていた。

M6［語の学習遅延］：難しい問題は，「わからない」と言葉で表現した。

M7［近道さがし］：熱心に取り組んでいた。反応時間は長くて 12 秒であり，迷うことはなく，ぱっと考えて手を動かす様子が見られた。また，斜めに動かしてもよいというルールを途中から忘れてしまい，誤答となるパターンが多かった。A 君は，この検査が一番楽しかったと話していた。

M8［模様の構成］：問題 19 から誤り，問題 22 で終了した。集中し，じっくりと時間をかけて取り組む様子が見られ，問題 20 と 22 は制限時間を過ぎても頑張っていた。

M9［語の配列］：要素が 3 個になると記憶するのが難しいようであり，聴覚記憶の容量の問題が見受けられた。

M10［パターン推理］：集中して取り組んでいるものの，衝動的な解答をする傾向があった。

M11［手の動作］：規則性があるものは記憶できるが，動作の提示がランダムになると最初の 1 つの動作は正しいが，以後は誤っていた。

A1［表現語彙］：積極的に取り組み，最後まで解答した。DK のときも素直な様子で特に衝動的になることは見られなかった。

A2［数的推論］：基点ルールで，問題 5（8 歳）までさかのぼって実施した。忍耐強く取り組んでいたが，問題の一部が見えていないこともあった。

A3［なぞなぞ］：積極的に取り組み最後の問題まで実施した。問題文を聞いて何らかの言語反応をするのは得意であった。

A4［計算］：これまでの問題と異なり，［計算］では，表情が暗くなり元気がなくなったことから苦手意識が見て取れた。基点ルールで，問題 17（10 歳以上）まで

さかのぼって実施した。最後に繰り上がりの数を見逃したり，桁数を間違えるなど，最後の確認ができていない様子が見られた。「あれ，どうやるのかな」，「恥ずかしくてやり方を聞けない」とも話していた。

A5［ことばの読み］：基点は年齢相当の問題44からであった。問題50以降はDKがほとんどであった。

A6［ことばの書き］：あきらめの表情がときおり見られた。

A7［文の理解］：読みがたどたどしく，問題文を正確に読めないときがあった。文章の切れ目や改行がうまく理解できていないようであったが，じっくりと取り組み，検査者とのコミュニケーションは嬉しそうにしていた。

A8［文の構成］：漢字と仮名を適度に交ぜて文章を作成できた。

A9［理解語彙］：最終問題まで実施した。集中していた。

(c) 行動観察チェックリストの結果

認知検査では，[近道さがし]では《衝動的に誤った反応をしてしまう》ことがあったが，全般的に《忍耐強く取り組む》《集中力が高い》に該当していた。習得検査では，特にマイナス要因は見られず，《忍耐強く取り組む》《集中力が高い》に該当していた。

(2) カウフマンモデルによる検査結果

(a) 認知総合尺度と習得総合尺度

認知総合尺度は65（90%信頼区間60-72）で「非常に低い」〜「低い」，習得総合尺度は71（90%信頼区間67-76）で「非常に低い」〜「低い」の範囲であった。認知総合尺度と習得総合尺度の間に有意差は認められなかった。

(b) 認知尺度間の比較

継次尺度62（90%信頼区間56-71）で「非常に低い」〜「低い」の範囲で，同時尺度73（90%信頼区間65-84）で「非常に低い」〜「平均の下」の範囲，計画尺度66（90%信頼区間58-78）で「非常に低い」〜「低い」の範囲，学習尺度73（90%信頼区間65-84）で「非常に低い」〜「平均の下」の範囲であった。それぞれの認知尺度の間に有意差はない。個人間差においては，すべての認知尺度がNWであり，同年齢集団の平均的な子どもよりも有意に低かった。

認知尺度間の個人内差においては，PS，PWはなかったが，同時処理と学習尺

度とも 73 で他の尺度より比較的高かった。
(c) 認知検査間の比較

認知尺度の下位検査の評価点プロフィールにおける個人間差では，NS はなかった。NW は［語の学習］［物語の完成］［数唱］［語の学習遅延］［近道さがし］［模様の構成］［語の配列］［パターン推理］であった。

全体の評価点平均は 5 であった。
(d) 習得尺度間の比較

語彙尺度 81（90％信頼区間 74-89）で「低い」～「平均の下」の範囲，読み尺度 75（90％信頼区間 68-83）で「非常に低い」～「平均の下」の範囲，書き尺度 71（90％信頼区間 63-82）で「非常に低い」～「平均の下」の範囲，算数尺度 65（90％信頼区間 59-72）で「非常に低い」～「低い」の範囲であった。習得尺度間の比較では，「語彙＞算数」「読み＞算数」で有意差が見られた。

個人間差では，どの習得尺度も NW であり，同年齢集団の平均的な子どもより有意に低いという結果であった。

個人内差については，習得尺度の標準得点平均 73 に比して，有意に高い（PS）尺度は語彙尺度，有意に低い（PW）尺度は算数尺度であった。
(e) 習得検査間の比較

習得検査の下位検査の評価点プロフィールにおける個人間差では，NS はなく，NW は［数的推論］［なぞなぞ］［計算］［ことばの読み］［ことばの書き］［文の構成］［理解語彙］であった。

個人内差においては，習得検査の評価点平均は 5 で，PS は［表現語彙］［文の理解］であり，PW は［数的推論］［計算］であった。
(f) 認知総合尺度と各習得尺度，算数尺度検査の比較

認知総合尺度と習得 4 尺度の比較では，「認知＜語彙」「認知＜読み」であった。また，認知総合尺度と算数尺度 2 検査の比較では，「認知＞数的推論」であった。

4. 総合解釈と指導（支援）方針

(1) カウフマンモデルによる解釈

認知総合尺度が 65，習得総合尺度が 71 であり，同年齢集団の平均よりかなり低いところに位置する。普段の生活では，礼儀正しく，授業にも熱心であること

や，語彙尺度は81で，日常会話はできていることから気づかれにくいものの，部活動のエピソードでは，競技会の設営について説明されても理解が難しかったり，危険の可能性を予知できなかったり，生徒どうしの会話になかなかついていけないとの情報があったことから，A君の認知総合尺度の低さも踏まえて指導や支援を行う必要がある。

　A君はこれまで知能検査を受けたことはなく，小学校は通常学級で指導を受け，中学校ではいじめの対象になり不登校の時期もあったという。このことは，中学校以降に学習だけでなく，生徒どうしの会話や仲間との交流に困難があったこともうかがわれるが，アセスメントを受ける機会はないままに，今日まで来たものと考えられる。

　認知4尺度間には有意差はないが，継次と同時を比較すると，同時尺度の73に比べて，継次尺度は62と11点低い。特に継次尺度の中でも，［数唱］と［語の配列］がそれぞれ評価点1と非常に低い。このことから，A君に対して指示や支援をするときは，言葉や聴覚刺激で説明をしても記憶するのが難しいと考えられる。

　A君は，どちらかといえば同時処理のほうが得意であり，認知尺度の下位検査で最も高いのは［絵の統合］8である。また，［語の学習遅延］7もA君の中では比較的高い。このことから，A君は視覚的な提示や処理が得意であり，こうした情報を保持できることは，A君の強みである。そこで，A君に対する指導や指示は，視覚的，全体的なものが望ましい。

　習得尺度を見ると，語彙尺度81がA君の中では得意である。一方で，算数尺度65，書き尺度71は低い。計算は相当年齢が10歳，数的推論は9歳6ヵ月である。小数の計算や分数の約分や通分などでつまずいているのであるが，高校の朝学習ではそれよりも難しい問題を解かせている現状がある。A君は，授業についてきているように見られているが，実際は習得レベルが小学校中・高学年にとどまっている。高校教諭はその実情を理解して，A君の習得度に合わせた問題の提示や同時処理的な指導方略を用いると，A君も自分に合った指導が受けられていると感じるであろう。

　A君の通う高校では，公文式のような段階的な学習を行っている。しかし，その方法はA君の苦手な継次処理のやり方である。A君は同時処理が比較的得意なので，継次処理方略による計算の練習よりも，同時処理方略を用いて計算方法や

分数の概念などの学習をすることが効果的であろう。一度覚えれば，［語の学習遅延］7の高さからも，定着できる可能性があると考えられる。さいわいA君はノートを板書どおりにきちんと写すことが得意であり，常にノートに書いてもち歩いたり，わからないときに見直すなどの工夫をすることにより，授業や学校生活での適応に役立つものと考えられる。

5. コンサルテーションと支援の経過

「KABC-Ⅱ説明レター」と「KABC-Ⅱ学習アドバイスシート」を用いて，生徒・保護者・教諭へのフィードバックと支援を以下のように行った。

(1) 高校教諭に対するコンサルテーションと保護者へのフィードバック

今回のKABC-Ⅱの実施は，A君の在籍する高校の教諭からの申し出によるものであった。検査者は，KABC-Ⅱの実施と解釈，検査結果のフィードバックを，A君と保護者（母），高校の教師に行い，その後の継続的な指導・支援は高校の教師や保護者にゆだねている。すなわち，本事例は高校の教師に対するコンサルテーションである。

KABC-Ⅱの検査者が，学校の内部の教員や心理士である場合もあるが，外部の心理士や特別支援教育士，児童相談所や教育センターの担当者であることも多い。そうした外部の検査実施者がKABC-Ⅱを利用したコンサルテーションをするにあたっては，検査結果を「わかりやすく」面接や書面で伝えるとともに，検査を受けてよかったと生徒や支援者が思えるようなフィードバックを行う必要がある。

そこで，今回のコンサルテーションでは，生徒本人，保護者，教師に「説明レター」と「学習アドバイスシート」を手渡して説明した。そのうえで，A君が同年齢集団の平均よりかなり低いレベルにあること，語彙尺度が高いためにこれまでそのことに気づかれにくかったこと，それが高校での学業不振，部活動での生徒どうしの交流の難しさにつながっていたことを説明した。

特に，認知総合尺度が65であることを説明すると，高校教師や保護者は「そうだったのか」と合点が行った様子であり，A君に対しては，通常行うような口頭での指示では理解が難しいことや，数学の朝学習でもA君の習得度や認知特性に

配慮した課題の提示などを検討する必要がわかったと述べていた。また，A君の母も，A君に話しかけるときは，短い文章で，視覚的刺激も交えることが有効であることがわかり，これまでA君の理解力や応答の乏しさを感じていたが，A君の認知特性にあった声かけをしていきたいと述べ，保護者自身も理解が高まったようであった。

次ページに，「説明レター」を呈示する。これは検査の1週間後にフィードバックを行った際にA君，保護者および高校教師に手渡して説明したものである。

(2) 本児へのフィードバックと支援

次に，A君へのフィードバック面接を行う際に，「学習アドバイスシート」の改訂版（熊上ら，2016）を手渡して，説明を行った。A君はグラフや説明を見て，自分の得意な同時処理についても理解できた。A君は陸上の短距離の選手であることから，短距離の練習を例にとって，同時処理と継次処理について説明すると，「自分は，1つ1つ段階的に走り方を教わるよりも，ビデオや絵でいっぺんに出してもらったほうがわかりやすい。勉強も，そうやっていければいい」と話し，自己の特性が理解できたようであった。

図11.1に，A君の「学習アドバイスシート」を提示する。

この「学習アドバイスシート」の作成の経緯や内容の構成については，本書解説編5章5.3節「KABC-Ⅱアドバイスシートの活用」に詳細を記載している。このアドバイスシートは，検査を受けた子ども本人，保護者向けにKABC-Ⅱの結果をわかりやすく説明し，今後の学習や行動面のアドバイスを記載したものであり，(1) 得意な学習方法，(2) 習得レベル，(3) 習得レベルアップのためのアドバイス（指針）の3段階で構成している。このアドバイスシートを使うことにより，心理検査の専門家ではない保護者や学校教師にもわかりやすく子どもの認知特性や支援方法を示すことができる。アドバイスシートを携帯したり机に常備しておくことにより，子どもに対する有益な声かけや情報の提示の仕方を，子ども，保護者，教師などの支援者の間で共有するツールとなり得る。

本事例では，先に紹介した，検査結果の「説明レター」とともに「学習アドバイスシート」を一緒に提示した。「学習アドバイスシート」ではグラフや図を活用して視覚的に提示し，「説明レター」では読みやすい文章で詳しい検査結果や支援

生徒氏名：A君（1年生）

1 総合的な結果

　認知総合尺度は65で，A君の知的レベルは62から72の範囲にあります。これは同年齢の生徒の平均と比べると非常に低いレベルに位置します。

　A君の場合，語彙は比較的豊かで，日常会話は特に問題がないことから，記憶力や算数・数学，推理能力のハンディが見えにくいと思われますが，実際は記憶力や推理力に困難があることを把握したうえで指導をすることが重要と思われます。

　KABC-Ⅱでは，本人の得意な認知処理が「同時処理」か「継次処理」かを見ていきます（これをカウフマンモデルといいます）。

　A君の場合は，どちらかというと「同時処理」が優位です。つまり，順序立てて教える「継次処理」は苦手で，一度に視覚的に情報を提示する「同時処理」のほうが得意といえます。

　例を挙げると，道順を教えるときに，地図で全体的に提示するのが「同時処理」，1つ1つルートを言葉で順序立てて教えるのが「継次処理」です。

　以下，検査をして気づいた点などを記します。

2 認知検査

　A君は，あらかじめ全体的なイメージをつかめるように必要な情報を提示しておくと，判断がスムーズにできます。たとえば陸上の大会や設営でも，自分で考えて行動させるよりも，初めに全体像を示すのがよいでしょう。

　一方で，高度な判断や推理をしたり計画を立てて実行することは苦手ですので，できるだけ具体的に体験させながら関わるのがよいでしょう。（以下，認知検査の説明については省略）

3 習得検査

　A君の語彙は比較的豊かで，文章を読んで動作で表現する力も身についているといえます。

　漢字を書く課題では，小学校高学年の読み書きレベルであることを念頭に，読書課題などを提示するとよいと思われます。

　算数（数学）については，3けたまでの足し算，引き算，2けたと1けたの割り算はできていますが，2けたどうしの掛け算や帯分数の約分や通分が必要な計算は習得できていません。（以下，習得検査の説明について省略）

4 まとめ

　今回の数値にとらわれる必要はありません。認知能力や習得能力は、そのときのコンディションによっても変わります。そのうえで、以下の点を念頭に指導や支援を行うとよいでしょう。

(1) 本人の得意なやり方を活用

　これについては、「同時処理」の方が得意ですので、視覚的に全体的に見通しをもたせてから教えるほうがよいでしょう。

(2) 学校の先生の指導・声かけ

　また、数唱などの結果から、指導や指示は「自分で考えなさい（推理しなさい）」ではなく、全体像を示して、2つくらいの文章に区切って確認するとよいと思います。

(3) 読み書き・算数・数学でつまずき

　A君は、語彙の能力は高いので、なるべくA君のレベルにあった読書や日記などをすることで読み書きの力をつけていくことが望まれます。また、数学についても、高校の授業に加えて小数・分数の復習から進めることが大事です。

　A君のエピソードとしては、ノートをきれいにとれること、高校の仲間とのつきあいや授業が楽しいことは素晴らしい長所です。

　一方で、判断力や推理する力が弱いので、学校行事や部活などで周囲から見ると危なく思われたり、理解していないと思われがちですので、なるべく行事の前などに全体像を示して、その際に聴覚記憶の困難に配慮しつつ、本人がスムーズに行動できるように支援していけば、よりより高校生活が送れるのではないかと思います。

　A君は、長時間の検査を熱心に、粘り強く受けていたのが印象的でした。また、礼儀正しくあいさつができることも好印象でした。

　これが社会に出たときに一番大事な力であると思います。ぜひ今後もがんばっていただきたいと願っています。

方法を提示したものである。

このように，心理検査を実施したコンサルテーションでは，子ども本人と保護者・支援者が理解しやすく，実行しやすいツールを使うことが効果的である。

6. まとめと今後の課題

本事例では，学習が苦手な生徒が多い高校の中で，学業不振が見られる生徒のKABC-Ⅱによるアセスメントを高校教師から依頼され，検査結果を生徒本人にフィードバックした。本稿では，コンサルテーションの依頼者である高校教師と，生徒の保護者に検査結果を説明するためのツールである「説明レター」「学習アドバイスシート」を紹介した。

検査者はKABC-Ⅱを実施後，報告書を作成する。それが専門家向けのものであると，専門外である高校教師には難解なところが少なくない。そこで，教師や保護者が読んで理解しやすく，支援の手がかりとなるものが求められる。今回作成した「説明レター」は，まだ改善の余地はあるが，生徒の知的能力や得意な認知特性を示して，どのように配慮や提示をすれば生徒にとって理解しやすく，学校生活に適応できるかの指針を示した。そのことが，生徒の教育に「わからなさ」を感じていた教諭や保護者の意欲を高めるものになったと思われる。

「説明レター」や「学習アドバイスシート」により，生徒自身が「自分の特徴がわかった，意欲が高まった，検査をやってよかった」と思えることが重要であろう。

学習に困難がある思春期以降の生徒は，学習や授業の困難だけでなく，友人関係や部活動などでも困難を抱えている。こうした困難を減少させるためにも，支援する教師や保護者が生徒の特徴をKABC-Ⅱなどで把握すること，そして生徒の自己理解を促し，意欲と指針をもたせることが，アセスメントとフィードバックの目標と考えられる。

倫理的配慮

A君の保護者に対し，事前に，検査結果を利用することにより期待される効果について説明を行い，検査実施，事例発表や出版物への掲載の了解を得た。

文　献

熊上崇（2015）「発達障害のある触法少年の心理・発達アセスメント」，明石書店。

熊上崇・熊上藤子・熊谷恵子(2016)　子どもへの心理検査の結果のフィードバック―実務者への質問紙調査の分析と「学習アドバイスシート」の作成―，K-ABCアセスメント研究，18，79-88。

244　事例11

○○高等学校1年　　　　A　　　　さん　　　　　　　　　　　　　　○年○月○日

学習アドバイスシート

あなたのKABC-Ⅱ検査結果から、まずあなたの「❶得意な学習方法」と「❷習得レベル」について、お伝えします。最後に、「❸習得レベルアップ」につながるヒントをアドバイスします。今後の学習や生活にぜひ役立ててください。

❶ あなたの得意な学習方法は、　同時処理　型です！

あなたは「同時処理」が、やや高い結果でした。
文章を読みながら一つ一つ学ぶよりも、全体のイメージをつかんでから学ぶ方が、比較的、理解しやすいでしょう。たとえば、数学の解き方や、漢字を勉強するときには、絵や図を提示してもらって、全体的なイメージを作ってからはじめるとよいです。
また、「学習」の結果も高かったことから、しっかりと理解した事柄が積み重なれば、さらに知識が増えていくでしょう。

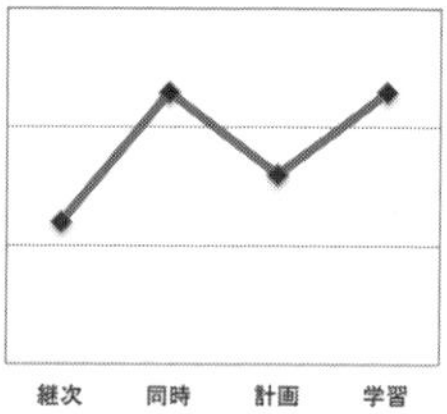

「継次処理」型
1つ1つ段階を踏んで学び、順序立てて考えるのが得意。
例：バッティングのポイントを書いたカードを読み、手順を確認する。

「同時処理」型
全体的に理解し、関連づけて考えるのが得意。
例：動画でバッターの動きを見てから、バッティングのポイントを話し合う。

❷ あなたの習得レベルは、

　　国語では、語彙（ボキャブラリー）が豊富です。
　　数学では、正負の数・文字式など
まで身についています！

あなたの場合、国語では、ボキャブラリーが豊富に身についていますね。数学では、平方根など高校での勉強はとてもよくできています。ただし、小中学校で習う分数の通分や約分、3桁の掛け算や割り算、二次方程式や連立方程式は、学べていないようです。

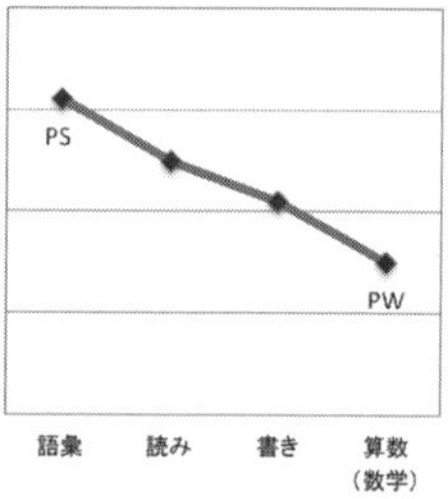

❸ 習得レベルをアップするためには、あなたの得意な学習方法と長所を活かしましょう！

あなたは多くの単語の意味を知っていて、話し方もとても分かりやすいです。また粘り強く、途中であきらめないのはすばらしいです。数学のノートを見せてもらいましたが、とてもきれいにノートをとっていますし、高校で学ぶ数学の学習内容は身についています。高校での学習に、熱心に取り組んでいることがよくわかります。
一方で、小学校や中学校で学ぶ分数の計算や3桁の掛け算、割り算などはできないようです。算数や数学は、積み重ねて学習していく科目です。時間を見つけて、つまずいている箇所を学習し直しておくとよいでしょう。

また、あなたの得意な「同時処理」の学習方法を使えば、漢字や歴史などを覚える時も、身につきやすくなります。覚えたい内容を声に出しながら書く、など、動作を加えることも効果的です。

短期記憶は4つくらいの単語まで覚えることができるので、英語や国語などの聞く力を必要とする科目は、文章を読むときに4つの語ごとに短く区切ると理解しやすくなると思います。

リポート作成者　　　熊上　崇（立教大学）

図 11.1　A君の学習アドバイスシート

学習意欲はあるが学習についていけない高校1年生

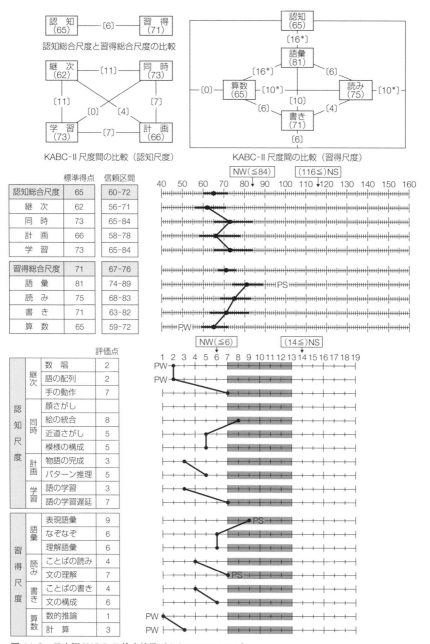

図 11.2　日本版 KABC-II 検査結果（カウフマンモデル）

事例 12

書字が困難な知的ギフテットと考えられる高校3年生

佐藤庸子（大分市立宗方小学校）
佐藤晋治（大分大学）

対象児
　公立高校3年生，普通科在籍，Aさん，男子。
主訴（相談内容）
　両親より：思考は速いがそれを文字に表すのに時間がかかる。書字の困りがどの程度なのかを知りたい。
概　要
　書字困難を示すアスペルガー症候群の診断を受けた高校3年生男子に対して，支援方法を明らかにするためにKABC-Ⅱを実施した。その結果，全体的知的発達レベルは非常に高いが，知的水準に見合う書字能力が身についていないことが明らかとなった。検査中の行動観察から，書字動作におけるぎこちなさ，数字や数式を書く場合に比べて，ひらがなや漢字を書く際に，一定のスピードで書こうとするこだわりが顕著となることがわかった。支援においては，本児の高い知的能力を発揮させるために，授業および入学試験等において，ワープロの使用を認めるなどの書字に関する合理的配慮が必要であると考えられた。

1．背景となる情報

（1）生育歴および現在までの経過（保護者からの聞きとり）
①生育歴
　出生体重2,994g，初歩1歳1ヵ月だった。初語2歳で，その2ヵ月後には，3語文で話を始めた。1歳半，3歳児健診では特に指摘はなかった。
②B保育園とC保育園（1歳半から就学前まで）
　絵本に興味を示さず，数字に興味を示した。自分の気持ちを伝えられずに突然癇癪（かんしゃく）を起こした。高学年向け児童書を好んで読むことや音に過敏

③D公立小学校

　通常学級に在籍する。1年生のとき，書くのがつらいと本人の申し出があり，児童相談所に相談し，そこで田中ビネーを受けた。IQ 141。その後，医療機関でアスペルガー症候群と診断された。保護者は早口で話すので友達とコミュニケーションをとれるか気になっていた。

　3年生のとき，板書を視写できずにE教育センターに相談した。すでに，この時期は，高校生レベルの数学の問題を自発的に取り組んでいた。「学校で話す相手がいなくてさみしい」というので，3学期から4年の1学期まで学習塾にて高校生に交じって数学の学習をしていた。

　4年生の頃から周囲とのトラブルが減ったが，漢字の書きとりや作文については苦手さを感じることが増えてきた。

　6年生のとき，早口で話すことを友達から指摘され，F小学校「ことばの教室」にて話し方の指導を受けるようになった。

④G公立中学校

　通常の学級入学後から，書字の困りが目立つようになったが，板書の視写については，友人のノートを借りて写すことや自分で必要なところのみを選択して写すようにしていた。

⑤H公立高校

　普通科入学後，課題の量が増え，それに伴い書字の困難さが顕著になり始めた。テストの解答では，文字が不明瞭ということで減点されるようになった。ワープロ打ちを保護者が勧めるものの本人が周囲を気にして拒否したため，何とか自力で文字を書くようにしていた。

　2年生での読書感想文の宿題では，自分が打ったワープロの文字を原稿用紙4枚半に写すのに，5時間かかった。本人自身も自分の限界を感じていたころ「発達障害当事者の自己理解と才能発揮のためのICT活用プログラム」のことを知り応募し，このプログラムに夏休み参加した。プログラムに参加中，自身が書字障害であることを自覚し，自分の障害理解を深めた。

　参加後は，学校側に書字の困りの配慮を自分から要求するようになった。学校に書類提出の際，客観的なデータが必要ということで，I大学心理相談室にて

WAIS-III検査を実施した。その結果、学校側の合理的配慮として模試については、国語、英語では、ワープロ使用を認められた。マークシート模試については、全教科のチェック解答が許可された。大学入試でも、書字への合理的配慮を希望し、KABC-II検査を受けることとなった。

(2) 家族構成
　両親、本人、弟（3歳下）。

2. アセスメントリスト
・WAIS-III（17歳4ヵ月）
・KABC-II（18歳5ヵ月）

3. KABC-II 検査結果と解釈
(1) 検査場面での行動観察
(a) 検査入室から退出までの行動
　入室後、比較的落ち着いた状態だった。どの検査もすばやく解答する様子が見られた。検査時間は130分、最後まで集中を切らすことはなかった。
(b) 各下位検査における行動
M1［語の学習］：最後の課題まで行った。
M3［物語の完成］：最後の課題まですべて解答し全問正解だった。。
M7［近道探し］：最後の問題まで実施した。間違ったところは、正答数プラス1という反応数だった。
M8［模様の構成］：終わりから6問からは、制限時間の半分くらいかかったが、それまでの検査の反応時間が20秒前後だった。
M11［手の動作］：提示された動作を覚えているもののそれを自分の手で表すのが、難しいように見えた。手の動作数は合っているが動作を間違った。
A1［表現語彙］：カテゴリーは合っていたが、正しく表現できていなかった。
A2［数的推論］：すべて即答で、自信をもって答えた。
A4［計算］：すばやく記入しすべての記入時間は1分46分だった。書き終わったあと、検査者が見直しを勧めると、見直しを始めたが記入した箇所を書き直すこ

とはなかった。

A6［ことばの書き］：乱雑に記入するわけではなかったが，止めや払いなどに気をつけているものの，うまく指先をコントロールできないように見えた。記入が終わるまで7分弱かかった。

A8［文の構成］：制限時間があるため，時間切れの状態だった。左手で押さえないで，右手のみで書いていた。［ことばの書き］同様，一定のペースで書いていた。書かれた表現は，端的なものではなかったため，検査後に，本人に確認すると下位検査［ことばの書き］と同様で書くペースは変えられないと話していた。すばやく書くということはできない，文を構成するのはすぐ思い浮かぶが，それを表記することが速くできないと話していた。

(c) 行動観察チェック表の結果

どの検査も《集中力が高い》にチェックされた。どの検査もすばやく反応した。

(2) カウフマンモデルによる検査結果と解釈

カウフマンモデルによる検査結果を図12.1に示した。

(a) 認知総合尺度と習得総合尺度

認知総合尺度は130（90％信頼区間124-134）で，「高い」～「非常に高い」の範囲であった。習得総合尺度は114（90％信頼区間110-117）で，「平均の上」の範囲であった。認知総合尺度に比べて習得総合尺度が有意に低かった。

(b) 認知尺度間の比較

継次尺度123（90％信頼区間116-129），同時尺度132（90％信頼区間122-138），計画尺度125（90％信頼区間115-132），学習尺度102（90％信頼区間94-110）であった。同時，継次，計画に比べ学習が有意に低い結果となった。

(c) 認知検査間の比較

個人間差は，継次尺度，同時尺度，計画尺度がNSであった。

個人内差は，同時尺度がPS，学習尺度PW（＜5％）であった。

(d) 習得尺度間の比較

語彙尺度109（90％信頼区間103-115），読み尺度124（90％信頼区間117-129），書き尺度90（90％信頼区間83-98），算数尺度125（90％信頼区間119-130）であった。個人間差，個人内差を図12.1に示した。

(e) 習得検査間の比較

個人間差は，読み尺度，算数尺度は，NS であった。

個人内差は，読み尺度（＜10％），算数尺度ともに PS，書き尺度は PW（＜1％）であった。

(f) 認知総合尺度と各習得尺度，算数下位検査の比較

認知総合尺度と算数下位検査の比較：認知総合尺度≒数的推論であり，認知総合尺度＞計算であった（計算については，天井効果により標準得点が低くなったと考えられる）。

認知総合尺度と各習得尺度の比較：認知総合尺度 130 と比べて，差がなかったのは，読み尺度，算数尺度だった。有意な差があったのは，書き尺度であった。このことから，知的能力水準に見合った書く力が身についていないことが明らかとなった。「読む力」や「数学の力」は高いのに比べ「書く」ことが他の力に比べ大きく落ち込んでいるため，認知総合尺度＞習得度総合尺度となった。

(3) CHC モデルによる検査結果と解釈

CHC モデルによる検査結果を図 12.2 に示した。

(a) CHC 総合尺度

CHC 総合尺度は 124（90％信頼区間 119-128）で，「平均の上」〜「高い」の範囲であった。

(b) CHC 尺度間の比較

長期記憶と検索 102（90％信頼区間 94-110），短期記憶 123（90％信頼区間 116-129），視覚処理 137（90％信頼区間 126-144），流動性推理 125（90％信頼区間 115-132），結晶性能力 109（90％信頼区間 103-115），量的知識 125（90％信頼区間 119-130），読み書き 107（90％信頼区間 101-112）であった。

個人間差は，短期記憶，視覚処理，流動性推理，量的知識が NS であった。

個人内差は，視覚処理（＜5％），量的知識ともに PS，長期記憶と探索，結晶性能力，読み書きが，PW であった。

4. その他の検査

17 歳 4 ヵ月時に実施した WAIS-III では，全検査 IQ 146 で知的能力レベルは，

「特に高い」であった。言語性 IQ 156 以上，動作性 IQ 125 で，言語性 IQ がきわめて高く，31 以上の差があり，まれな差であった。

群指数については，言語理解 151 以上，作動記憶 151 以上，知覚統合 135，処理速度 89 であった。言語理解と作動記憶は「非常に高い」であり，測定値の上限を超える数値を示した。知覚統合は，「非常に高い」であり，処理速度は，「平均」であった。知覚統合と処理速度の差の頻度は標準出現率が 0.7％と非常にまれな差であった。処理速度の相対的な低さは，書字動作に必要な微細運動面の困難さに加え，「枠の中にきちんと収めたい」というこだわりにより，書字動作が緩慢となった結果であった。

5. 総合解釈と支援方法

KABC-II の認知総合尺度 130，WAIS-III の全検査 IQ 146 の結果から，平均より 2SD から 3SD 以上の知的能力の水準が明らかになり，知的ギフテットと考えられた。WAIS-III に比べて KABC-II の値が低いのは，天井効果によるものと考えられた。また，知的能力水準に比べると，KABC-II の習得総合尺度が有意に低いことが明らかとなったが，習得総合尺度の中でも，読み尺度や算数尺度が認知総合尺度と差はなく，書き尺度が有意に低いことが影響している。そのうえ，書き尺度は他の尺度に比べ統計的にも大変まれな差を示していることから，かなりの困難さを伴うと予想された。

書き尺度の下位検査は，［ことばの書き］［文の構成］であるが，［ことばの書き］では，時間制限はないため，自分のペースで記入する姿が見られた。頭の中ではわかっているのに微細運動の困難さからくる書字の困難さが明らかとなった。これは，学校でのテストで文字が不明瞭なために減点されるということと一致する。検査の中でも［手の動作］では，認知尺度の下位検査で PW であった。この検査でも動作は覚えてはいるがうまく手を動かして答えるのがぎこちなく，微細運動の困難さが見られた。［文の構成］では，すぐ書き始めたが，自分のペースは変えられない様子であった。課題の言葉を使って文章を考えることはわかっているが，文字を書くこと自体に時間がかかっていた。これは，読書感想文を一度ワープロで作成し，それを見ながら原稿用紙に写すのに 5 時間もかかるというエピソードと一致する。また，高校 3 年生から，模試の際，ワープロ使用をする

ようになってから, 国語の点数が大きく向上したというエピソードとも一致する。
　このことから入力-処理-出力のうち,〈出力〉に関する合理的配慮をすれば, Aさんの能力が発揮できると考えられた。高い能力があるものの書字という出力の部分にかなりの困難をもっていると思われた。本人も常に自分の思考を表出する手段の1つである書くことに対してもどかしさをもっていると思われる。
　認知処理尺度において, 同時尺度, 計画尺度, 継次尺度に比べ統計的に有意に低いのが, 学習尺度だった。
　学習尺度は初期学習およびその定着（長期記憶化）とも低いことが考えられる。学習尺度が低い場合, 以下の支援方法が考えられる。
①授業において復習の時間を多く確保する。
②以前学習した内容を想起しやすいように, 手がかりやヒントを与える。
③記憶する学習について, 言い換えを行わせる, 他のことがらとの関連性を理解させるなど, 記憶内容の意味ネットワーク化を促進する支援を行う。
④記憶する内容を何度も繰り返すといった反復リハーサルよりも, 関連づけや意味づけ行う精緻化リハーサルを中心に記憶方略の指導を行う。
　Aさんは学習したことを保持する力は十分あると思われるが, 自分なりに工夫を加えることが苦手であると思われた。たとえば, 自分の得意な数字でラベリングするなど自分なりに記憶を工夫するなどすれば, 違った結果になったと思われる。
　語彙尺度の中で［表現語彙］の評価点が低いのは, 誤学習によるものと思われる。同じカテゴリーの言葉を選択していたが, 別の表現をしていた。Aさんの言葉の理解の特徴に, 文脈から理解というより, 言葉そのものを記憶することが見られた。そのため, 記憶するどこかで間違いが生じたためと考えられる。
　また, 前述の［文の理解］において, 端的に表現をする方法を選ばずに自分の言い回しで表現をしようとしていた。そのため時間制限下においてでも, 短い文章ではなく, 長い文章で書こうとしたために時間が足りなくなっていた。
　書く文字についてもAさんのこだわりが見られた。書く文字の中でも,［計算］における数字や数式については抵抗感がないものの,［ことばの書き］や［文の構成］のひらがなや漢字などの文字については, 同じペースで書くというこだわりが影響していると思われる。

以上のことから，高い能力を存分に発揮させるためには，書字動作における合理的配慮が必要であり，大学入試の際には，ワープロの使用の配慮が必要と思われる。

6. まとめと今後の課題

大学入試センター試験では，WAIS-III の結果などを提出することで，特別な配慮（チェック解答）が受けられた。二次試験において，書字に関する特別な配慮を行うための客観的なデータがあるとよいということで WAIS-III の結果などを提出したが，処理速度 89 という結果だけでは，書字に対しての配慮はできないということで急遽 KABC-II を実施することになった。その結果，当初希望していたワープロの使用は認められなかったが，時間延長による受験が認められた。

また，早い段階で高い知能をもつ（知的ギフテット）子どもの対応に関して，学校関係者は周囲の子どもとは話が合わないことについて理解しておく必要があると感じた。そのためには，A さんの話を傾聴し，関心を示す大人の存在も必要であると思われた。

倫理的配慮

A さんおよび保護者に対し，事前に，検査結果を利用することにより期待される効果説明を行い，検査実施，事例発表や出版物への掲載の了解を得た。

文 献

Kaufman, A. S., Lichtenberger, E. O., Fletcher-Janzen, E., & Kaufman, N. L. 著，藤田和弘・石隈利紀・青山真二・服部環・熊谷恵子・小野純平監修（2014）「エッセンシャルズ　KABC-II による心理アセスメントの要点」，丸善出版。

上野一彦・藤田和弘・前川久男・石隈利紀・大六一志・松田修・日本版 WISC-IV 刊行委員会訳編（2010）「日本版 WISC-IV 知能検査　理論・解釈マニュアル」，日本文化科学社。

A. ブリフィテラ・D. H. サクロフスキー・L. G. ワイス著，上野一彦監訳（2012）「WISC-IV の臨床的利用と解釈」，日本文化科学社。

事例12

表 12.1 WAIS-III 検査結果

IQ	IQ	群指数	下位検査	評価点
全検査 IQ146 (141-149)	言語性 IQ156 以上	言語理解 151 以上	単語	19
			類似	18
			知識	17
			理解	19
		作動記憶 151 以上	算数	19
			数唱	19
			語音整列	18
	動作性 IQ125 (118-129)	知覚統合 135 (125-139)	絵画完成	15
			積木模様	19
			行列推理	12
			絵画配列	14
			組合せ	15
		処理速度 89 (83-97)	符号	8
			記号探し	8

書字が困難な知的ギフテッドと考えられる高校3年生　　255

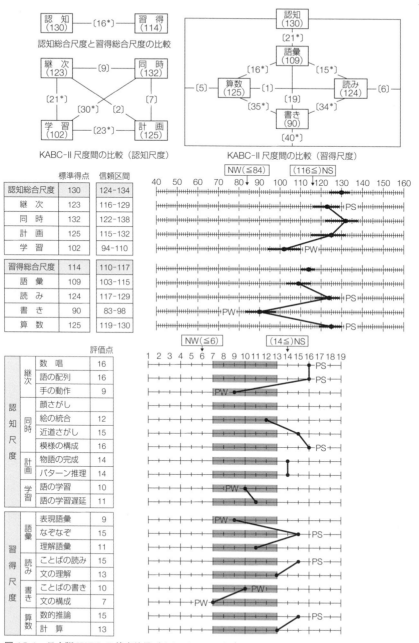

図 12.1　日本版 KABC-II 検査結果（カウフマンモデル）

KABC-II 尺度間の比較（CHC 尺度）

	長期記憶と検索	短期記憶	視覚処理	流動性推理	結晶性能力	量的知識	読み書き
長期記憶と検索							
短期記憶	>						
視覚処理	>	>					
流動性推理	>	=	=				
結晶性能力	=	<	<	<			
量的知識	>	=	<	=	>		
読み書き	=	<	<	<	=	<	

	標準得点	信頼区間
CHC 総合尺度	124	119-128
長期記憶と検索	102	94-110
短期記憶	123	116-129
視覚処理	137	126-144
流動性推理	125	115-132
結晶性能力	109	103-115
量的知識	125	119-130
読み書き	107	101-112

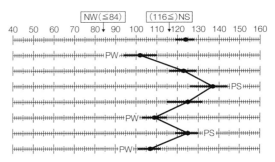

		評価点
長期記憶と検索	語の学習	10
	語の学習遅延	11
短期記憶	数　唱	16
	語の配列	16
	手の動作	9
視覚処理	顔さがし	
	近道さがし	15
	模様の構成	16
流動性推理	物語の完成	14
	パターン推理	14
結晶性能力	表現語彙	9
	なぞなぞ	15
	理解語彙	11
量的知識	数的推論	15
	計　算	13
読み書き	ことばの読み	15
	ことばの書き	10
	文の理解	13
	文の構成	7

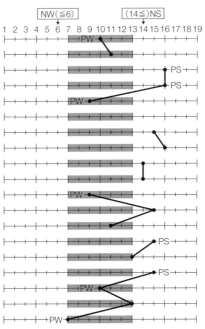

図 12.2　日本版 KABC-II 検査結果（CHC モデル）

付録 A　クラスター分析資料

ステップ1

言語能力 vs. **非言語能力**

言語能力　評価点
	2歳	3歳	4歳	5歳	6歳	7〜18歳
A1 表現語彙						
A3 なぞなぞ						
A9 理解語彙						

非言語能力　評価点
	2歳	3歳	4歳	5歳	6歳	7〜18歳
M2 顔さがし						
M3 物語の完成						
M8 模様の構成						
M10 パターン推理						
M11 手の動作						

評価点の幅　□

異常に大きい幅か　Y→STOP　N↓

評価点合計　□

標準得点　□ → 差 □ ← 標準得点

差は有意であるか？　Y　N
差は異常に大きいか？　Y　N

〈ステップ1〉クラスターの分析：サンプルの5%未満に発生する最も高い下位検査評価点と最も低い下位検査評価点の間の最小の差

クラスター	年齢					
	2歳	3歳	4歳	5歳	6歳	7〜18歳
言語能力 vs. 非言語能力	9 / 9	8 / 9	8 / 9	9 / 10	6 / 10	7 / 10

〈ステップ1〉クラスター間における標準得点の有意差（5%）とまれな差（10%）

クラスター	2歳		3歳		4歳		5歳		6歳		7〜18歳	
	有意 5%	まれ <10%	有意 5%	まれ <10%	有意 5%	まれ <10%	有意 5%	まれ <10%	有意 5%	まれ <10%	有意 5%	まれ <10%
言語能力 vs. 非言語能力	16	26	16	29	16	30	15	30	14	28	11	24

ステップ2

問題解決能力 vs. **記憶・学習**

問題解決能力　評価点
	2歳	3歳	4歳	5歳	6歳	7〜18歳
M3 物語の完成						
M7 近道さがし						
M8 模様の構成	×	×	×	×		
M10 パターン推理						

記憶・学習　評価点
	2歳	3歳	4歳	5歳	6歳	7〜18歳
M1 語の学習						
M2 顔さがし						
M4 数唱						
M9 語の配列						

評価点の幅　□

異常に大きい幅か　Y→STOP　N↓

評価点合計　□

標準得点　□ → 差 □ ← 標準得点

差は有意であるか？　Y　N
差は異常に大きいか？　Y　N

〈ステップ2〉クラスターの分析：サンプルの5%未満に発生する最も高い下位検査評価点と最も低い下位検査評価点の間の最小の差

クラスター	年齢					
	2歳	3歳	4歳	5歳	6歳	7〜18歳
問題解決能力	—	—	—	—	10	10
記憶・学習	9	9	9	10	8	9

〈ステップ2〉クラスター間における標準得点の有意差（5%）とまれな差（10%）

クラスター	2歳		3歳		4歳		5歳		6歳		7〜18歳	
	有意 5%	まれ <10%	有意 5%	まれ <10%	有意 5%	まれ <10%	有意 5%	まれ <10%	有意 5%	まれ <10%	有意 5%	まれ <10%
問題解決能力 vs. 記憶・学習	×	×	×	×	×	×	×	×	12	28	12	26

図 A.1　クラスター分析図（1）

付録A　クラスター分析資料

ステップ3

有意味刺激（視覚） vs. **抽象刺激（視覚）**

評価点　　　　　　　　　　　　　　　　　　　　　　　　評価点
2歳　3歳　4歳　5歳　6歳　7〜18歳　　　　　　　　　　　　2歳　3歳　4歳　5歳　6歳　7〜18歳

- M1 語の学習　___ ___ ___ ___ ___ ___
- M2 顔さがし　 ×　 ×　 ×　___ ___ ___
- M3 物語の完成　　　　　___ ___ ___

- M8 模様の構成　×　×　×　×　___ ___
- M10 パターン推理　　　　　　___ ___

評価点の幅　［　　　］　　　　　　　　評価点の幅　［　　　］

異常に大きい幅か　Y↓　N↓　　　　　　異常に大きい幅か　Y↓　N↓

評価点合計　[STOP]　［　　　］　　　　評価点合計　[STOP]　［　　　］

標準得点　［　　　］→［　　　］←標準得点　［　　　］
　　　　　　　　　　　差

差は有意であるか？　Y　N
差は異常に大きいか？　Y　N

〈ステップ3〉クラスターの分析：サンプルの5%未満に発生する最も高い下位検査評価点と最も低い下位検査評価点の間の最小の差

クラスター	年齢					
	2歳	3歳	4歳	5歳	6歳	7〜18歳
有意味刺激（視覚）	—	—	—	9	8	8
抽象刺激（視覚）	—	—	—	—	7	7

〈ステップ3〉クラスター間における標準得点の有意差（5%）とまれな差（10%）

クラスター	年齢									
	2歳		3歳		4歳		5歳		6歳		7〜18歳
	有意5%	まれ<10%	有意5%	まれ<10%	有意5%	まれ<10%	有意5%	まれ<10%	有意5%	まれ<10%	有意5%	まれ<10%
有意味刺激（視覚）vs. 抽象刺激（視覚）	×	×	×	×	×	×	×	×	14	26	14	26

ステップ4

言語反応 vs. **指さし反応**

評価点　　　　　　　　　　　　　　　　　　　　　　　　評価点
2歳　3歳　4歳　5歳　6歳　7〜18歳　　　　　　　　　　　　2歳　3歳　4歳　5歳　6歳　7〜18歳

- M4 数唱　 ___ ___ ___ ___ ___ ___
- A1 表現語彙　___ ___ ___ ___ ___ ___
- A3 なぞなぞ　___ ___ ___ ___ ___ ___

- M1 語の学習　___ ___ ___ ___ ___ ___
- M2 顔さがし　___ ___ ___ ___ ___ ___
- M9 語の配列　___ ___ ___ ___ ___ ___
- A9 理解語彙　___ ___ ___ ___ ___ ___

評価点の幅　［　　　］　　　　　　　　評価点の幅　［　　　］

異常に大きい幅か　Y↓　N↓　　　　　　異常に大きい幅か　Y↓　N↓

評価点合計　[STOP]　［　　　］　　　　評価点合計　[STOP]　［　　　］

標準得点　［　　　］→［　　　］←標準得点　［　　　］
　　　　　　　　　　　差

差は有意であるか？　Y　N
差は異常に大きいか？　Y　N

〈ステップ4〉クラスターの分析：サンプルの5%未満に発生する最も高い下位検査評価点と最も低い下位検査評価点の間の最小の差

クラスター	年齢					
	2歳	3歳	4歳	5歳	6歳	7〜18歳
言語反応	8	8	8	9	8	8
指さし反応	7	10	10	10	9	9

〈ステップ4〉クラスター間における標準得点の有意差（5%）とまれな差（10%）

クラスター	年齢											
	2歳		3歳		4歳		5歳		6歳		7〜18歳	
	有意5%	まれ<10%	有意5%	まれ<10%	有意5%	まれ<10%	有意5%	まれ<10%	有意5%	まれ<10%	有意5%	まれ<10%
言語反応 vs. 指さし反応	15	27	16	24	16	22	15	24	14	20	12	20

図A.2　クラスター分析図（2）

付録A　クラスター分析資料

表A.1　下位検査評価点合計に対応する標準得点〈ステップ1〉

評価点の合計	〈ステップ1〉言語能力						〈ステップ1〉非言語能力						評価点の合計
	2歳	3歳	4歳	5歳	6歳	7〜18歳	2歳	3歳	4歳	5歳	6歳	7〜18歳	
76											159	159	76
75											159	159	75
74											159	159	74
73											159	159	73
72											159	159	72
71											159	159	71
70											159	159	70
69											159	159	69
68											159	159	68
67											159	159	67
66											159	159	66
65											159	159	65
64											155	155	64
63											151	151	63
62											148	148	62
61											145	145	61
60											142	142	60
59											139	139	59
58											136	136	58
57			147	139	153	153	149	160	160	160	160	133	134	57
56			147	139	153	153	149	160	160	160	160	131	130	56
55			147	139	153	153	149	160	160	160	160	126	128	55
54			147	139	153	153	149	160	160	160	160	125	126	54
53			147	139	153	153	149	160	160	160	160	124	124	53
52			147	139	153	153	149	160	160	160	160	121	122	52
51			147	139	153	153	149	156	160	160	160	120	121	51
50			145	138	150	150	146	154	160	160	160	117	119	50
49			143	137	147	147	143	152	160	160	158	115	117	49
48			141	135	144	144	138	149	159	158	155	115	115	48
47			139	134	141	141	137	146	157	155	152	113	113	47
46			137	133	137	137	133	142	154	152	148	112	111	46
45			134	132	135	135	131	141	151	149	144	111	108	45
44			133	131	133	131	129	138	147	136	141	109	106	44
43			130	130	131	131	127	134	143	132	137	107	105	43
42			127	127	131	129	124	131	139	129	133	105	103	42
41			126	122	127	126	122	128	135	125	131	103	101	41
40			125	120	122	123	119	125	131	123	127	99	100	40
39			122	119	119	121	117	122	127	120	124	98	98	39
38	153		121	115	117	120	115	118	123	117	121	96	96	38
37	149		118	113	115	117	113	116	119	116	118	94	94	37
36	145		115	111	113	113	112	115	117	112	116	91	92	36
35	143		112	110	111	110	109	113	114	111	113	89	90	35
34	139		110	107	108	109	107	111	110	109	109	86	88	34
33	137		108	105	106	107	105	108	108	107	105	84	86	33
32	135		105	103	102	105	103	106	105	105	103	81	85	32
31	132		103	102	101	105	102	104	102	104	101	80	83	31
30	129	100	99	98	101	100	99	99	101	99	78	82	30
29	127	98	97	97	98	97	97	97	99	97	76	80	29
28	124	94	96	95	96	95	95	93	96	93	76	78	28
27	120	89	94	92	93	94	93	92	92	89	76	77	27
26	116	88	92	89	89	92	89	89	91	88	75	75	26
25	115	86	89	87	88	90	86	86	87	85	74	74	25
24	112	85	88	85	84	88	82	81	85	84	73	72	24
23	109	82	86	84	82	86	77	79	81	80	71	71	23
22	108	80	83	83	80	84	73	75	78	79	70	70	22
21	103	77	81	80	76	81	72	71	76	77	69	69	21
20	100	75	77	78	74	79	71	68	71	75	68	68	20
19	97	73	75	76	73	77	70	67	67	72	66	66	19
18	94	72	71	75	69	75	68	66	65	69	65	65	18
17	91	65	70	75	68	73	66	65	62	69	65	65	17
16	87	63	68	72	67	72	64	64	60	67	63	63	16
15	82	61	65	69	66	71		62	59	65	62	62	15
14	80	57	61	63	65	70		60	55	61	61	61	14
13	77	54	59	61	64	69		59	53	61	60	60	13
12	74	51	55	59	63	67		55	50	61	59	59	12
11	72	47	51	55	62	66		53	48	59	57	57	11
10	70	44	49	51	61	65		50	46	57	56	56	10
9	67	40	46	47	60	63		48	44	55	55	55	9
8	61	40	41	43	59	61			42	53		54	8
7		40	40	40	58	60			40	51		52	7
6		40	40	40	55	57				49		50	6
5			40	40	51	53				47		48	5
4				40	48	50				45		46	4
3				40	43	45				43			3
2													2
1													1

表A.2　下位検査評価点合計に対応する標準得点〈ステップ2〉

評価点の合計	〈ステップ2〉問題解決能力						〈ステップ2〉記憶・学習						評価点の合計
	2歳	3歳	4歳	5歳	6歳	7〜18歳	2歳	3歳	4歳	5歳	6歳	7〜18歳	
76					160	160							76
75					160	160				150			75
74					160	160				150			74
73					160	160				150			73
72					160	160				150			72
71					160	160				150			71
70					160	160				150			70
69					157	160				150			69
68					153	158				150			68
67					149	155				150			67
66					146	152				150			66
65					143	150				150			65
64					141	148				150			64
63					139	146				150			63
62					138	144				147			62
61					137	141				143			61
60					136	139				141			60
59					134	136				139			59
58					133	133				136			58
57					131	131			150	150	134		57
56					129	130			150	150	133	158	159
55					127	128			150	150	131	158	159
54					125	126			150	150	128	158	159
53					124	124			150	150	126	158	159
52					122	122			150	150	122	158	156
51					119	120			150	150	121	158	152
50					118	118			150	150	120	158	149
49					117	116			150	150	118	152	146
48					115	114			150	150	116	146	142
47					113	112			146	145	113	141	139
46					111	110			142	140	111	136	135
45					109	109			138	135	109	134	132
44					108	107			136	130	107	133	130
43					106	105			133	128	105	131	128
42					103	103			130	128	103	128	126
41					101	101			128	124	101	125	123
40					100	99			126	122	99	122	121
39					97	98			121	121	98	120	119
38					94	96	160		117	119	96	117	117
37					92	94	160		115	117	94	114	114
36					91	92	160		113	115	92	111	112
35					89	90	157		111	112	90	110	110
34					87	89	153		108	109	88	108	108
33					85	87	148		106	106	86	105	106
32					84	85	143		104	104	84	104	104
31					82	84	138		102	102	82	103	102
30					80	82	133	100	100	81	101	100	30
29					79	80	128	98	97	80	99	97	29
28					78	79	124	96	94	79	97	95	28
27					77	77	121	93	91	76	94	93	27
26					76	76	119	91	89	70	91	91	26
25					75	75	117	88	87	69	90	89	25
24					74	74	114	87	84	68	88	87	24
23					73	72	110	85	81	67	85	85	23
22					71	71	107	83	79	66	83	83	22
21					69	70	103	80	78	65	80	81	21
20	147	149	149	148	67	68	99	75	76	64	78	78	20
19	141	145	145	143	64	67	96	72	74	63	76	76	19
18	138	141	141	140	59	66	94	69	71	62	75	74	18
17	138	141	137	139	55	65	91	66	67	60	74	72	17
16	131	138	131	134	51	64	88	62	63	59	71	70	16
15	124	128	125	128	46	63	84	58	59	57	69	69	15
14	119	121	120	122	40	62	77	54	55	55	67	68	14
13	112	115	115	116	40	62	69	50	50	52	65	66	13
12	109	108	108	110	40	61		50	50	48	64	65	12
11	105	103	104	103		59		50	50	45	62	63	11
10	102	99	101	97		56		50	50	45	60	62	10
9	96	95	97	93		48	50	50	50	45	59	60	9
8	90	89	90	87		43			50	45	57	58	8
7	86	82	83	83		40			50	45	54	55	7
6	82	79	78	78		40			50	45	52	48	6
5	78	75	74	73		40				45	50	41	5
4	66	67	68	69		40				45	48	41	4
3		61	63	67							48	41	3
2				57	64								2
1					59								1

表 A.3 下位検査評価点合計に対応する標準得点〈ステップ3〉

評価点の合計	〈ステップ3〉有意味刺激（視覚）						〈ステップ3〉抽象刺激（視覚）						評価点の合計
	2歳	3歳	4歳	5歳	6歳	7～18歳	2歳	3歳	4歳	5歳	6歳	7～18歳	
76													76
75													75
74													74
73													73
72													72
71													71
70													70
69													69
68													68
67													67
66													66
65													65
64													64
63													63
62													62
61													61
60													60
59													59
58													58
57													57
56													56
55													55
54													54
53													53
52													52
51													51
50													50
49													49
48													48
47													47
46													46
45													45
44													44
43													43
42													42
41													41
40													40
39													39
38				160						160	160		38
37				160	160	160				160	160	160	37
36				160	160	157				152	160		36
35				160	158	153				147	154		35
34				157	152	149				141	149		34
33				151	146	145				134	143		33
32				146	141	143				132	140		32
31				141	134	139				130	136		31
30				136	131	134				128	131		30
29				132	128	130				126	127		29
28				129	126	126				124	124		28
27				126	122	122				121	121		27
26				121	119	118				118	118		26
25				118	116	115				115	115		25
24				114	113	112				113	112		24
23				109	110	109				110	109		23
22				106	107	105				107	106		22
21				104	104	102				103	103		21
20				101	100	99				99	100		20
19	144	159	160	97	97	96	147	149	149	148	95	97	19
18	138	150	155	92	94	93	141	145	145	143	92	93	18
17	134	141	148	88	90	90	138	141	137	139	90	91	17
16	130	132	141	85	87	87	131	138	131	134	87	88	16
15	123	125	131	81	84	85	124	128	125	128	84	85	15
14	118	119	123	79	82	82	119	121	120	122	81	82	14
13	113	114	115	76	79	79	112	115	115	116	79	79	13
12	110	109	109	72	75	76	109	108	108	110	77	77	12
11	107	105	103	68	71	73	105	103	104	103	74	75	11
10	102	100	97	64	67	70	102	99	101	97	71	72	10
9	97	95	93	59	59	67	96	95	97	93	69	69	9
8	91	91	89	54	52	65	90	89	90	87	66	67	8
7	83	86	84	50	46	62	86	82	83	83	63	65	7
6	74	79	81	45	40	60	82	79	78	78	59	63	6
5		70	77	40	40	57	78	75	74	73	55	61	5
4		62	72	40		48	66	67	68	69	50	59	4
3		53	65	40		42		61	63	67		55	3
2				40		40				57		48	2
1										59			1

表A.4 下位検査評価点合計に対応する標準得点〈ステップ4〉

評価点の合計	〈ステップ4〉言語反応						〈ステップ4〉指さし反応						評価点の合計
	2歳	3歳	4歳	5歳	6歳	7〜18歳	2歳	3歳	4歳	5歳	6歳	7〜18歳	
76													76
75										155			75
74										155			74
73										155			73
72										155			72
71										155			71
70										155			70
69										155			69
68										155			68
67										155			67
66										155			66
65										155			65
64										155			64
63										155			63
62										155			62
61										155			61
60										150			60
59										146			59
58										141			58
57			156	153	155	155	160		155	156	136			57
56			156	151	155	155	160		155	156	133	155	158	56
55			156	149	155	155	160		155	156	132	155	156	55
54			156	147	155	155	160		155	156	131	155	154	54
53			156	145	155	155	160		155	156	128	155	152	53
52			156	143	155	155	160		155	156	126	155	149	52
51			156	141	155	155	158		155	156	123	155	147	51
50			152	139	155	155	152		155	156	121	155	146	50
49			148	137	155	155	147		155	152	118	155	145	49
48			144	135	150	150	141		152	148	116	155	144	48
47			141	133	145	145	138		149	144	115	155	143	47
46			138	132	141	141	135		145	141	113	155	138	46
45			135	131	139	136	133		142	138	110	150	135	45
44			133	129	136	131	130		139	135	108	145	132	44
43			131	128	133	129	127		136	133	106	140	131	43
42			129	126	129	126	125		133	131	104	136	129	42
41			128	123	127	123	123		128	128	102	133	126	41
40			125	120	124	121	121		125	125	100	131	123	40
39			122	118	120	119	119		123	123	98	125	120	39
38		145	120	116	118	116	117	158	120	122	95	120	118	38
37		142	118	114	116	114	115	158	117	119	93	117	115	37
36		138	116	112	113	112	113	158	115	116	91	113	113	36
35		137	113	110	110	110	111	158	112	113	90	111	110	35
34		135	110	108	108	108	109	158	109	109	87	109	108	34
33		133	106	107	106	107	106	152	107	107	85	107	106	33
32		132	103	105	103	105	104	144	104	104	83	105	104	32
31		131	101	102	101	104	102	136	102	101	80	103	102	31
30		129	99	100	99	101	100	128	100	98	78	100	99	30
29		125	96	97	97	98	97	123	99	95	77	97	97	29
28		121	94	95	93	95	95	120	96	92	76	95	94	28
27		118	91	93	91	92	93	118	94	90	74	93	92	27
26		116	89	91	89	89	91	117	92	88	73	91	90	26
25		115	87	89	87	86	89	115	90	85	71	89	88	25
24		112	85	86	85	84	87	113	87	83	69	86	86	24
23		109	82	84	83	83	85	111	84	81	68	84	84	23
22		106	79	82	81	81	82	108	80	78	67	81	81	22
21		104	77	79	79	78	80	105	75	76	64	79	79	21
20		101	75	75	77	76	77	102	70	75	62	77	77	20
19		98	74	72	75	74	76	98	65	73	59	75	74	19
18		94	72	70	73	73	74	94	60	71	55	74	74	18
17		91	69	69	70	72	73	91	55	68	51	71	72	17
16		87	66	67	68	71	71	86	50	65	47	69	71	16
15		81	63	65	65	68	70	82	45	62	47	67	69	15
14		79	59	63	62	67	69	78	45	59	47	66	68	14
13		77	56	61	59	65	67	74	45	56	47	65	66	13
12		74	53	59	55	64	65	69	45	52	47	64	65	12
11		73	48	57	50	63	63		45	52	47	62	63	11
10		72	44	55	45	62	60		45	52	47	59	62	10
9		69	44	53	45	61	60		45	52	47	57	61	9
8			44	51	45	60	58		45	52	47	55	59	8
7			44	49	45	59	55			52	47	55	56	7
6				47	45	57	52				47	55	53	6
5				47	45	55	50				47	55	51	5
4				47	45	55	48					55	49	4
3					45	55	46					55	47	3
2														2
1														1

付録B　日常の様子チェックリストの使い方

B.1　日常の様子チェックリストの観点

　「日常の様子チェックリスト」（図B.1）は，子どもの質的情報を収集するときの観点を整理したものである。学習面の観点としては，文部科学省がLDの定義として挙げている「聞く」「話す」「読む」「書く」「計算する」「推論する」の6領域ごとに項目を整理している。また，生活行動面では，ADHDやASDの問題となりやすい「注意集中」「多動性・衝動性」「対人関係・社会性」や，発達に偏りのある子どもが困難さを合わせもちやすい「粗大運動・微細運動・感覚」の観点から項目を設けている。また2次的な障害への気づきを目的に「意欲・情緒」の項目も設定している。

　主訴（相談内容）から指導計画までのプロセスと，その流れの中でのチェックリストの位置づけを図B.2に示した。

B.2　チェックの方法

　チェックの方法としては，各項目に当てはまる場合は，チェック欄に✓印を入れていく。つまずきの有無を確認する2元的なチェックでは情報として不足であれば，「－（あてはまらない）」「＋（あてはまる）」「＋＋（大変よくあてはまる）」の3段階で記録することも1つの方法である。保護者や教師から語られた特徴的なエピソードがもしあれば，それぞれの領域の自由記述欄（特徴的なエピソードの欄）に記しておくとよい。

B.3　チェックを行う者

　チェックを行う者は，日頃の子どもの様子を十分に把握している者が望ましい。保護者は，子どもにとって最も身近な存在であるが，学習面の詳細についての把

付録B 日常の様子チェックリストの使い方

[氏名：　　　　　　　　　　]　[主訴：

聞く

項目	チェック
聞き間違いが多い（似た音韻と間違える）	
聞き漏らしが多い	
聞き返しが多い	
聞いたことを理解することが難しい	
読んで理解することに比べて聞いて理解することが苦手	
聞いたことを正確に覚えていられない	
個別では聞きとれるが集団だと難しい（教員による集団への指示など）	
個別では聞きとれるが集団だと難しい（グループディスカッションなど）	
雑音の多いところで聞き取ることが難しい	
特徴的なエピソード	

話す

項目	チェック
話し方にたどたどしさがある	
抑揚や声の大きさが不適切である	
特定の音節の発音ができない	
幼児語（ワンワンなど）が多い	
言葉をとっさに思い出せなかったり，言葉に詰まったりする	
単語や文を正しく復唱することが難しい	
指示語やオノマトペを多用する	
単語の羅列など，一文が短く内容に乏しい話し方をする	
言い間違いや音韻の転置（エベレーターなど）がある	
視点動詞（行く，来る，〜あげる，〜もらうなど）を正しく使用できない	
助詞を正しく使用できない	
話が横道にそれやすく，首尾一貫した内容になりにくい	
相手にわかりやすく話すことが難しい	
特徴的なエピソード	

読む

項目	チェック
読めない平仮名がある	
読めない片仮名がある	
当該学年以下の漢字で読めないものが多い	
ひとつの漢字を複数の読みで読めない	
特殊音節（促音，拗音，長音）を正しく読めない	
助詞「は」「へ」「を」を正しく読めない	
形態的に似ている文字を読み間違える（都会⇒都合）	
何度も目にしたことのある単語に比べ，初見の単語の読みが著しく苦手	
文章を読むとき逐次読みになる（単語をまとまりとして滑らかに読めない）	
行をとばしたり，同じ行をもう一度読んだりする	
文字をとばしたり，加えたり，順序を変えて読んだりする（コミュケーション，ランニングン，おこと⇒おとこ）	
黙読ができない	
読み終わっても内容の理解ができない	
特徴的なエピソード	

書く

項目	チェック
書けない平仮名がある	
書けない片仮名がある	
当該学年以下の漢字で書けないものが多い	
字形が整わず読みにくい文字を書く	
筆圧が安定しない	
書く作業に時間がかかる	
正しい書き順で書けない	
正しく視写ができない（書き誤りや書き落としが多い　など）	
正しく聴写ができない（書き誤りや書き落としが多い　など）	
文字の左右が入れ替わったり，細かい部分を正しく書けなかったりする	
助詞の書き誤りが多い	
特殊音節の書き誤りが多い	
句読点を適切に打てない	
一文が長すぎたり，主語と述語が一貫していなかったりすることが多い	
作文などで平仮名表記が多くなる（漢字をあまり使用しない）	
作文文法的な誤りが多い	
作文が極端に短かったり内容が乏しかったり，パターンが多用されていたりする	
特徴的なエピソード	

計算する

項目	チェック
数の概念の理解が難しい	
計算をするときに指を使うことが多い	
一位数同士の計算を暗算でおこなうことが難しい	
繰り上がり，繰り下がりのある計算が困難である	
九九がおぼえられない	
筆算のとき，桁をそろえて正しい順序で計算することが難しい	
数の読み書きに困難がある（12を102と書く，桁数の多い数字を正しく読めないなど）	
加算，減算の文章題の意味を理解することができない	
乗算，除算の文章題の意味を理解することができない	
乗法の筆算を正しくできない	
除法の筆算を正しくできない	
小数や分数の計算が正しくできない	
特徴的なエピソード	

図 **B.1** 日常の様子（質的情報）チェックリスト

付録B　日常の様子チェックリストの使い方

[　　　　] [記入者：　　　　　　　　] [記入日：　　　年　　月　　日]

	項目	チェック
推論する	量について適切なイメージをもったり正しく比較したりすることが難しい	
	当該学年相応の単位の変換を正しくできない	
	位置や空間を表す言葉の理解が難しい（上下左右前後　など）	
	図形の模写が難しい	
	図形の構成や分解が難しい	
	時間の概念を理解し時間の計算をすることが難しい	
	時間の適切なイメージをもち行動を組み立てることが難しい	
	表やグラフの読み取りや作成が難しい	
	割合（百分率など）の理解や使用が難しい	
	目的に向けて作業工程を効率よく組み立てて行動することが難しい	
	抽象的な概念の理解や因果関係の理解が難しい	
	複数の作業を効率よく並行しておこなうことが難しい	
	早合点や独自の考えをもつことが多い	
	特徴的なエピソード	

	項目	チェック
対人関係・社会性	集団のペースに従って行動することが難しい	
	集団のルールを守ることが難しい	
	他者と協同作業することが難しい	
	こだわりが強く自分のやり方で行動することが多い	
	次の活動への切り替えが悪い	
	友だちとトラブルを起こすことが多い	
	自分の気持ちを適切に表現することができない	
	自分と意見の調整をすることができない（主張し過ぎたり，しなさすぎたりする）	
	表情や声などの非言語的サインの表出や理解が難しい	
	他者の気持ちや意図を的確に理解することが難しい	
	挨拶，感謝，謝罪などの言葉を適切に使用することが難しい	
	他者からのどのように見られるかといったことについて意識が薄い	
	関心が薄い話題だと他者と会話を続けることが難しい	
	興味や関心に偏りがある	
	特徴的なエピソード	

	項目	チェック
注意集中	気が散りやすい	
	課題を一息に最後まで終わらせることが難しい	
	挙手して指名されたときに発言内容を忘れていることがある	
	忘れ物や落とし物が多い	
	話が横道にそれたり唐突に切り替わったりしやすい	
	整理整頓が苦手である	
	ぼんやりしていることが多い	
	妨害刺激の有無による影響を受けやすい（静かな場所と雑音の多い場所での集中の度合いに極端に差がある）	
	特徴的なエピソード	

	項目	チェック
粗大運動・微細運動・感覚	動作がぎこちない	
	協応運動が苦手である（手と足の運動をうまく協応できないので縄跳びが苦手など）	
	ボールを投げたり受け止めたりすることが難しい	
	著しく身体が硬い	
	手先が不器用である	
	配膳などのとき物をこぼしやすい	
	他者や物にぶつかりやすい	
	物をそっと扱うことができず粗野な印象を与える	
	聴覚過敏がみられる（大きな音を極端にいやがる，エアコンの動作音を気にする）	
	触覚過敏がみられる（襟元のタグや砂，糊をいやがるなど）	
	運動会でダンスの振り付けを覚えることが難しい	
	両手を協応させること（楽器の演奏など）が難しい	
	特に固執している動作がある	
	特徴的なエピソード	

	項目	チェック
多動性・衝動性	離席や退室が多い	
	着席していても貧乏ゆすりや身体を動かすことが多い（椅子を揺らすなど）	
	手遊び，いたずら書きが多い	
	しゃべりだすと止まらない	
	はしゃぎ過ぎて調子に乗ることが多い	
	出し抜けの行動や発言が多い	
	自分の行動をとおすために他者の行動をさえぎることが多い	
	交代でおこなうことや順番を待つことが難しい	
	自分の思いどおりにならないとカッとなることが多い	
	次の展開を予測せずに行動することが多い	
	特徴的なエピソード	

	項目	チェック
意欲・情緒	活動により意欲にむらがある	
	ほとんどの活動に意欲的に参加することができない	
	自信のない様子を見せることが多い	
	取り組む前から「できない」とあきらめていることがある	
	上手にできることや得点，良い結果にこだわる（評価懸念）	
	情緒が不安定でむらがある	
	馴染みの無い人や場所，活動が苦手	
	些細なことでも緊張したり不安をもったりする	
	特徴的なエピソード	

付録B　日常の様子チェックリストの使い方

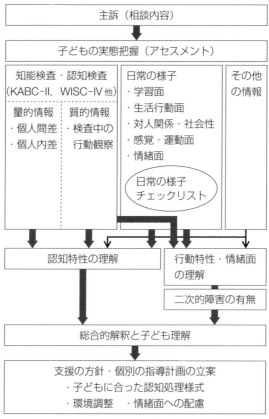

図 **B.2**　支援のプロセスと日常の様子チェックリスト

握は不十分かもしれない。また，教師であれば学習面や集団の中での子どもの様子を把握しやすいが，中学生になると教科ごとに担当教員が変わるため一人の教師がすべての項目をチェックすることが難しくなるだろう。誰がチェックを行う者として適任かは，ケースごとに判断する必要がある。基本的には，検査者が教育相談の初回面談において，依頼者（保護者，本人，教師など）から聞き取りながらチェックしていく方法がよいだろう。この方法であれば，相談員の専門的な視点から特定の項目についてさらに掘り下げた情報がほしい場合，チェックリストの項目に加えてその場で柔軟な情報収集が可能である。

B.4 主訴（相談内容）と日常の様子チェックリスト

　教育相談の初回面談や学校巡回相談の依頼書などで示される子どもの困難さ（主訴）は，ある状態像の描写にすぎない。図 B.3 の A 児の例で見てみよう。A 児の主訴は「落ち着きがなく授業に集中できない。学習の遅れが目立ち，特に書字につまずきが見られる」である。「落ち着きがなく授業に集中できない」というのは行動面の訴えであるが，主訴だけでは詳細はわからない。チェックリストを用いて情報を集めてみると，「注意集中」「多動性・衝動性」の領域においていくつかのチェック項目が見られる。そこから，A 児の落ち着きのなさは，貧乏ゆすりや手遊びとして現れることが多く離席や退室はないことがわかる。また，妨害刺激の影響を受けやすく窓の外の刺激に注意が転導しやすいこともわかる。

　学習面の主訴では，書字のつまずきが挙げられているが，チェックリストによると，A 児の書字のつまずきは，正しい字形で書くことができないのではなく音韻認識の悪さが背景にあることが示唆されている。つまり A 児は視写より聴写に困難さが現れていることがわかる。他の領域で音韻認識に関わる項目（「聞き間違いが多い」「九九が覚えられない」など）にもチェックが入っている。

B.5 検査中の行動観察と日常の様子チェックリスト

　日常で子どもが見せる実態と検査中の様子が一致しているかどうかを確認しておくことは大切なポイントである。「日常の様子チェックリスト」の結果を，KABC-II の「行動観察およびその他の情報」「行動観察チェック表」の情報と比較して，同様の行動特性が見てとれれば，日常場面，非日常場面にかかわらずその子どもの特徴的な行動と考えることができるだろう。もし矛盾があれば，環境の違いによる要因か検査の妥当性に問題はなかったか考察してみるとよい。

　A 児は，日常では注意の維持の難しさをもっているが，検査場面では［語の配列］［手の動作］以外では，注意の維持の困難は観察されていない。この場合，問題の原因は，課題内容（苦手な継次処理を求められている場面かどうか）にあるのか，妨害刺激の有無か，総合的に考える必要がある。もし学校で，妨害刺激に惑わされやすく課題内容にかかわらず注意の転導が起きているのであれば，支援の方針を提案する際，環境調整への言及は必須となるだろう。

268　付録B　日常の様子チェックリストの使い方

[氏名：　　A　　]　　[主訴：落ち着きがなく授業に集中できない。学習の遅れが目立ち，

聞く

項目	チェック
聞き間違いが多い（似た音韻と間違える）	✓
聞き漏らしが多い	✓
聞き返しが多い	✓
聞いたことを理解することが難しい	
読んで理解することに比べて聞いて理解することが苦手	
聞いたことを正確に覚えていられない	✓
個別では聞きとれるが集団だと難しい（教員による集団への指示など）	
個別では聞きとれるが集団だと難しい（グループディスカッションなど）	✓
雑音の多いところで聞き取ることが難しい	✓
特徴的なエピソード	

校外学習など雑音が多い場所での話や複数の者が発言を重ねるようなディスカッションで聞き取りが難しい。似た単語の聞き間違いも多い。

話す

項目	チェック
話し方にたどたどしさがある	
抑揚や声の大きさが不適切である	
特定の音節の発音ができない	
幼児語（ワンワンなど）が多い	
言葉をとっさに思い出せなかったり，言葉に詰まったりする	✓
単語や文を正しく復唱することが難しい	✓
指示語やオノマトペを多用する	✓
単語の羅列など，一文が短く内容に乏しい話し方をする	
言い間違いや音韻の転置（エレベーターなど）がある	✓
視点動詞（行く，来る，〜あげる，〜もらうなど）を正しく使用できない	
助詞を正しく使用できない	
話が構造にそれやすく，首尾一貫した内容になりにくい	✓
相手にわかりやすく話すことが難しい	
特徴的なエピソード	

読む

項目	チェック
読めない平仮名がある	
読めない片仮名がある	
当該学年以下の漢字で読めないものが多い	
ひとつの漢字を複数の読みで読めない	
特殊音節（促音，拗音，長音）を正しく読めない	✓
助詞「は」「へ」「を」を正しく読めない	
形態的に似ている文字を読み間違える（都会⇒都合）	
何度も目にしたことのある単語に比べ，初見の単語の読みが著しく苦手	✓
文章を読むとき逐次読みになる（単語をまとまりとして滑らかに読めない）	
行をとばしたり，同じ行をもう一度読んだりする	
文字をとばしたり，加えたり，順序を変えて読んだりする（コミュケーション，ランニングン，おこと⇒おとこ）	
黙読ができない	
読み終わっても内容の理解ができない	
特徴的なエピソード	

特殊音節を含む単語では，馴染みのあるものの読み間違いはないが初めて触れる単語は不正確になったり，たどたどしくなったりする。

書く

項目	チェック
書けない平仮名がある	
書けない片仮名がある	
当該学年以下の漢字で書けないものが多い	
字形が整わず読みにくい文字を書く	
筆圧が安定しない	
書く作業に時間がかかる	
正しい書き順で書けない	✓
正しい視写ができない（書き誤りや書き落としが多い　など）	
正しい聴写ができない（書き誤りや書き落としが多い　など）	✓
文字の左右が入れ替わったり，細かい部分を正しく書けなかったりする	
助詞の書き誤りが多い	✓
特殊音節の書き誤りが多い	✓
句読点を適切に打てない	
一文が長すぎたり，主語と述語が一貫していなかったりすることが多い	
作文などで平仮名表記が多くなる（漢字をあまり使用しない）	
作文で文法的な誤りが多い	
作文が極端に短かったり内容が乏しかったり，パターンが多用されていたりする	
特徴的なエピソード	

「きうきうしゃ（救急車）」「ふわん（不安）」などの誤表記や，助詞の「は」「へ」が「わ」「え」になることが多い。

計算する

項目	チェック
数の概念の理解が難しい	
計算をするときに指を使うことが多い	
一位数同士の計算を暗算でおこなうことが難しい	
繰り上がり，繰り下がりのある計算が困難である	
九九がおぼえられない	✓
筆算のとき，桁をそろえて正しい順序で計算することが難しい	
数の読み書きに困難がある（12を102と書く，桁数の多い数字を正しく読めないなど）	
加算，減算の文章題の意味を理解することができない	
乗算，除算の文章題の意味を理解することができない	
乗法の筆算を正しくできない	
除法の筆算を正しくできない	／
小数や分数の計算が正しくできない	／
特徴的なエピソード	

除算は未学習である。九九はまだ不正確である。

図 **B.3**　日常の様子（質的情報）チェックリスト（A児の例）

付録B 日常の様子チェックリストの使い方

特に書字につまずきが見られる   ]　[記入者：　　　　　　　]　[記入日：　　　年　月　日]

	項目	チェック
推論する	量について適切なイメージをもったり正しく比較したりすることが難しい	
	当該学年相応の単位の変換を正しくできない	
	位置や空間を表す言葉の理解が難しい（上下左右前後　など）	
	図形の模写が難しい	
	図形の構成や分解が難しい	
	時間の概念を理解し時間の計算をすることが難しい	
	時間の適切なイメージをもち行動を組み立てることが難しい	
	表やグラフの読み取りや作成が難しい	
	割合（百分率など）の理解や使用が難しい	
	目的に向けて作業工程を効率よく組み立てて行動することが難しい	✓
	抽象的な概念の理解や因果関係の理解が難しい	
	複数の作業を効率よく並行しておこなうことが難しい	✓
	早合点や独自の考えをもつことが多い	
	特徴的なエピソード	

	項目	チェック
対人関係・社会性	集団のペースに従って行動することが難しい	
	集団のルールを守ることが難しい	
	他者と協同作業することが難しい	
	こだわりが強く自分のやり方で行動することが多い	
	次の活動への切り替えが悪い	
	友だちとトラブルを起こすことが多い	
	自分の気持ちを適切に表現することができない	
	他者と意見の調整をすることができない（主張し過ぎたり、しなさすぎたりする）	
	表情や声などの非言語的サインの表出や理解が難しい	
	他者の気持ちや意図を的確に理解することが難しい	
	挨拶、感謝、謝罪などの言葉を適切に使用することが難しい	
	他者からどのように見られるかといったことについて意識が薄い	
	関心が薄い話題だと他者と会話を続けることが難しい	
	興味や関心に偏りがある	
	特徴的なエピソード　友達関係のトラブルは特にない。小さなケンカをしてもすぐに仲直りできる。	

	項目	チェック
注意集中	気が散りやすい	✓
	課題を一息に最後まで終わらせることが難しい	✓
	挙手して指名されたときに発言内容を忘れていることがある	✓
	忘れ物や落とし物が多い	
	話が横道にそれたり唐突に切り替わったりしやすい	✓
	整理整頓が苦手である	
	ぼんやりしていることが多い	
	妨害刺激の有無による影響を受けやすい（静かな場所と雑音の多い場所での集中の度合いに極端に差がある）	✓
	特徴的なエピソード　授業中、集中に欠けることが多い。窓際の席だと窓の外に気をとられやすい。	

	項目	チェック
粗大運動・微細運動・感覚	動作がぎこちない	
	協応運動が苦手である（手と足の運動をうまく協応できないので縄跳びが苦手である）	
	ボールを投げたり受け止めたりすることが難しい	
	著しく身体が硬い	
	手先が不器用である	✓
	配膳などのときものをこぼしやすい	
	他者や物にぶつかりやすい	
	物をそっと扱うことができず粗野な印象を与える	✓
	聴覚過敏がみられる（大きな音を極端にいやがる、エアコンの動作音を気にする）	
	触覚過敏がみられる（襟元のタグや砂、糊をいやがるなど）	
	運動会でダンスの振り付けを覚えることが難しい	
	両手を協応させること（楽器の演奏など）が難しい	
	特に固執している動作がある	
	特徴的なエピソード　プリントをノートに貼りつけるとき、糊でベタベタにしてしまう。	

	項目	チェック
多動性・衝動性	離席や退室が多い	
	着席していても貧乏ゆすりや身体を動かすことが多い（椅子を揺らすなど）	✓
	手遊び、いたずら書きが多い	✓
	しゃべりだすと止まらない	
	はしゃぎ過ぎて調子に乗ることが多い	
	出し抜けの行動や発言が多い	✓
	自分の行動をとおすために他者の行動をさえぎることが多い	
	交代でおこなうことや順番を待つことが難しい	
	自分の思いどおりにならないとカッとなることが多い	
	次の展開を予測せずに行動することが多い	
	特徴的なエピソード	

	項目	チェック
意欲・情緒	活動により意欲にむらがある	
	ほとんどの活動に意欲的に参加することができない	
	自信のない様子を見せることが多い	
	取り組む前から「できない」とあきらめていることがある	
	上手にできることや得点、良い結果にこだわる（評価懸念）	
	情緒が不安定でむらがある	
	馴染みの無い人や場所、活動が苦手	
	些細なことでも緊張したり不安をもったりする	
	特徴的なエピソード	

主訴の背景を理解し，検査結果を最大限に生かすには，日常の様子から得られる情報がよいヒントを与えてくれる。複数の情報から的確に子どもの実態をとらえ，得意な認知処理様式の活用，環境調整，情緒面の配慮を行って子どもに合った支援を構築していきたい。

文献・資料

文部科学省(2002)　児童生徒理解に関するチェックリスト。

文部科学省(2012)　通常の学級に在籍する発達障害の可能性のある特別な教育的支援を必要とする児童生徒に関する調査結果について。

上野一彦・篁倫子・海津亜希子（2008）　LDI-R　LD判断のための調査票，日本文化科学社。

付録B　日常の様子チェックリストの使い方

表 B.1　A児の KABC-II 行動観察チェック表

マイナス要因／プラス要因

	注意が維持できない	衝動的に誤った反応をしてしまう	固執性が強い	確信がもてない場面で反応をためらう	制限時間を気にする	その他の要因	忍耐強く取り組む	いろいろと試してみる	集中力が高い	方略やアイデアなどを言語化する	その他の要因
M1 語の学習											
M2 顔さがし											
M3 物語の完成			○								
M4 数唱											
M5 絵の統合											
M6 語の学習遅延											
M7 近道さがし				○							
M8 模様の構成									○		
M9 絵の配列											
M10 パターン推理	○										
M11 手の動作	○										

マイナス要因／プラス要因

	注意が継続できない	衝動的に誤った反応をしてしまう	取組みが非協力的である	頻繁に教示を繰り返すよう求める	教示の理解が難しい	失敗を予期している	左から右、または上から下へ行うことを何度も教示する必要がある	何度も答えを訂正する	その他の要因	忍耐強く取り組む	注意深く反応する/正答か否かを確かめている	自信をもって課題に取り組む	集中力が高い	方略やアイデアなどを言語化する	その他の要因
A1 表現語彙		○													
A2 数的推論															
A3 なぞなぞ															
A4 計算															
A5 ことばの読み						○									
A6 ことばの書き		○													
A7 文の理解						○									
A8 文の構成															
A9 理解語彙		○													○

※　例題にに1番までは2番目の手がかりで答えてしまう
──は対象年齢外のため実施していない

271

付録C　用語解説

- **意味ネットワーク**　人間の保有するさまざまな概念やその関係をネットワーク構造で表現するモデル。たとえば「動物-魚-サメ」では，それぞれが上位概念-下位概念の関係を示す。さらに「魚-ヒレがある」など，概念を特徴づける属性が付されて，概念は属性の集合として表すことができる。1つの概念は丸や楕円などで描かれる節点（ノード）で表され，概念どうしは矢印や線で結び（リンク），複雑な概念関係を表現する。
- **記憶の範囲**　一度に記憶することのできる要素の数（チャンク）をさす。ミラーによると，成人が一度に記憶できる量は7±2の要素数である。
- **自助資源**　直面した問題を解決するのに役立つ，被援助者自身の力や強さのこと。学習意欲，問題解決能力，学習スタイル，ストレス対処スタイル等が自助資源となる。KABC-Ⅱにおいては，個人間比較における強い能力（NS），個人内比較における強い能力（PS）等が自助資源となり得る。
- **心的回転**　図形を物理的な操作をせずに頭の中のイメージ（心的表象）のみで回転させる能力のこと。
- **推論**　推論とは，前提として与えられた情報や既有の知識をもとにして，結論を導き出したり，明示されていないことがらを考えたりすることをさす。前提や知識，そして手続きによって，帰納的推論（複数の情報から共通する規則・法則を見いだすこと）や演繹的推論（一般的な規則・法則からより個別的な結論を得ること）に分類される。[パターン推理]では，提示された複数の刺激から刺激パターンの規則性を見いだす帰納的推論と，その規則性を適用して空欄の答を生み出す演繹的推論のいずれも用いられる。
- **精緻化リハーサル**　短期記憶から長期記憶に情報を転送し，長期記憶における情報構造に新たな情報を統合するために行われる。複数の情報をイメージとし

て組み合わせる語呂合せなどが精緻化リハーサルにあたる。

●入出力モダリティ　人間の情報処理における入出力に使用される経路。知能検査においては，たとえば入力は聴覚情報と視覚情報，出力は単語や文，文章といった言語や，物の操作，指さし等の運動が挙げられる。たとえばITPA言語学習能力診断検査では聴覚−言語回路や視覚−運動回路が想定されている。

●反復リハーサル　数十秒間情報を保持する短期記憶内において，その記憶を維持し忘却を防ぐために何度も唱えること。維持リハーサルともよぶ。

●符号化　入力された感覚刺激を，意味情報に変換し記憶表象として貯蔵されるまでの一連の情報処理過程をさす。記憶方略を含める場合もある。

●プランニング　「プラン」とは目標を達成するための大まかな操作手続きの構成を指しており，プランを生成・実行することを「プランニング」とよぶ。プランニングは実行機能の1つであり，目標を達成するために一連の思考や行為の配列を立案し，選択し，プランの実行を評価することを含む認知処理過程である。

　KABC-IIの計画尺度とDN-CASのプランニング尺度では，ルリアが示した計画能力の異なる側面を測定している。

　DN-CASのプランニング尺度の下位検査では，所要時間と正確さ得点から粗点を割り出しており，プランが課題を効率的に遂行するために大切な要素となる。KABC-IIの計画尺度の下位検査は，継次処理と同時処理の両方に関与し，さらに時間によらないプラニングを測定するようにしている。［パターン推理］［物語の完成］では，提示された課題の一連の流れを推測し，選択肢から解答を導き出すこと，自分の選択が正しいかどうかをモニタリングするという側面を測定している。

●方略　問題解決や記憶等の場面において，人は一定の規則性をもつ行動様式を選択し用いる。それを方略という。認知発達に偏りや遅れのある子どもに対する指導を考える際，方略について検討することが重要である。たとえば，方略を生み出す力があるかどうか，方略を自己モニタリングし間違いに気づき見直すことができるかどうか，状況に応じて柔軟に方略を変えることができるかどうかなどについて把握することで，効果的な指導を行うことができる。また，方略には，足し算の方略のように発達的な変化が見られることも考慮するとよい。

●問題解決　問題解決の過程は，(1)問題を理解する，(2)計画を立てる，(3)

計画を実行する，(4) 振り返ってみる，の4段階から構成される。算数文章題の解決過程を例に挙げると，(1) 問題全体の表象を形成する，(2) 方略を選択する，(3) 計算を実行する，(4) 問題の表象や選択した方略，実行した計算が正しいかどうか確かめる，という段階がある。こうした問題解決過程は，非常に複雑な思考活動であり，ワーキングメモリーへの負荷が大きい。そのため，メモをとるなどの外的な資源を利用することで，問題解決にとって重要なプランニングやモニタリングなどの活動に，内的な資源を活用することができる。

●連合学習　　一対の無関係な刺激の一方が示されたとき，もう一方を想起することができるように事象間の関連性を学習すること。学習によって刺激-反応，刺激-刺激，概念-概念など，組み合わせの間に結合ができる。KABC-Ⅱでは［語の学習］において，絵-名前の連合学習が行われる。

●ワーキングメモリー　　複数の情報を一時的に保持しながら，その保持している情報を操作する能力，またはその概念をさす。バドリーらによれば「音韻ループ（聴覚情報の維持・操作）」，「視空間スケッチパッド（視空間情報の維持・操作）」，「中央実行系（音韻ループと視空間スケッチパッドの統括）」という3つのコンポーネントで構成される。

索　引

【欧数字】

CHC 尺度　25
CHC 総合尺度　25
CHC モデル　25
CHC 理論　9
Gc　25
Gf　25
Gf-Gc 理論　25
Glr　25
Gq　25
Grw　25
Gs　31
Gsm　25
Gv　25
KABC-Ⅱ検査報告書　72
NS　14
NW　14
PS　14
PW　14
XBA　30

【和文】

あ　行

アセスメント　45, 57
　一般能力　9
　意味ネットワーク　272

音韻認識　267

か　行

下位検査のばらつき　49, 51, 52
カウフマン博士夫妻　3
書き尺度　9
学習アドバイスシート　65
学習尺度　8
学習障害　16
学習能力　7
　――のアンバランス　53
　――への配慮　49
賢いアセスメント　3
感覚　263
環境調整　270
カンファレンス　58
記憶・学習能力　18, 61
記憶の長さによる違いと知識　54
記憶の範囲　272
クラスター　17
クラスター分析　17
クラスター分析図　20, 22
クロスバッテリーアセスメント　30
計画尺度　9
　――内の下位検査のばらつき　52
計画能力　7
　――への配慮　48

継次尺度　8
　　──内の下位検査のばらつき　49
継次処理　4, 7
結晶性能力　25
言語能力　17, 61
言語反応　18, 62
限定的能力　10
語彙尺度　9
行動観察チェック表　37, 73
広範的能力　9
個人間差　14
個人内差　14

　　　　さ　行

算数尺度　9
視覚処理　25
自助資源　272
指針　68
指針チェックリスト　47, 48, 49
質的情報　35, 58
指導　45
指導方略の5原則　46, 71
尺度レベル　46
習得総合尺度　13
習得度尺度　5
情緒面の配慮　270
衝動性　263
処理速度　31
心的回転　272
推論　272
精緻化リハーサル　272
セルフモニタリング　42
総合尺度　58
粗大運動　263

　　　　た　行

多動性　263
妥当性　41, 267
短期記憶　25
注意の転導　267
抽象刺激の視覚認知　18, 62
長期記憶と検索　25
聴写　267
長所活用型　70, 73
治療的アセスメント　69
通級指導学級　60
同時尺度　8
　　──内の下位検査のばらつき　51
同時処理　4, 7

　　　　な　行

日常の様子チェックリスト　263
日本版K-ABC　4
日本版KABC-Ⅱ　5, 9
入出力モダリティ　26, 273
認知尺度と指導の基本　45
認知処理過程尺度　5
認知総合尺度　13
認知特性　58

　　　　は　行

反復リハーサル　273
非言語能力　18, 61
微細運動　263
標準得点　58, 259-262
フィードバック　58, 65
符号化　273
プランニング　42, 273

妨害刺激　　267
報告書　　58
方略　　273

　　　ま・や　行

まれな差　　14, 19, 257, 258
メタ認知　　42
問題解決　　273
問題解決能力　　18, 61

有意差　　19, 257, 258
有意味刺激の視覚認知　　18, 62
指さし反応　　18, 62

読み書き　　25
読み尺度　　9

　　　ら・わ　行

流動性-結晶性知能理論　　9, 25
流動性推理　　25
量的知識　　25
臨界値　　18
ルリア理論　　4
連合学習　　274

ワーキングメモリー　　26, 274

日本版 KABC-Ⅱ による解釈の進め方と実践事例

平成 29 年 8 月 10 日　発　　　行
令和 6 年 7 月 10 日　第 6 刷発行

編　者　　小野純平，小林　玄，原　伸生
　　　　　東原文子，星井純子

発行者　　池　田　和　博

発行所　　丸善出版株式会社
〒101-0051 東京都千代田区神田神保町二丁目17番
編集：電話 (03)3512-3267／FAX (03)3512-3272
営業：電話 (03)3512-3256／FAX (03)3512-3270
https://www.maruzen-publishing.co.jp

© 小野純平，小林　玄，原　伸生，東原文子，星井純子，2017
組版印刷・中央印刷株式会社／製本・株式会社 松岳社
ISBN 978-4-621-30177-7 C 3011　　　　Printed in Japan

JCOPY〈(一社)出版者著作権管理機構 委託出版物〉
本書の無断複写は著作権法上での例外を除き禁じられています．複写される場合は，そのつど事前に，(一社)出版者著作権管理機構(電話 03-5244-5088, FAX 03-5244-5089, e-mail：info@jcopy.or.jp)の許諾を得てください．